ARMORIQUE
ET
BRETAGNE

RECUEIL D'ÉTUDES
SUR
L'ARCHÉOLOGIE, L'HISTOIRE ET LA BIOGRAPHIE BRETONNES
PUBLIÉES DE 1873 A 1892
REVUES ET COMPLÈTEMENT TRANSFORMÉES
PAR

RENÉ KERVILER
Ingénieur en chef des Ponts et Chaussées,
Correspondant du Ministère de l'Instruction publique.

——————

TOME I. — ARMORIQUE

PARIS
HONORÉ CHAMPION LIBRAIRE
9, Quai Voltai. 9.

1893

VANNES. — IMPRIMERIE LAFOLYE
2, Place des Lices, 2.

LIVRE PREMIER

ARMORIQUE

CHAPITRE PREMIER

LE CHRONOMÈTRE PRÉHISTORIQUE DE SAINT-NAZAIRE[1]

Ce titre paraîtra sans doute à quelques-uns passablement prétentieux : mais il ne m'appartient plus de le supprimer. La première étude sur ce sujet, que je publiai en 1877 dans la *Revue archéologique*, était plus modestement intitulée : *L'âge du bronze et les Gallo-Romains à Saint-Nazaire-sur-Loire*. La critique s'en empara aussitôt pour la discuter avec une ardeur qui prouvait l'importance de la question en litige, et mes adversaires la décorèrent presque unanimement de cette nouvelle appellation, sous laquelle elle fut dès lors

---

[1] Cette étude est le résumé de plusieurs mémoires publiés de 1876 à 1881 dans les *Mémoires de l'Association Bretonne*, dans la *Revue archéologique*, dans les *Comptes rendus de l'Académie des Sciences*, dans les mémoires de la *Société archéologique de Nantes*, dans ceux de l'*Association française pour l'avancement des sciences*, dans la *Revue scientifique* (dite Revue rose), et dans la *Revue des Questions scientifiques* (de Bruxelles).

plus généralement connue. J'ai donc cru bien faire en la conservant.

La question, à la fois historique et scientifique, soulevée par la découverte de la stratification régulière des alluvions de l'anse de Penhouët, est en effet fort importante au point de vue de nos origines, et la vive controverse qu'elle a soulevée pendant trois ans suffirait, à elle seule, pour en démontrer l'intérêt. Elle fut ainsi exposée, pour la première fois, au monde savant par M. Waddington, ministre de l'instruction publique, dans son discours au Congrès des délégués des Sociétés savantes à la Sorbonne, au mois d'avril 1877 :

« Messieurs, j'ai réservé pour la fin une découverte dont vous reconnaitrez toute l'importance, et dont je puis véritablement vous offrir la primeur, grâce à l'obligeance de M. Alexandre Bertrand, le savant directeur du musée de Saint-Germain. Cette découverte est destinée à avoir, sur les études préhistoriques, une influence décisive.

« Un jeune ingénieur[1], M. Kerviler, occupé à creuser un bassin à Penhouët, près Saint-Nazaire, a constaté que les couches d'alluvions qui avaient été déposées par le fleuve pouvaient se compter d'une manière régulière, absolument comme les années d'un sapin peuvent se compter par les couches concentriques du bois.

« M. Kerviler a remarqué que les dépôts annuels de la Loire se sont toujours effectués avec une constante régularité; aussi loin qu'il a pu pénétrer dans les couches qui se sont accumulées, il a retrouvé la même disposition. Il a pu faire ses observations sur une hauteur de 8 mètres, mais la profondeur totale est de 30 mètres, je crois, et il se propose de pousser ses explorations jusqu'au sol granitique, au moyen d'un puits à large section.

« M. de Quatrefages écrivait dernièrement, dans son livre sur l'espèce humaine, qu'il avait été impossible, jusqu'à

---

[1] J'avais alors trente-cinq ans.

présent, de déterminer d'une façon un peu précise la valeur chronologique des couches successives qui se sont formées soit dans les tourbières, soit dans d'autres alluvions, et qu'on n'avait aucune manière de déterminer les accroissements annuels ainsi formés.

« La découverte de M. Kerviler vient, je crois, de résoudre ce problème, au moins pour cette partie de la France. Les couches sont de trois à trois millimètres et demi chacune ; chaque alluvion est formée de trois pellicules, l'une de détritus végétaux, l'autre de glaise, et la troisième de sable : elles correspondent aux alluvions du fleuve pendant les différentes époques de l'année. Les végétaux arrivent à l'automne après la chute des feuilles, le sable et la glaise viennent s'y ajouter pendant l'hiver et pendant l'été. Les couches étant, comme je viens de le dire, de 3 millimètres 1/2, il en résulte que 35 centimètres représentent un siècle. Ce qui permet de déterminer d'une manière exacte l'épaisseur et le nombre des couches, c'est que les végétaux constituent une *couche d'isolement* ; lorsque la tranchée est exposée à l'air, le sable se désagrège, et on peut compter les couches, absolument comme les cercles concentriques d'un tronc de sapin.

« M. Bertrand a déjà rapporté des blocs d'alluvions de Penhoët et des objets trouvés dans les fouilles, qui sont entre les mains des savants.

« Comme je vous le disais, les investigations vont être continuées sur une grande échelle, et avec toutes les garanties scientifiques ; j'ai mis à la disposition de M. Kerviler la somme nécessaire pour continuer ses recherches. J'ajoute que déjà on a pu, grâce aux objets trouvés à différentes profondeurs, arriver à des résultats chronologiques importants. Ainsi, on a découvert des monnaies de l'empereur gaulois Tétricus, et la profondeur des couches où on les a trouvées, comparée au sol actuel, donne la date de 300 ans après J.-C. C'est à peu près la date à laquelle vivait Tétricus. En allant plus avant, on a trouvé, dans une couche de sable plus profonde, des épées et un poignard en bronze, une hache en pierre polie avec un manche de corne de cerf, des bois aiguisés, des pierres percées qui servaient d'ancres à des embarcations, et, étant donné l'hypothèse de 35 centimètres par siècle, ces objets correspondraient au cinquième siècle avant Jésus-Christ. C'est aussi à cette époque que l'on peut les rapporter, d'après les données de la science.

« Je ne crois pas devoir insister davantage sur l'intérêt qui s'attache à cette découverte qui permettra de fixer approximativement la fin de l'époque quaternaire sur ce point du globe, et qui suscitera certainement des recherches analogues sur d'autres points de la France et de l'Europe. J'ai pensé que la réunion des Sociétés savantes serait heureuse d'avoir été la première à en être informée. (Applaudissements[1]).. »

Or, la conclusion à laquelle m'amenèrent ces études fut que l'origine des alluvions quaternaires de l'embouchure de la Loire ne remontait guère au delà de six mille ans avant notre ère. Je ne m'attendais certes pas à ce que cela devînt une véritable déclaration de guerre. Il en a pourtant été ainsi.

On s'imagine volontiers, dans un certain milieu qui fait profession d'hostilité systématique aux traditions religieuses, que les six ou huit mille ans, assignés par la chronologie populaire à la date de la création de notre monde, constituent un article de foi pour les catholiques ; en conséquence, toutes les observations scientifiques qui se rapprochent de cette supputation y sont impitoyablement combattues ; on les déclare même, *à priori*, impossibles. Et cependant, tous les esprits impartiaux savent que l'incertitude de la chronologie biblique antérieure au déluge[2] donne au savant catholique libre carrière pour reculer fort loin, dans la série des siècles anciens, la date des différentes phases qu'a parcourues

---

[1] *Journal Officiel*, avril 1887.

[2] Voir, à ce sujet, le mémoire fort précis de M. l'abbé Vigouroux, professeur au séminaire de Saint-Sulpice, en tête de la seconde série des *Questions controversées de l'histoire de la science*. (*Paris*, Société bibliographique in-18.)

l'humanité. Je n'aurais donc éprouvé aucun scrupule en 1877 à proclamer, d'après mes études sur les alluvions de l'embouchure de la Loire à Saint-Nazaire, que l'âge de la pierre polie remonte, dans ces parages, à dix ou vingt mille ans, et l'origine de ces alluvions à trente ou cinquante mille, si telle avait été la conclusion à laquelle m'eussent amené mes recherches. Discutant les résultats obtenus avec une méthode rigoureusement scientifique, j'ai été amené à conclure : 1° que les instruments en pierre polie étaient encore en usage régulier, dans cette région, vers le VI° siècle avant notre ère, époque à laquelle ils avaient dû céder la place aux armes de bronze ; 2° que les alluvions quaternaires de l'embouchure de la Loire, qui reposent sur des roches primitives, ne remontent pas à plus de 6 à 8 mille ans avant notre ère, chiffres qui concordent à peu près avec ceux de Manéthon et avec ceux que la tradition populaire attribue à la supputation biblique.

J'ai posé ces conclusions en 1877, parce qu'elles se déduisaient d'observations sérieuses, et je les maintiens d'autant plus énergiquement que de nouvelles observations les ont de plus en plus confirmées.

Elles ont eu malheureusement, je devrais peut-être dire heureusement, le don de déplaire à deux savants qui soutiennent depuis longtemps des dates beaucoup plus reculées. Eux et leurs disciples m'ont donc vigoureusement attaqué. Ils eussent même volontiers prétendu que mes conclusions n'étaient que le développement d'un système arrêté d'avance. Ils ont affirmé sur tous les tons que mes observations ne reposaient sur aucune base sérieuse. Bien plus, ils ont cherché à me tourner en ridicule, et m'ont plus d'une fois refusé le droit de réponse, en particulier dans une Revue que je pourrais citer. De leur longue et véhémente polémique il est résulté deux choses : 1° que le bruit qu'ils ont excité n'a fait que donner plus d'importance aux résultats de mon modeste travail ; 2° que leurs objections, m'ayant forcé d'approfondir davantage la discussion, m'ont amené à une conviction beaucoup plus enracinée, quand tous leurs spécieux fantômes se sont l'un après l'autre évanouis.

Voici plusieurs années que les discussions ont cessé, je ne dirai pas faute de combattants, car je suis toujours prêt à les soutenir, pourvu que ce soit avec des procédés scientifiques et courtois : mais je reste sur mes positions ; et plus je réfléchis, au milieu du calme qui suit les orages, plus je maintiens mes conclusions, en regrettant très sincèrement qu'aucun de mes adversaires n'ait consenti à venir visiter les fouilles du bassin de Penhouët contradictoirement avec moi, pendant qu'il en était encore temps. Depuis 1881, huit mètres d'eau recouvrent les fouilles et des maçonneries revêtent les talus. Il ne sera donc plus possible de contrôler mes assertions qu'à l'aide des photographies prises sur place et déposées aux archives de l'Académie des sciences, alors que chacun pouvait en contrôler la parfaite sincérité.

Mais les alluvions de Saint-Nazaire ont beaucoup de similaires dans d'autres régions, et des observations analogues à celles que j'ai eu la bonne fortune de suivre dans l'anse de Penhouët, pourraient amener des conclusions du même genre. Il importe donc d'en préciser rigoureusement les termes, et de résumer ici la controverse à laquelle elles ont donné lieu, pour faciliter les recherches futures et pour montrer comment la géologie peut apporter de sérieux secours à l'histoire.

On appelle certaines périodes *préhistoriques*, parce qu'elles n'ont pas d'annales écrites dans les livres que nous a laissés la main de l'homme. A défaut de ceux-ci, on a du moins le livre de la nature dont la bibliothèque est plus vaste que toutes les collections de nos capitales.

Il est quelquefois difficile à déchiffrer ; mais qu'importe ? on est bien parvenu à lire couramment les inscriptions de Ninive et les papyrus de Memphis !

I. — Les alluvions de l'anse de Penhouet.

Au commencement de ce siècle, la rive droite de la Loire, en amont et en aval de Saint-Nazaire, se composait d'une série de promontoires rocheux éloignés d'environ un kilomètre les uns des autres, et réunis par des anses vaseuses dont la partie supérieure était couronnée d'une petite dune de sable. Quelque mille ans auparavant, la partie située en amont avait un relief tout autrement accusé ; entre les promontoires rocheux dont il vient d'être question, se creusaient des dépressions que les alluvions de la Loire ont comblées à la longue. Un vaste réseau de sondages a permis, comme nous allons le voir, de rendre à cette rive, au moins sur le papier, son ancienne physionomie.

Le bassin à flot actuel de Saint-Nazaire a été construit, de 1846 à 1857, dans l'anse dite de la Ville-Halluard, entre la pointe de Saint-Nazaire proprement dite et la pointe de Ville-Halluard. Dans cette anse, l'épaisseur de vase n'était pas très considérable, en sorte que les murs du quai ont pu être établis presque tous sur le roc entaillé directement. Les fonds de roche ne se présentèrent pas dans des conditions aussi favorables à l'établissement du bassin de Penhouët. Ce bassin, qui fait suite au premier, et qui est aujourd'hui l'un des plus vastes du monde, s'étend de la pointe rocheuse de la Ville-Halluard à celle de Penhouët. Des sondages précis, exécutés pour le projet des travaux de construction, et l'étude des reliefs environnants ne tardèrent pas à révéler, dans l'intervalle compris entre ces deux pointes, l'existence d'une ancienne vallée, très profonde, comblée et, pour ainsi dire, effacée par les alluvions de la Loire.

En 1874, les fouilles du bassin avaient été conduites, à l'abri d'une digue de ceinture, jusqu'à un mètre environ au-dessous du niveau des basses mers, et déjà les deux coupes des versants rocheux de la vallée se dessinaient très nettement sur le grand talus de ces fouilles.

En étudiant attentivement la direction générale de ces versants, je fus frappé de voir qu'elle correspondait à peu près exactement à celle de la petite rivière du Brivet, qui amène à la Loire toutes les eaux du grand bassin tourbier de la Brière-Mottière, et qui, par un caprice bizarre, se détourne brusquement, à quelques kilomètres de Saint-Nazaire, pour revenir sur ses pas et se jeter en Loire, près du village de Méan. Je pensai que cette brusque déviation du Brivet ne devait être qu'un accident, et que, à une époque éloignée, la rivière, ou tout au moins le déversoir du golfe, avait dû déboucher entre les rochers de la Ville-Halluard et ceux de Penhouët. Les sondages prouvèrent, en effet, que les deux versants rocheux qu'on voyait se dessiner sur le talus des fouilles du bassin ne se rencontraient qu'à un niveau inférieur de 30 mètres environ à celui des basses mers. Il en résultait, d'une manière absolument certaine, qu'à l'époque où les alluvions vaseuses n'atteignaient pas encore le niveau des basses mers, aussi bien dans la Brière que dans l'anse de Penhouët, la rivière de déversement devait, à mer basse, avoir son écoulement dans l'anse de Penhouët, puisque les rochers de Méan, aujourd'hui apparents à basse mer dans le fonds du Brivet, lui auraient en partie barré le passage.

J'en eus bientôt une confirmation, car une colonne artésienne, forée dans le plan présumé du thalweg de la vallée rocheuse, amena la découverte de la rivière primitive. Après 30 mètres de forage dans une vase compacte imperméable, l'eau jaillit à la surface du sol ; et la pression hydraulique nécessaire pour opérer ce phénomène prouvait que l'eau ne pouvait provenir que des sources du Brivet. En effet, la pression était supérieure à celle que la Loire exerce en aval, puisque le niveau d'eau dans le puits restait supérieur à celui des hautes mers.

Ainsi, à l'origine, le golfe de la Brière déversait ses eaux dans la vallée rocheuse de la Loire, entre les pointes de la Ville-Halluard et de Penhouët. Les intempéries des saisons désagrégèrent les flancs des vallées et formèrent, au fond du thalweg, des dépôts de sable, de roche et de gravier, au milieu desquels l'eau continua de couler. Plus tard, les terres formées dans les régions supérieures des montagnes de l'Auvergne et du Bourbonnais chargèrent les eaux de la Loire de matières argileuses, et les vases commencèrent à se déposer dans les golfes latéraux, où le courant n'était pas aussi fort que dans le milieu du fleuve. Ces alluvions s'étant accumulées successivement pendant la longue série des siècles, et ayant été augmentées par le produit des érosions argileuses des rives du littoral de l'océan près de l'embouchure du fleuve, formèrent, au-dessus du dépôt de gravier perméable qui remplissait le fond du Brivet, une couche imperméable qui permit aux pressions hydrauliques de s'exercer par-dessous. Tant que les dépôts d'alluvions vaseuses, s'élevant graduellement et insensiblement, n'atteignirent pas le niveau des basses mers, il n'y eut pas de Brivet supérieur ; mais lorsque ce niveau fut atteint, un Brivet supérieur se dessina dans les couches supérieures de la vase. Un obstacle quelconque s'étant un jour trouvé sur son cours, le Brivet supérieur se détourna vers la direction où la vase plus molle lui permettait plus facilement de couler, et il s'échappa par-dessus le seuil de Méan qui ne dépassait plus le niveau de la vasière. Les vases continuant de s'accumuler dans l'anse de Penhouët, la barrière ne fit que s'accroître de ce côté. L'anse fut bientôt barrée complètement, et elle se couronna d'une petite dune, comme toutes ses voisines.

Les débris trouvés dans la vase de Penhouët sont les documents à l'aide desquels il a été possible d'assigner une date à ces divers phénomènes. Les premières découvertes datent de la fin de l'année 1874 ; elles se composaient d'une dizaine de crânes, trouvés à 4 mètres environ en contre-bas du niveau des basses mers. Leur caractère dolichocéphale, c'est-à-dire leur forme très allongée d'avant en arrière, le grand volume de l'écaille occipitale, la forme particulière de la courbe frontale, porta M. le docteur Broca, à l'examen de qui l'un d'entre eux fut soumis, au congrès de Nantes de 1875, à lui attribuer une haute antiquité. On trouve, dans les dolmens de la Grande-Bretagne et du nord de la France, un grand nombre de crânes présentant des caractères analogues, quoique déjà atténués. Tout permettait donc à M. Broca de penser que ce crâne datait *au moins de l'époque néolithique*.

Voici les termes de appréciation de M. Broca, d'après les Mémoires de l'Association française pour l'avancement des sciences :

« Ce crâne, déclarait le savant professeur, n'est pas daté archéologiquement, car on n'a trouvé dans la même couche aucun objet d'industrie[1], mais il présente des caractères qui permettent de lui assigner une haute antiquité. Il est très

---

[1] Le crâne, je le répète, avait été présenté à M. Broca en 1875, et à cette époque, en effet, je n'avais pas encore découvert, dans la même couche, les divers objets qui se démasquèrent bientôt.

dolichocéphale. Il l'est à un degré qui ne se retrouve plus en Bretagne, qui même ne se retrouve que très exceptionnellement dans les races actuelles de l'Europe. Par ce caractère, par le grand volume de l'écaille occipitale, par l'ensemble de sa conformation, il rentre tout à fait dans le type de la caverne de l'*Homme Mort*. On trouve, dans les dolmens de la Grande-Bretagne et du nord de la France, un grand nombre de crânes présentant des caractères analogues, quoique déjà atténués. Tout permet donc de penser que ce crâne date *au moins de l'époque néolithique*.

« C'est le crâne d'un homme parvenu à un âge avancé. Les dents de la machoire supérieure sont usées de haut en bas et de dedans en dehors. Celles de la machoire inférieure, qui n'a pas été retrouvée, sont nécessairement usées en sens inverse ; cette usure est celle qui est nommée *oblique externe*, c'est le type d'usure dentaire que l'on observe le plus communément dans les races *préhistoriques*[1]... »

M. G. Lagneau, lisons-nous ensuite dans le compte rendu des séances du congrès de Nantes, « observe que ce crâne, sous certain rapport, en particulier par sa dolichocéphalie, paraîtrait se rapprocher de celui recueilli par M. le docteur de Closmadeuc dans le coffre de pierre du tumulus du *Mane Bekernos*, ou butte du crieur de nuit, dans la presqu'île de Quiberon... »

Ainsi, pour le Congrès scientifique, ce crâne, pris isolément, devait être rattaché aux races préhistoriques, au moins à l'époque néolithique. Nous verrons bientôt que cette race, dite préhistorique, vivait à Saint-Nazaire, moins de mille ans avant l'ère chrétienne.

Cependant les fouilles atteignirent bientôt sur une grande surface le niveau général de la couche où avaient été trouvés les crânes. Dès la fin de 1875, les découvertes s'accentuèrent, puis elles se continuèrent du-

---

[1] *Association française pour l'avancement des sciences*, 4ᵉ session. Congrès de Nantes. 1875, Paris 1876, in-8°, p. 86.

rant les années suivantes. Tous les objets rencontrés en 1876, armes de bronze, cornes de cerf travaillées, pierres de mouillages, poteries, ossements d'animaux, bos, cheval, cerf, mouton, cochon, espadon, etc., occupaient une seule couche de sable et de gravier absolument plane et horizontale, d'une épaisseur variant de quelques centimètres, située à un niveau correspondant, à peu près à 4 mètres en contre-bas des basses mers actuelles. Cette couche de gravier représentait, selon toute probabilité, le fond de la baie, au moment où elle était habitée par la population de l'âge du bronze. Plus tard d'autres découvertes ont eu lieu, mais moins nombreuses, dans des couches inférieures.

Voici la description sommaire des principaux de ces objets :

1° Deux *épées en bronze*, de même type, mais de longueurs différentes.

La première, d'une conservation parfaite, à tel point que le fil aigu des deux tranchants permet de couper du bois, a 66 centimètres de longueur, dont onze centimètres pour la soie, et quatre centimètres de largeur à son plus grand renflement, qui se trouve à peu près exactement au tiers de la longueur de la lame à partir de la pointe.

La soie est munie de sept trous circulaires, deux dans chacune des deux ailes, et trois dans la poignée proprement dite, pour laisser passer les petites goupilles en bronze qui maintenaient un revêtement en bois ou en corne de cerf.

La seconde est plus petite : elle n'a que 61 centimètres de longueur, dont 11 pour la soie ; elle a aussi 4 centimètres de largeur à son plus grand renflement, mais celui-ci se trouve situé au quart de la lame, et non plus au tiers à partir de la pointe. La soie est percée de trous identiques à ceux de la précédente ; et dans l'un d'eux était encore passée la petite goupille en bronze qui maintenait le revêtement en bois.

Ces types d'épée se rapprochent beaucoup de ceux qu'on a rencontrés dans les cités lacustres de la Suisse, dans le lit de certaines rivières de la Gaule, et dans quelques tumulus ; mais nous ne croyons pas qu'on en ait jamais trouvé de si pointus et de si affilés.

En 1878, on découvrit une autre épée de petite taille comme la seconde, dans une couche d'alluvions située à 50 centimètres au-dessous de la précédente, à la cote 4,50 au-dessous des basses mers.

2° — Un *poignard en bronze* de 14 centimètres de longueur, dont la lame a 17 millimètres de largeur moyenne, et qui présente à sa base un élargissement de 35 millimètres, portant deux goupilles en bronze de 9 millimètres de longueur, pour faire un manche en bois ou en corne de cerf.

Il n'est pas indifférent de remarquer que des poignards de bronze ont été trouvés, à différentes époques, dans les vases ou dans les tourbières des environs ; nous en connaissons au moins deux de plus grandes longueurs : l'un trouvé dans les marais de Donges, qui est conservé dans la collection de M. le baron de Girardot ; l'autre trouvé dans les marais de la Brière, lors de la construction de l'écluse de Trignac, et qui fait partie de la collection de M. l'abbé Godefroy.

3° — Une forte *aiguille en bronze* de 15 centimètres de longueur, munie à sa base d'un disque creusé de 1 centimètre de diamètre, sans doute pour y enchâsser une pierre. On en a signalé une semblable dans la Grande Brière.

4° — Une *aiguille en os* de 18 centimètres de longueur et de 1 centimètre de diamètre moyen, effilée comme une aiguille métallique ; sa base est aplatie, mais sans trou.

3° — Une *hache en pierre polie complètement emmanchée* dans une douille en corne de cerf que traverse un manche en bois. Ce type de hache a permis de trancher d'une manière catégorique, au moins pour un cas particulier, l'intéressant problème de l'emmanchement des haches en pierre polie, au sujet duquel on s'est livré, pendant quelques années, à tant de dissertations contradictoires. Il mérite donc que je lui consacre une description détaillée.

L'outil (ou l'arme) proprement dit, trouvé le 25 octobre 1877, est une hache ou *celt* aplati en diorite polie de 10 centimètres de longueur, à tranchant mince et effilé, de couleur vert foncé, et d'un type très connu parmi l'immense quantité de haches en pierre recueillies sur le territoire de la presqu'île armoricaine. Ce *celt* est engagé par la pointe, à simple frottement, dans une douille en corne de cerf de 13 centimètres de longueur, coupée dans un tronc de rameau près de la couronne, polie à la surface, et refouillée à l'une de ses extrémités pour recevoir sa hache ; l'autre extrémité n'est pas refouillée, elle est coupée droit et forme marteau. Enfin cette douille est munie transversalement d'un trou elliptique dans lequel s'engage un manche en bois de frêne de pareille section et de 50 cent. de longueur. Il a été impossible de le conserver intact ; il s'est racorni et déformé en perdant son eau d'imbibition, mais avant sa déformation on a pu en exécuter un bon moulage pour le musée de Saint-Germain.

Le trou ovoïde percé dans la corne de cerf, et qui représente un cylindre de $0^m,035$ de hauteur, dont la section elliptique a $0^m,030$ de petit axe et $0^m,040$ de grand axe, est particulièrement remarquable par sa régularité parfaite et son poli intérieur ; on se demande comment il a été possible de pratiquer une pareille excavation dans une matière aussi dure, sans outil métallique.

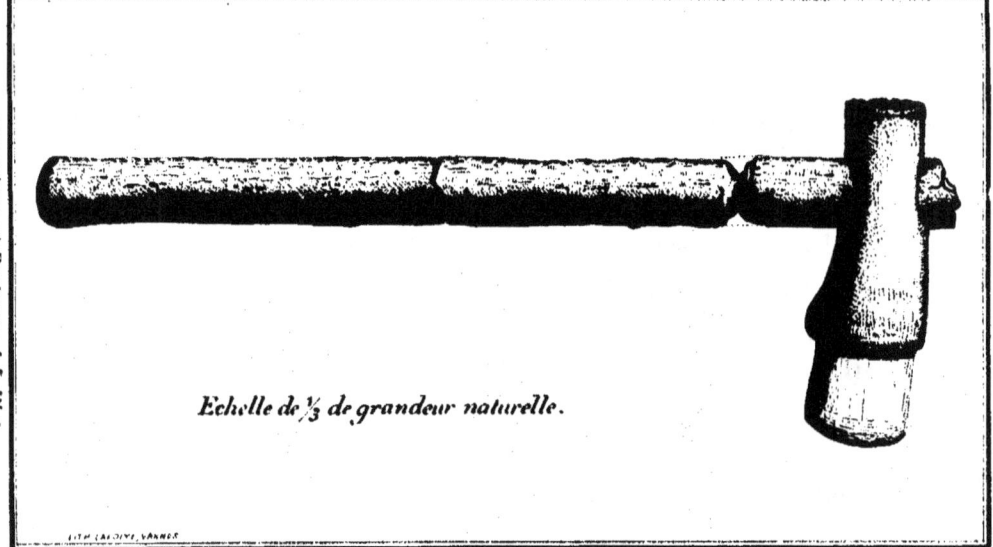

Echelle de ⅓ de grandeur naturelle.

L'opération devient possible et même facile, si l'on suppose que l'instrument est contemporain d'outils de bronze ; j'ai dit que la douille en corne de cerf dans laquelle était engagé le celt était polie à sa surface.

Dans la même couche de la cote 4 mètres, on avait trouvé en 1876 une autre douille en corne de cerf de 12 centimètres de longueur et 5 centimètres de diamètre, munie aussi d'un manche en bois, mais privée de la hachette en pierre polie. Cette douille était formée d'un morceau d'andouiller de cerf, dont on ne s'était pas donné la peine de polir la surface. Le trou seul était d'une régularité et d'un poli parfaits ; et la face opposée à celle qui devait recevoir le celt était disposée en forme de marteau.

Plus tard, une seconde hache complètement emmanchée fut rencontrée 1 mètre plus bas, à la cote 5 mètres au-dessous des basses mers, et présenta cette particularité que la douille en corne de cerf n'était ni brute ni polie ; elle avait été usée sur une pierre, de manière à présenter une série de facettes en prisme polygonal, et les stries de l'usure s'aperçoivent très nettement sur les facettes.

Plus tard encore, à la cote 6 mètres au-dessous des basses mers, on rencontra une gaîne de hache en corne de cerf, mais d'un type plus primitif, car elle n'était pas percée d'un trou pour un manche et devait se tenir simplement à poignée.

6° — Un grand nombre d'*andouillers de bois de cerf*, tous détachés de la même façon du tronc principal, et paraissant avoir servi, les uns de bouts de lance comme armes défensives, les autres d'instruments aratoires, socs de petites charrues ou sarcloirs ; quelques-uns même, conservant à leur enracinement un notable fragment d'andouiller à deux sections normales, paraissent avoir eu pour destination des casse-têtes ou des marteaux.

Tous ces fragments ont été détachés à l'aide d'incisions circulaires formées de deux troncs de cône se touchant par leur petite base : lorsque celle-ci avait un diamètre assez réduit pour que la résistance ne fût plus considérable, on cassait net en appuyant. Non seulement nous possédons un grand nombre de fragments ainsi détachés, mais nous avons conservé une base de bois de cerf qui porte toutes les traces successives de ce travail : le tronc principal a été coupé par ce système, pour servir sans doute à faire une douille de hache comme à l'article précédent, et à sa base il porte encore un andouiller dont l'entaille est ébauchée et arrivée à tel point qu'il ne restait presque plus rien à faire pour la détacher. Les traces de l'instrument qui a servi à pratiquer les entailles sont très apparentes ; on pourrait compter tous les coups, mais il est difficile de reconnaître s'il était de pierre ou de bronze. La dernière hypothèse paraît cependant plus plausible, tellement sont nettes les empreintes.

Après avoir été détachés, un certain nombre de ces andouillers n'ont pas subi d'autres préparations, et comme ils sont très usés et presque polis par la pointe, tout me porte à penser qu'ils ont servi d'instruments aratoires ; les autres, au contraire, ont été soumis à une transformation plus complète : au-dessus de la coupure, on a pratiqué une large entaille triangulaire s'avançant vers la pointe, et à la base de cette entaille, de petites rainures transversales ont été ménagées ; la pointe de ces bouts de corne est très effilée, les traces d'usure sont à peine sensibles ; et l'on ne peut se rendre compte de toutes ces constatations qu'en supposant un emmanchement avec ligatures sur une tige en bois, de manière à former des bouts de lance ou des sortes de poignards.

Un bois de cerf presque entier présente cette particularité curieuse que toute sa surface est complètement usée d'un seul côté, tandis que de l'autre toutes les rugosités de la corne sont intactes : toutes les pointes sont émoussées et polies. Il semble qu'il ait servi de ratelier posé horizontalement pour la fabrication des cordages.

7° — *Poteries*. La plupart des fragments de poteries retrouvées, en grand nombre, sont d'une pâte tellement grossière et d'une cuisson si imparfaite, qu'on serait tenté de croire qu'elles ont été pétries sans apprêt et simplement séchées au soleil. Toutes sont fabriquées à la main, et sur plusieurs d'entre elles on reconnaît, d'une façon indubitable, les traces du pouce du potier. L'ornementation est très rudimentaire et se compose ordinairement de rangs de cupules obtenues par pression avec le bout du doigt ou le genou d'une phalange. Très peu de vases ont pu être restitués complètement : il y en a de toute taille, depuis 10 jusqu'à 40 centimètres de diamètre à la panse : ils rappellent de très près ceux qu'on a trouvés dans les dolmens : quelques-uns, d'une pâte plus fine et plus noirâtre, présentent des traces de vernissage et une ornementation obtenue à coups d'ongle un peu au-dessous du rebord. Je signalerai, en particulier, un vase à fond curviligne tout percé de petits trous et qui me paraît avoir été destiné à égouter le lait caillé ou le fromage.

Enfin je dois citer, à côté des poteries, un fragment de côte de bœuf poli à une extrémité qui a certainement servi d'ébauchoir.

8° — *Pierres de mouillage*. Ces curieux engins que je crois avoir signalés le premier dans une station dite préhistorique, sont l'indice certain de la présence d'un port maritime. A défaut d'ancres en métal, ces anciennes peuplades se servaient de grosses pierres de deux types très distincts. Les unes, sortes de pendeloques elliptiques ou grossièrement triangulaires, de 0^m,50 à 0^m,80 de plus grand diamètre, et de 0^m,20 d'épaisseur, étaient percées, à leur sommet, d'un trou à double cône d'une régularité parfaite, par lequel on passait l'amarre qu'on filait ensuite du bateau. Quelques-unes d'entre elles pèsent plus de 80 kilogrammes, ce qui suppose des navires plus forts que de vulgaires pirogues.

Les autres, de plus faible échantillon, affectent la forme de cylindres de longueur variable et de 0^m,20 de diamètre.

Au milieu de la longueur est pratiquée une gorge qui fait le tour du cylindre et sur lequel on attachait l'amarre. Une échancrure est creusée d'un côté, pour passer une cale de bois qui serrait vigoureusement l'amarre une fois attachée. Ces ancres du second type servaient sans doute pour les canots, tandis que les premières étaient destinées aux chaloupes de pêche.

Je dois faire observer que les ancres cylindriques retrouvées sont toutes constituées en granit du pays, tandis que la plupart de celles du premier type, en forme de pendeloque, sont composées en pierre étrangère, micaschiste, diorite, concrétions siliceuses, etc. On pourrait en conclure que les petits bateaux étaient seuls indigènes et que les grands étaient ceux des populations voisines, en relations de commerce, par l'Océan, avec les populations riveraines du Brivet.

9° — *Ossements d'animaux.* La couche d'alluvions de la cote 4 mètres au-dessous de basse mer, a fourni un très grand nombre d'ossements d'animaux, surtout des mâchoires et des têtes.

Les restes les plus nombreux sont ceux d'un petit bœuf, de race aujourd'hui disparue de nos contrées. M. Paul Gervais, professeur au muséum d'Histoire Naturelle, les ide...ifia avec ceux du *bos longifrons* (Owen) ou du *bos primigenius brachyceros* (Rutimeyer), qu'on a rencontrés en Angleterre, en France, en Belgique, en Allemagne, en Suisse et en Italie, associés le plus souvent avec les restes de l'âge du bronze.

Viennent ensuite de magnifiques débris (os frontal et cornes) de la grande race du *bos primigenius*, l'auroch, encore aperçu par les légions de César dans les forêts de la Gaule.

Puis des os très divers empruntés au *cerf ordinaire* dont je possède deux superbes ramures presque intactes, au *chevreuil*, au *mouton*, au *loup* ou au *chien*, enfin au *cochon* et au *sanglier*.

Voilà pour les mammifères, sans compter plusieurs fémurs humains qui n'ont rien présenté de particulier. A ce propos, je dois signaler que les seuls ossements humains rencontrés ont été les crânes et ces fémurs, et que les crânes étaient tous privés de leur mâchoire inférieure. Il semble donc que ces fragments aient été roulés de la côte au fond de la baie, soit à la suite de violents orages qui les auraient déterrés, car l'incinération ne devait pas encore exister dans ces parages, soit comme conséquence de sacrifices aux divinités maritimes. J'appelle l'attention sur cette particularité assez extraordinaire que je n'ai pu expliquer : des ossements de toutes les parties du corps pour les animaux, presque exclusivement des crânes pour les hommes.

Parmi les poissons, je ne trouve à signaler que deux rostres d'*espadon* parfaitement conservés, et qui, au premier abord, avaient été pris pour des fourreaux d'épée. L'espadon vient très rarement aujourd'hui échouer sur nos côtes.

Enfin, parmi les mollusques, outre l'*huître* commune localisée par petits bancs, on a rencontré, uniformément réparties dans toute la couche sableuse, des milliers de coquilles de *mactres* ou de *lavignons*, de la même espèce que celle qui vit encore sur nos grèves, mélangées de quelques *vénus* et *bucardes* presque microscopiques.

9º — Je ne citerai que pour mémoire un grand nombre de *pièces de bois* qui paraissent avoir été débitées par éclats pour servir de bordages de bateaux, mais dont on ne peut assigner positivement l'usage[1].

De tout ceci résulte la présence incontestable, en ces parages, alors que le fond de la baie se trouvait à 4 mètres au-dessous des basses mers actuelles, de peuplades se servant d'objets absolument similaires à ceux que l'on désigne sous le nom de contemporains de l'âge du bronze, simultanément avec des outils ou armes en pierre polie du type le plus perfectionné ; — que ces outils ou armes en pierre polie étaient aussi en usage lorsque le fonds de la baie se trouvait antérieurement aux cotes 4m,50 à 5 mètres ; — et que les outils ou armes de pierre présentaient un caractère plus archaïque à l'époque où le fonds de la baie était à la cote 6m.

Reste à en établir la chronologie.

II. — Supputations chronologiques.

Le caractère jusqu'ici reconnu de la vase d'inondation et du limon fluviatile est de former des dépôts d'une vase homogène, partout la même et sans traces apparentes de stratification. Dans certaines parties de la vallée du Rhin, l'accumulation du limon s'est produite sur une grande échelle. C'est un sable très homogène, et d'une couleur gris-jaunâtre. La masse ne présente, le plus souvent, aucun trait de stratification. Cette absence de plans de division, de traces de dépôts successifs, provient, selon Lyell, non du manque d'action intermittente, mais de ce que la quantité de limon annuellement

[1] Tous ces objets, scrupuleusement conservés, ont été déposés, partie au musée archéologique de la Loire-Inférieure, place de l'Oratoire, à Nantes, partie à la mairie de Saint-Nazaire, où l'on réunit les éléments d'un musée, partie chez moi à Saint-Nazaire. Les principales pièces ont été moulées pour le musée de Saint-Germain.

déposée est très faible. Les dépôts annuels du Nil, par exemple, forment des couches si minces, que leur accumulation, pendant un siècle, dépasserait assez rarement une épaisseur de 12 centimètres.

Tel est, à première vue, le cas du dépôt d'argile vaseuse de la vallée sous-marine de Penhouët. Cependant, quand cette masse argileuse d'apparence homogène est coupée sur de grandes surfaces verticales ou en talus, (et c'est ce qui nous arrivait pour le déblaiement des fouilles du bassin à flot de Penhouët, opéré à sec, à l'aide d'une digue de ceinture préalablement construite, qui avait isolé la vasière du contact de la mer), on y reconnaît quelques traces de stratifications horizontales. Des files de coquilles blanchissent au soleil, et de petites couches sableuses divisent horizontalement la masse, de distance en distance.

C'est dans une de ces couches sableuses, plus épaisses que les autres, que les ouvriers trouvèrent, au mois d'août 1876, de la poterie rouge présentant les caractères incontestables de l'industrie gallo-romaine, puis des anses d'amphores et de la poterie brune à filets creux réguliers. Cette couche est située à 2^m,50 de hauteur au-dessus de la grande couche des objets de l'âge du bronze, et par conséquent à 1^m,50 au-dessous des basses mers. Mais une découverte, précieuse entre toutes, fut celle d'un petit bronze de l'empereur Tétricus, assez fruste, mais encore très lisible. Ce Tétricus était un préfet d'Aquitaine, qui prit la pourpre à Bordeaux, en 268, régna quelques années sur les Gaules, l'Espagne, la Bretagne, et se remit lui-même entre les mains d'Aurélien, en 275. La couche gallo-romaine se trouvait donc datée, et l'on pouvait en conclure qu'au milieu du IIIe siècle de notre ère, le fond de la baie de Penhouët était situé au moins à un mètre en contre-bas des basses mers, et que par conséquent la Brière avait encore là son embouchure, puisque le seuil du rocher de Méan, où le Brivet coule aujourd'hui, même usé par le cours de l'eau, est environ d'un mètre plus élevé.

Mais voici une conséquence beaucoup plus importante de la découverte du bronze de Tétricus : ce bronze était un point de repère, une base certaine pour l'établissement de la chronologie des couches vaseuses. Ainsi, l'on pouvait affirmer que les six mètres de vase qui existent au-dessus de la couche gallo-romaine, ont mis 1000 ans à se former. Cela donne, par siècle, une couche d'alluvions de 0^m,37 de hauteur.

Ici se pose une question qui nous fit d'abord sérieusement hésiter.

Faut-il admettre que l'épaisseur de la couche vaseuse est proportionnelle au temps nécessaire à la former, ou faut-il supposer que les couches inférieures ayant été comprimées par les supérieures, leur épaisseur par siècle doit diminuer à mesure qu'on les examine plus profondément ? La question est très importante, car, si la proportionnalité est admise, nous possédons le moyen d'assigner une date certaine à la couche du bronze et à celles des haches en pierre polie. En effet, les 2^m,50 de vase qui séparent la première de la couche gallo-romaine représenteraient une période de sept siècles. La grande couche du bronze serait donc datée du ve siècle avant notre ère, et la petite épée du vi^e. Il est, du reste, naturel que les plus petites épées soient les plus anciennes, et la présence d'une hache emmanchée et en service entre les deux couches du bronze prouve bien qu'on se trouvait à une époque de transition, la petite épée marquant à peu près l'introduction du bronze à l'embouchure de la Loire. L'âge du bronze à Saint-Nazaire aurait donc une antiquité de 2500 ans. Ce chiffre est beaucoup plus précis que celui que M. Morlot a déduit de ses travaux estimés sur le delta de la Tinière, lesquels donnent à l'âge du bronze, pour cette région, une antiquité de 3000 à 4000 ans.

Voyons jusqu'à quel point la théorie de la proportionnalité peut être l'expression de la vérité. La principale objection est la suivante : au-dessous des basses mers, on peut admettre, à la rigueur, que les vases se soient déposées d'une façon permanente et proportionnelle à la durée, en supposant que les eaux fussent chargées de la même quantité annuelle de matières argileuses ; mais au-dessus du niveau des basses mers, les eaux chargées de vase n'ont plus été en permanence à la même élévation ; la quantité de matières a donc varié avec les hauteurs d'eau, avec le flux et le reflux. Cette objection tombe en partie devant un examen attentif du phénomène ordinaire des envasements dans les petits golfes échelonnés le long de nos rivières ; et c'est ici le cas. Le dépôt alluvial se produit, à très peu près, aussi rapidement au-dessus des basses mers qu'en dessous. Il est vrai que, plus l'alluvion augmente de hauteur, moins longtemps elle reste soumise à l'action des eaux vaseuses qui lui fournissent les éléments de sa croissance ; mais aussi la compression par tassement des couches déposées devient évidemment moindre. Ainsi, d'une part, il y a moins de vase déposée dans les parties supérieures, mais en revanche la couche annuelle de vase doit être plus épaisse, à égale quantité de matière. Il y a donc une sorte de compensation dans ces deux phénomènes contraires.

Mais il importe de ne pas rester dans des termes aussi vagues et, comme ces phénomènes peuvent se réduire, l'un à des calculs rigoureux, l'autre à des observations précises, je dois indiquer ici jusqu'à quelle limite exacte se produit cette compensation.

Etudions d'abord quelle est la diminution de dépôt qui doit se produire, lorsque le niveau de l'alluvion a dépassé celui des basses mers. Il est clair que la quanlité de vase déposée doit être, à très peu près, proportionnelle à la durée de la présence de l'eau au-dessus du fond, et que le temps nécessaire pour obtenir une même couche d'alluvions sera en proportion inverse. Par conséquent, si nous appelons a le temps qui a été nécessaire pour déterminer un dépôt d'un mètre au-dessous de basse mer, c'est-à-dire avec la présence de mer constante, nous voyons que le temps qu'il a fallu pour que l'alluvion monte du niveau de la couche gallo-romaine à celui des basses mers a été $1,5 \times a$.

D'autre part, les courbes de marée observées à Saint-Nazaire, en prenant les moyennes de morte eau et de vive eau, (et nous devons admettre que le régime des marées n'a pas subi de variation sensible) nous apprennent qu'entre deux marées :

De la cote 0 à la cote 1^r l'eau reste pendant 11 h. sur 12,

	1	2		10	12,
	2	3		8	12,
	3	4		6	12,

Au dessus de la cote 4, il n'y a plus de vases qu'accidentellement apportées par les grandes marées : c'est la dune qui commence, sur laquelle le vent a plus d'action que la mer.

Il en résulte que le temps nécessaire pour former le premier mètre d'alluvion au-dessus des basses mers a été $\frac{12}{11} \times a$; pour le second $\frac{12}{10} \times a$; pour le troisième $\frac{12}{8} \times$ pour le quatrième $\frac{12}{6} \times a$.

Donc le temps nécessaire pour former toute l'épaisseur d'alluvion supérieure à la couche gallo-romaine a été

$$1,5 a + \frac{12}{11} a + \frac{12}{10} a + \frac{12}{8} a + \frac{12}{6} a$$

c'est-à-dire, en effectuant à l'opération :

$$7,3 a$$

mais nous savons que cela correspond à 1600 ans. Nous pouvons donc poser

$$7,3\,a = 1600$$

D'où l'on tire

$$a = 220$$

Ainsi, en tenant compte du phénomène du flux et du reflux, il a fallu 220 ans pour former un mètre d'alluvion au-dessous de basse mer, ce qui donne 0m45 par siècle, au lieu de 0m37, résultat obtenu par la simple proportionnalité.

Voyons maintenant s'il n'y a pas une compression de la vase inférieure par la vase supérieure. Pour le constater j'ai procédé à des expériences directes, en pesant des cubes de vase de même dimension pris de mètre en mètre sur toute la hauteur de la fouille : et grâce à un crédit mis à ma disposition par M. le ministre de l'Instruction publique, en 1877, j'ai pu continuer ces constations jusqu'à 20 mètres d'épaisseur totale, en descendant un puits méthodique d'expériences au milieu même du bassin, juste au droit du thalweg de la vallée rocheuse sous-jacente, en dehors des travaux de déblaiement, et à l'abri, par conséquent, de toutes chances d'erreur. Les résultats de cette étude ont été très remarquables, et m'ont permis d'établir l'échelle des densités successives de l'alluvion du haut en bas de ces vingt mètres. En voici le tableau, au-dessous du niveau des basses mers.

cote	densité
0	1,500
4	1,520
5	1,530
6	1,540
7	1,590
8	1,610
9	1,650
10	1,610
11	1,510
12	1,500
13	1,500

Ce qu'il y a de particulièrement intéressant dans ce tableau, c'est de constater la présence d'un maximum de densité à la cote — 9, c'est-à-dire à 15 mètres environ de la profondeur totale de l'alluvion : puis, la densité décroît très rapidement et devient constante, en sorte qu'il n'y a plus de compression à partir de cette cote jusqu'au fond[1] : cela tient sans doute à la plus grande proportion d'eau de constitution dans la masse en approchant du fond : et cette eau empêche la compression. M. Jules de la Gournerie, membre de l'Académie des sciences et mon ancien professeur à l'École polytechnique, à qui je communiquai ces résultats, les trouva fort intéressants et les expliqua, aussi lui, par la plus grande proportion, aux couches inférieures, de l'eau de constitution.

Mais nous n'avons pas à nous occuper pour le moment de ce qui se passe à ces grandes profondeurs : ce qui résulte clairement de l'échelle des densités croissantes jusqu'au maximum c'est que, dans une intervalle de 9 mètres, les quantités de vase contenues sous le même volume sont dans le rapport de

$$\frac{1500}{1650} \text{ et } \frac{1500}{1650} + \frac{150}{1650}$$

C'est-à-dire dans le rapport de

$$\frac{10}{11} \text{ et } \frac{11}{11}$$

On a donc le droit d'en conclure qu'il y a une compression moyenne de 1 centimètre en chiffre rond par mètre de hauteur.

---

[1] Je remarquerai ici que cette échelle de densités ne doit être comparée que parallèlement aux résultats que j'ai cités, en 1877, dans mon mémoire de la *Revue archéologique*. A cette époque, je n'avais encore relevé de densités qu'au voisinage des flancs de la vallée rocheuse, et là les densités sont parallèlement plus fortes qu'au droit du thalweg, mais je dis parallèlement, parce que la progression est la même.

D'après ce résultat qui repose, on le voit, sur des données certaines, et qui ne laisse rien à l'arbitraire, on reconnaît que les environs de la couche gallo-romaine, ayant subi une compression de 8 centimètres et demi, puisqu'elle est recouverte de 8^m,50 d'alluvions y compris la dune supérieure, la tranche séculaire que nous avions trouvée de 0^m,45, par supputation du simple dépôt, doit être réduite de 0^m,085; ce qui nous donne :

$$0^m,45 - 0^m,085 = 0^m,365.$$

Or la simple proportionnalité nous avait conduit à fixer la tranche séculaire à 0^m,37. Nous avons donc le droit de dire que les deux phénomènes contraires qui sont ici en lutte l'un contre l'autre, se neutralisent et se compensent pour maintenir la proportionnalité.

Nous pûmes en conclure, par conséquent, que les objets contemporains de la transition de la pierre polie au bronze, trouvés à la cote 4^m, étaient antérieurs d'un peu plus de sept siècles à ceux de la couche gallo-romaine, attendu que :

$$4^m, - 1^m,50 = 2^m,50 = 0,35 + 0,35 + 0,35 + 0,35$$
$$+ 0,34 + 0,34 + 0,34 + 0,07$$

et que par conséquent ils dataient du Ve siècle avant l'ère chrétienne ; ceux de la cote 4^m, 50 (où se trouve encore une épée de bronze), du VIIe ; ceux de la cote 5^m (où se trouve encore une hache à emmanchement complet) du Xe ; et ceux de la cote 6^m (où l'emmanchement de la hache est beaucoup plus archaïque), du XIIIe.

Il est vrai que ces conclusions supposent que la quantité de vase contenue dans les eaux de la Loire est restée séculairement à peu près la même depuis environ deux mille ans : mais cela n'a rien qui doive surprendre, car notre globe terrestre est en équilibre, du moins dans nos contrées, depuis plusieurs milliers d'années, et cet équilibre semble indiquer que les phénomènes naturels d'une grande intensité, tel que celui dont il est ici question, s'y accomplissent, ou du moins s'y sont accomplis pendant la période qui nous occupe, avec une régularité sensible.

Quoiqu'il en soit, je fixai provisoirement l'épaisseur moyenne séculaire de l'alluvion à 0^m,35 pour les environs de l'ère chrétienne, en me disant : quelle probabilité voisine de la certitude n'obtiendrait-on pas si on pouvait arriver au même résultat par une méthode absolument différente !... Un heureux hasard vint, au commencement de l'année 1877, me fournir cette confirmation.

Parcourant, un jour, le périmètre du chantier en compagnie d'un archéologue bien connu, M. Paul du Châtellier, je fus frappé de l'aspect d'une coupure verticale de la vasière, abandonnée depuis quelque temps, qui, au lieu d'être lisse et homogène, présentait des traces évidentes de stratifications régulières et très rapprochées. Les strates étaient horizontales et paraissaient avoir 0^m,003 d'épaisseur. Entre elles se voyaient très nettement de minces couches noires qui se décomposaient, au toucher, en débris végétaux très aplatis. Cette coupure étant exposée à l'ouest, je pensai que la pluie qui l'avait frappée avec persistance depuis plusieurs mois avait dû désagréger les parties sableuses interposées entre les couches d'argile, et que la stratification ainsi obtenue pourrait donner une image représentant la marche progressive des alluvions. Cette coupure réalisait, en quelque sorte, ce *chronomètre préhistorique* que les géologues, et en particulier M. de Quatrefages, appelaient de tous leurs vœux.

Convenablement interrogée, cette surface d'apparence schisteuse, devait, en effet, comme toutes celles que la pluie avait modifiées de la même façon, me livrer le secret de la constitution intime de la vase de Penhouët et de la marche des alluvions. Une étude attentive me permit de reconnaître que chaque strate se compose de trois feuillets ou éléments se succédant toujours dans le même ordre : sable, argile, débris végétaux, et ainsi de suite. Les couches de sable sont celles dont l'épaisseur varie le plus. Les petites couches végétales, qui présentent des feuilles et surtout des débris herbacés, indiquent le dépôt annuel de l'automne, et forment surface isolante. Dans l'intervalle, le sable et l'argile se séparent par densité. Ainsi, l'épaisseur de l'ensemble de ces trois couches, qui varie (aux profondeurs de 6 à 9 mètres) entre $0^m,001$ et $0^m,005$ (sauf les cas extraordinaires de dépôts graveleux), représente un dépôt annuel et régulier ; et l'ensemble de 100 groupes de 3 couches varie de $0^m,33$ à $0^m,37$. On peut donc assigner, sans crainte d'erreur, une épaisseur séculaire moyenne d'environ $0^m,35$ aux alluvions qui ont rempli l'anse de Penhouët et dire avec assurance :

1° Qu'au VI° siècle avant notre ère, on se servait encore, à l'embouchure de la Loire, de haches en pierre polie emmanchées dans une douille en corne de cerf, avec manche en bois ;

2° Que l'introduction du bronze, dans cette région, date du VII° siècle, c'est-à-dire des environs de la fondation de Rome ; et je suis heureux de constater que cette date correspond exactement avec celle que M. Alexandre Bertrand a déduite de considérations historiques pour arriver à déclarer que l'introduction du bronze en Gaule n'a pas été antérieur au VIII° siècle avant notre ère.

3° Que, mille ans avant notre ère, on se servait de haches en pierre polie beaucoup plus primitives que les précédentes.

Je dois ajouter que l'observation exacte de la stratification a pu être poursuivie à l'aide du puits d'expérience spécial sur 20 mètres d'épaisseur totale, c'est-à-dire jusqu'à 40 siècles environ avant notre ère ; enfin que les sondages ont constaté que les alluvions ne dépassent guère une profondeur d'environ 30 mètres. En tenant compte d'une compression inférieure qui donnerait une épaisseur séculaire moyenne de 0^m,33 par siècle, on est conduit à fixer à un maximum de 6000 ans avant notre ère le commencement des alluvions modernes de la Loire et par conséquent de la période géologique actuelle. Cette limite de date se rapproche beaucoup de la supputation biblique traditionnelle, des chiffres de Manéthon et du minimum indiqué par M. Arcelin, d'après les alluvions de la Saône.

III. — Discussion.

MM. de Mortillet et Sirodot ont vivement combattu ces conclusions, au congrès de l'Association française pour l'avancement des sciences tenu au Havre en 1877. Je leur ai répliqué dans la *Revue scientifique* et au congrès de Paris en 1878. Ils sont revenus à la charge, et l'on pourrait composer une longue liste bibliographique de tous les écrits qui ont été publiés, pendant trois ans, pour et contre le *chronomètre préhistorique* de Saint-Nazaire. Je me contenterai de résumer ici les éléments principaux de la controverse; en exprimant une fois de plus, très vivement et très sincèrement, le regret de n'avoir pu obtenir d'aucun de mes adversaires qu'il vînt explorer le terrain avec moi et discuter contradictoirement sur place mes assertions : aucun d'eux n'a paru se douter qu'en exécutant, avec le plus grand soin et méthodiquement, une fouille générale sur 24 hectares dans un terrain situé au-dessous du niveau de la mer, à l'abri d'une digue de ceinture et avec l'aide de gigantesques pompes d'épuisement qui nous tenaient constamment à sec, nous pouvions constater à l'aise la parfaite horizontalité des couches sur toute la surface, et reconnaître que depuis le fond jusqu'à la hauteur de la dune, c'est-à-dire jusqu'à la cote 4 au-dessus des basses mers, il n'y avait jamais eu et il ne pouvait y avoir eu de remaniements. Nous explorions un sol vierge, que nous venions de soustraire à l'action des eaux et qui nous livrait, sans aucune réticence, tous ses secrets.

Pour M. Sirodot, doyen de la faculté des sciences de Rennes, la question est bien simple : il ne doit rien rester « du fameux chronomètre, » parce que les prétendues alluvions observées ne sont que du *gneiss en décomposition* ! Il est impossible de ne pas sourire en présence d'une pareille affirmation. Elle nous prouve, d'une façon péremptoire, que M. Sirodot a mal pris ses renseignements, et n'a observé que les flancs de granite et de gneiss de l'ancienne vallée, dépouillés de leurs alluvions par les fouilles, au lieu de s'adresser aux parois de déblais taillées dans l'alluvion même. Un seul mot suffit pour renverser toute son argumentation ; car enfin, M. Sirodot nous dira-t-il comment on peut trouver des couches régulières de coquilles, des épées de bronze et des crânes d'aurochs, ou des bois de cerf admirablement conservés, sous huit mètres d'épaisseur de gneiss en décomposition ?

Que si on interprète son objection, en ne prenant le gneiss en décomposition que pour les couches sableuses qui contiennent, en effet, beaucoup de mica, tandis que le sable charrié par la Loire ne contiendrait que du quartz, en quoi cela peut-il contredire nos conclusions, puisque les eaux baignaient et désagrégeaient les flancs de la vallée gneissique de Penhouët au-dessus de l'alluvion et y amenaient, par conséquent, du mica et des débris de gneiss ? Mais de là à du gneiss en place il y a fort loin. Remarquons, de plus, que les coquilles trouvées dans les alluvions sont toutes celles qui vivent encore actuellement dans les eaux saumâtres des anses de l'embouchure de la Loire.

M. de Mortillet est plus spécieux, mais il ne convaincra pas davantage un observateur attentif qui aura visité les alluvions de Penhouët : lui, du moins, ne les a pas visitées[1]. Il met en avant trois griefs concourant à démontrer que notre calcul chronométrique n'a aucune valeur.

Et d'abord, dit-il, M. Kerviler a beaucoup varié dans ses indications de la profondeur des couches ayant fourni les objets archéologiques : il en a donné de différentes, selon les besoins du moment. Ses calculs ne reposent donc sur aucune base sérieuse.

J'ai répondu : 1° que les cotes indiquées dans le Mémoire de la *Revue archéologique* ont seules été données comme définitives ; je n'ai songé, en effet, à relever exactement, et avec des instruments de nivellement, la profondeur des couches archéologiques, que lorsque je me suis aperçu qu'il était possible d'arriver à déterminer leur âge : toutes les indications que j'avais données jusque-là, dans des lettres particulières adressées à M. le directeur du musée de Saint-Germain, ne visaient aucunement à la précision de profondeur, car je n'attachais d'importance qu'à la détermination des objets, sans penser à leur date ; ce n'est que très tard que j'ai découvert l'échelle chronologique de la stratification. Il s'agit ici d'une question de bonne foi, et j'imagine que

---

[1] On verra, un peu plus loin, comment M. de Mortillet a dit à ses lecteurs qu'il était venu à Saint-Nazaire, sans ajouter que c'était *avant l'époque de mes découvertes*. Quant à M. Sirodot, il affirme avoir visité Saint-Nazaire deux fois depuis 1876 ; mais il a eu grand soin de ne pas me prévenir et de ne me demander aucun renseignement ni aucun guide. Aussi s'est-il complètement fourvoyé dans ses observations ; et je m'étonne fort que plusieurs bons esprits aient accepté pour bonnes, et sans les vérifier aux sources, certaines assertions fort aventurées du professeur de la faculté de Rennes.

lorsque je déclare seules prises avec des instruments de précision les cotes indiquées dans cette étude, on voudra bien m'en croire.

2° Que les divergences signalées sont beaucoup plus apparentes que réelles. En effet, les couches renfermant les objets archéologiques sont absolument horizontales sur une vingtaine d'hectares ; mais il n'en est pas de même de la partie supérieure de la vasière, remaniée sur un mètre de profondeur environ par la petite dune de sable qui, dans toutes les anses de la Loire, se forme en ceinture supérieure lorsque la hauteur de l'alluvion a dépassé le niveau moyen de la mer. Il est donc tout naturel qu'à une époque où je ne rapportais pas les cotes au niveau fixe et horizontal des basses mers, mais à la surface supérieure de la vasière, j'aie pu donner des profondeurs différentes pour des objets disséminés sur les vingt hectares d'une même couche horizontale. — A ce propos, je relèverai la phrase suivante de M. de Mortillet : « Veut-on maintenant un aveu naïf de M. Kerviler, dit-il, dans un article de la *Revue scientifique* ? — La surface supérieure de la visière, a-t-il écrit, a été inégalement remaniée. Il y a eu des remaniements ! mais alors le chronomètre n'a plus de base solide. Et pourquoi, puisque le dépôt est si homogène, n'y aurait-il pas eu également remaniement aux autres niveaux, à l'époque où ils étaient à la surface supérieure ? » — Tout cela n'est véritablement pas sérieux : et mon assertion prouve, non pas ma naïveté, mais ma complète bonne foi. Ma seule naïveté a toujours été de croire qu'on discuterait ce que j'ai réellement dit, et qu'on ne s'acharnerait pas à le défigurer. M. de Mortillet n'a donc pas examiné les coupes de terrain. J'ai précisé nettement le *point unique* des remaniements, et dans ces limites, au-dessus de la cote 4 supérieure aux basses mers, par suite de la formation et du mouvement de la dune formée au-dessus, cela ne détruit en rien les bases du chronomètre. Pourquoi n'y en a-t-il pas eu aux autres niveaux ? Mais tout simplement parce qu'à tous les autres niveaux, on peut constater la parfaite horizontalité de toutes les petites couches dans toute la profondeur de l'alluvion. Cela exclut toute supposition de remaniement. M. de Mortillet aurait pu le constater par lui-même, s'il était venu visiter les fouilles de Penhouët· — J'y suis allé, s'écrie-t-il triomphalement dans le même article, et après avoir examiné le dolmen qui domine la baie, j'ai étudié avec soin les alluvions. — Me permettra-t-il une question indiscrète ? N'est-ce pas à l'époque du congrès de Nantes en 1875 qu'il est venu à Saint-Nazaire, et qu'il a visité avec le congrès les fouilles du bassin, au milieu desquelles j'ai guidé la délégation ? Or, à cette époque, ni lui ni moi ne soupçonnions la stratification des alluvions de Penhouët : je ne l'ai observée et signalée qu'à la fin de l'année 1876....

3° Enfin les divergences signalées, fussent-elles réelles, n'auraient qu'une importance absolument secondaire. Leur écart maximum ne ferait, en effet, varier que de quelques centimètres la moyenne attribuée à l'épaisseur séculaire des alluvions. Qu'elle soit de $0^m,30$ ou de $0^m,55$, cela ne modifie pas sensiblement les conclusions : ne doit-on pas se trouver très heureux d'arriver à un siècle près dans les supputations préhistoriques ?

Mais j'ai hâte d'aborder à des affirmations plus graves.

Mon calcul chronométrique n'a aucune valeur, selon M. de Mortillet, parce qu'il suppose que les dépôts se sont effectués de la manière la plus régulière, et pour soutenir cette thèse, il ne faut pas avoir la moindre notion des données de l'hydraulique. Prétendre que, — malgré les différences de boisement et de déboisement, de cours libre et d'endiguement, de voisinage et d'éloignement des côtes, d'eaux profondes ou de fonds découverts à marées basses, de remaniements et de non-remaniements, de soulèvements et d'affaissements du sol, de présence et d'absence d'un cours d'eau, — le dépôt annuel d'une alluvion d'estuaire est exactement le même pendant une longue série de siècles, c'est méconnaître toutes les lois de l'hydraulique.

Il est pénible d'avoir à répondre à une pareille accusation, après avoir fait profession spéciale, pendant plus de quinze ans, d'étudier et d'approfondir ces mêmes lois. J'ai répondu cependant.

Ici encore M. de Mortillet ne présente, fort habilement du reste, qu'un des côtés de la question.

Il y a deux parties bien distinctes dans mon étude : la constatation d'un fait positif, et l'explication théorique d'un phénomène concordant avec la constatation de ce fait. Le fait, c'est la succession régulière des couches alternant trois par trois, sable, argile et débris végétaux, et la fixation de l'épaisseur séculaire moyenne à 35 centimètres : cela ne résulte d'aucune théorie, mais de la simple observation positive; le fait est brutal, et je n'y puis rien. J'ai compté les couches et j'ai déterminé leur épaisseur *moyenne* (j'appuie avec intention sur le mot *moyenne*, car je n'ai donné que des chiffres moyens) : si j'ai, en effet, trouvé cette moyenne, toutes les théories du monde n'y contrediront pas, et je dois remarquer ici qu'ayant poursuivi mes recherches depuis mon premier mémoire, à 10 mètres plus bas que la couche signalée pour les objets de l'âge du bronze, j'ai toujours constaté les mêmes résultats moyens. C'est ce fait important qui doit dominer toute la question. Mais, ceci bien constaté, j'ai cherché à expliquer théoriquement comment il se faisait que l'échelle des hauteurs chronologiques restât proportionnelle, malgré les différences de hauteur d'eau produisant l'alluvion, et j'en ai trouvé l'explication dans une compensation produite par la compression de l'alluvion dans les couches inférieures, et son augmentation de densité à mesure que l'on descend. Il n'y a rien là que de très naturel. Quant aux différences de boisement et de déboisement, de cours libre et d'endiguement, depuis quand peuvent-elles se produire, sinon depuis des époques très modernes? Les digues de la Loire sont-elles donc si anciennes? Les déboisements remontent-ils donc aux époques préhistoriques? Il y a précisément un phénomène remarquablement uniforme, pendant une longue série de siècles précédant l'époque historique moderne, parce que c'est la civilisation moderne qui a produit tous les troubles qu'on remarque aujourd'hui : ils n'existaient pas aux temps des Celtes et des Gaulois.

J'arrive au principal grief de M. de Mortillet. La couche de sable et de gravier dans laquelle j'ai trouvé le plus grand nombre d'objets de l'âge du bronze, avec les ossements d'aurochs, de bos primigenius, de cerf, et les crânes dolichocéphales rapportés par M. Broca, lors du congrès de Nantes, à l'âge de la pierre polie, n'est, suivant mon contradicteur, ni une couche fluviale comme les couches de limon, ni une couche marine comme les couches de sable intercalées dans le limon, mais bien une couche de dépôt à l'air libre et non pas sous-marine ; en sorte qu'il faut faire absolument intervenir des mouvements du sol, qui rompent tous les calculs chronométriques.

C'est là une affirmation purement gratuite, qui aurait besoin d'être solidement prouvée. Je maintiens, au contraire, que cette couche est sous-marine à cause de l'horizontalité parfaite des petites lignes de coquilles qui s'y rencontrent en simple épaisseur. Je suis loin de nier les phénomènes généraux d'abaissement et de soulèvement du sol sur certains points du littoral. J'en ai moi-même signalé d'importants, et, sans aller chercher bien loin, la côte du Morbihan en présente de caractéristiques, bien que sur une assez petite échelle de hauteur. Mais de nouveaux faits, découverts depuis mes premières observations, me permettent de combattre péremptoirement l'argumentation de M. de Mortillet. Je possède actuellement sept couches différentes ayant donné des objets archéologiques. Si donc ces couches sont des formations à l'air libre, il faut que sept fois le littoral de Saint-Nazaire se soit élevé, puis abaissé de plus de dix mètres de hauteur. Si pareils phénomènes s'étaient produits, on en trouverait certainement, dans les environs, des traces sensibles qui eussent été signalées depuis longtemps. Malgré d'actives recherches, il m'a été impossible d'en constater aucune.

Cette série de sept couches archéologiques a exercé la verve critique de M. de Mortillet : « Pendant plus d'un an et demi, près de deux ans, dit-il, il n'était question que de deux niveaux archéologiques ; maintenant M. Kerviler vous dit qu'il y en a sept !... Cette variation est fort heureuse pour la thèse que soutient M. Kerviler, mais ne doit-elle pas nous mettre en garde contre l'esprit d'observation de l'auteur ! Du reste, à quoi bon discuter ? Le chronomètre de Penhouët pèche entièrement par la base. En effet, sur quoi repose-t-il ? sur la découverte, au milieu d'une carrière de 40 hectares d'étendue sur 8 mètres de profondeur, d'une monnaie de Tétricus, tout au plus grosse comme une pièce d'un franc !.... Pour vider cette carrière, il a fallu enlever trois millions deux cent mille mètres cubes de vase en dix ans ; et c'est au milieu de cette masse énorme que vous prétendez désigner le niveau exact d'une pièce d'un franc, pièce qui par sa couleur se rapproche de celle du terrain ambiant? On enlève environ mille mètres cubes de vase par jour. Ce travail se fait par entreprise, les ouvriers ont donc peu de loisirs pour s'occuper de numismatique. Des trouvailles peuvent se faire par hasard, mais déterminer la place exacte des objets paraît bien difficile, sinon impossible. Que devient alors cette pièce ou petite pièce de vingt sous trouvée au milieu de ces vases plus ou moins molles, enlevées par milliers de mètres cubes en une journée? Elle se perd et entraîne dans sa perte tout l'échafaudage sur lequel s'appuie le fameux chronomètre de Penhouët !... »

J'ai tenu à citer cette page textuellement. Tous ceux que n'aveugle pas la passion des systèmes préconçus, tous ceux qui n'ont pas pour principe de faire mentir à tout prix la Bible, bien qu'elle laisse toute liberté au point de vue des dates anciennes, reconnaîtront que ces dernières objections sont absolument puériles. Il faut être à bout de ressources pour en imaginer de semblables.

Les couches d'alluvion ne contenant pas d'objets archéologiques sur toute l'étendue de leur surface, il est fort naturel que celles qui en possèdent se multiplient à mesure qu'on rencontre, en déblayant, des points contenant quelques-uns de ces objets. Quant à l'impossibilité de se reconnaître dans une fouille systématique de 10 mètres de profondeur sur 25 hectares environ de superficie, et non pas dans une *carrière* qui suppose de nombreux remaniements, ce n'est pas à un ingénieur qu'il faut servir des arguments de cette sorte. Je maintiens qu'il est facile de constater, à moins d'un centimètre près, à quel niveau tout objet archéologique, même une simple médaille, a été rencontré. C'est affaire de consigne aux contre-maîtres et de nivellement de précision : toutes choses fort simples dans un chantier bien ordonné. Il ne s'agit pas ici de fouilles intermittentes à bâtons rompus ; mais, par une heureuse fortune qui n'est pas souvent offerte à l'archéologie, de fouilles quotidiennes régulièrement conduites et qui n'ont pas été interrompues pendant plus de six ans. Dans ces conditions, les vérifications sont élémentaires.

En résumé, et devant la faiblesse de toutes les objections qui ont été soulevées et réfutées, je maintiens de nouveau que deux résultats sont acquis à la science par les observations de Penhouët :

1° Qu'il est possible de constater, dans les alluvions de l'embouchure de certains fleuves, une stratification régulière et continue qui permet d'établir un chronomètre préhistorique pour dater les objets archéologiques qu'on y rencontre.

2° Qu'à l'embouchure de la Loire, en particulier, on se servait encore d'armes en pierre polie vers le VIIe siècle avant l'ère chrétienne, et que de cette époque, contemporaine de la fondation de Rome, date l'introduction du bronze en ces parages.

J'ajouterai que cette importation du bronze sur nos côtes est probablement phénicienne ; car il est acquis que les galères de Tyr et de Sidon venaient chercher l'étain à l'embouchure de la Vilaine, et l'on a récemment trouvé dans les marais de Guérande une ardoise chargée de caractères phéniciens.

CHAPITRE SECOND

LA GRANDE LIGNE DES MARDELLES GAULOISES

DE LA LOIRE-INFÉRIEURE[1]

En 1778, Ogée écrivait, dans son *Dictionnaire historique et géographique de la province de Bretagne*, à l'article *Auverné* : « A une lieue un quart au sud-est de cette paroisse, et dans son territoire, est une butte de terre fort haute qu'on appelle la *butte du Trésor*, sur laquelle on voit des vestiges de retranchements qui continuent, *sans interruption, depuis les environs de Nozay jusqu'à Saint-Mars-la-Jaille*, ce qui fait une étendue de sept lieues. Ces retranchements paraissent avoir été faits du temps des Romains ou des premiers rois de Bretagne. »

Laissons de côté, pour le moment, l'attribution Romaine ou bretonne de ces monuments : c'est là une appréciation personnelle à l'ingénieur des Etats de Bretagne et

---

[1] Cette étude a été publiée d'abord dans les mémoires de l'Association bretonne pour le Congrès de Châteaubriant tenu en 1882, section d'Archéologie. — Tirage à part : *Saint Brieuc*. Prud'homme. 1883, in-8.

nous la discuterons bientôt plus à loisir. Il reste encore un fait considérable et qui méritait une attention toute particulière des archéologues bretons : une ligne de retranchements continue de sept lieues de longueur. Je ne sache aucun point de la France qui puisse en présenter de pareille. Or, les annotateurs de la seconde édition d'Ogée, en 1843, ont passé à côté de cette indication, sans paraître s'apercevoir qu'il y avait là un important problème historique à soulever : sur aucun des points de la ligne indiquée par Ogée, ils ne trouvent rien de ce genre qui soit digne de remarque : ni dans Saint-Mars-la-Jaille, ni dans Bonnœuvre, ni dans Auverné, ni dans Meilleraye, ni dans Abbaretz, ni dans Nozay, ils ne signalent de buttes, de forteresses, ou de fosses quelconques. A l'article Vay seulement, en dehors des limites d'Ogée et sans observer qu'on est exactement sur la même ligne, on dit simplement : « Les fosses-rouges sont une butte élevée et formée de phyllade rougeâtre. » C'est tout.

Il a fallu qu'Ogée attende quatre-vingts ans que les archéologues de la Loire-Inférieure profitassent de son renseignement. Comment M. Bizeul n'a-t-il pas décrit avec amour cette ligne si voisine de son canton, et qui s'étend presque parallèlement au nord de la voie romaine indiquée par lui de Blain à Angers, par les environs de Candé ? Ce sera toujours pour moi un sujet d'étonnement. Ce qui m'étonne encore plus, c'est que, connaissant fort bien le texte d'Ogée, il en conteste l'exactitude. En effet, après l'avoir cité intégralement, à la page 116 de son *mémoire sur la voie de Blain à Angers* publié en 1845, il ajoute : » J'ai souligné, dans cet extrait, deux passages dont l'exactitude me paraît extrêmement douteuse. Cette ligne de retranchements *depuis Nozay jusqu'à Saint-Mars-la-Jaille n'a été reconnue par personne ;* et l'attribuer aux anciens rois de Bretagne est une opinion au-dessous de la critique, pour tous ceux qui ont un peu étudié la pratique du Moyen Age. Quoiqu'il en soit, cette *butte du Trésor* existe, et elle est accompagnée de retranchements : or, ces retranchements indiquent un ouvrage de fortification et annoncent l'un de ces grands travaux que les Romains seuls savaient et pouvaient exécuter... » Ainsi, de toute la ligne indiquée par Ogée, M. Bizeul n'admet l'existence que de la butte du trésor qu'il affirme être romaine. Mais il faut reconnaître qu'il n'avait pas parcouru lui-même cette région, les renseignements qu'il donne sur la voie de Blain à Angers sont de seconde main, à partir de l'étang du Pas au Chevreuil. Il ne connaissait donc pas l'alignement, encore continu en 1845, d'Abbaretz à Nozay sur 8 kilomètres, et son affirmation imprudente découragea sans doute les archéologues de ce temps.

Ce qu'il y a de certain, c'est qu'en 1865, lorsque M. Orieux signala les fortifications d'Abbaretz à la Société archéologique de la Loire-Inférieure, dans la séance du 13 juin, la surprise fut générale. Il y a même lieu de remarquer cette circonstance assez singulière, que, dans la séance du 4 juillet 1865, *un brevet de priorité* fut accordé à M. Orieux pour la découverte de ces fortifications, « tandis que jusque-là il n'avait été question que de trous. » Aucun membre de la Société ne connaissait donc l'indication d'Ogée, ni dans les deux éditions du dictionnaire, ni d'après la citation de M. Bizeul!

Les observations consignées dans les procès-verbaux de la Société archéologique à cette époque sont intéressantes à relever ici, à cause des destructions systématiques qui ont lieu chaque jour dans la contrée. « Il existe, entre Abbaretz et Nozay, disait M. Orieux le 13 juin 1865, un ouvrage de fortification d'une étendue considérable, une sorte de fossé qui s'interrompt à Vay pour reparaître à Conquereuil, où, comme chacun sait, eut lieu au X° siècle un combat célèbre dans les Annales bretonnes. »

Nous voilà déjà loin d'Abbaretz et de Nozay, et les sept lieues d'Ogée s'allongent comme à plaisir, car de Saint-Mars-la-Jaille à Conquereuil, il n'y en a pas moins de douze. M. Orieux, ajoutait le procès-verbal, a remarqué un ouvrage analogue sur les bords de la Brière, à Saint-Lyphard. Il s'agit ici de la redoute bien connue des *grands fossés* qui barre l'isthme de la presqu'île guérandaise, entre la baie de Mesquer et la grande Brière, redoute que je considère, avec M. de Kersabiec, comme un des principaux remparts des Vénètes contre César.

M. du Chalard, ingénieur de la Marine, connaissait aussi les buttes de Nozay, et le 24 juin 1865 il demanda la parole, au sujet de la communication faite par M. Orieux à la séance du 13 :

« Ce n'est pas un fossé, dit-il, mais bien plutôt une série de trous d'environ 3 mètres de profondeur, 4 de diamètre et espacés de 5 ou 6 mètres. Dans le pays, les uns les appellent *les nids des Anglais*, les autres les attribuent aux Romains. Au lieu dit le *château*, près d'Abbaretz, ajoutait M. du Chalard, existe une enceinte entourée de douves ou fossés, autour de laquelle ces trous sont en très grand nombre. Aux buttes du *Bé*, autre enceinte circulaire entourée de fossés ; puis, à partir des tailles de Bellevue, à peu près, s'étendent, sur une longueur approximative de 1,500 mètres, une douve et des fossés dont la terre relevée forme un rempart encore visible dans beaucoup d'endroits, surtout dans la partie située au midi. Tous ces travaux semblent se rattacher à un vaste ensemble de fortifications continues, qui aurait besoin d'une étude sérieuse pour que l'on pût en déterminer l'époque. »

A la suite de cette nouvelle communication, M. Parenteau ayant rappelé la publication de M. Fillion sur les *lucs poitevins*, dans laquelle il croyait avoir remarqué quelques analogies avec les ouvrages décrits par MM. Orieux et du Chalard, demande s'il ne serait pas possible d'obtenir un relevé, avec indication des trous et des enceintes, sur un calque de la carte cadastrale. MM. Orieux et du Chalard promirent de se partager la besogne et de fournir à la Société ce plan général qui devait permettre de juger l'importance de ces ouvrages, et conserver en même temps la position des points que la culture avait détruits ou de ceux qu'elle détruirait dans l'avenir.

On ne pouvait confier cette mission à des archéologues plus compétents; mais l'un fut bientôt victime d'une explosion de machine à vapeur; l'autre fut sans doute empêché par les exigences du service départemental, car les procès-verbaux ne contiennent plus aucune mention des fortifications d'Abbaretz, jusqu'au jour où M. de Lisle donna lecture de la première partie de son *Dictionnaire archéologique de la Loire-Inférieure*, publiée, en 1880, dans le *Bulletin* de la même Société.

M. de Lisle est le premier qui ait décrit, avec quelques détails, les points les plus remarquables de cette ligne extraordinaire, en citant les observations de M. Orieux, mais sans paraître se douter, plus que ses prédécesseurs, qu'Ogée l'avait signalée longtemps auparavant dans son grand Dictionnaire.

« Une série de remparts, d'ouvrages en terre d'une étendue considérable, traverse le territoire d'Abbaretz, dit M. de Lisle, et se retrouve au delà dans sept ou huit communes.

« Cette ligne de défense, bien interrompue maintenant, présente, sur certains points, des oppida, des châteaux en terre flanqués de douves et de remparts. Dans d'autres parties, d'énormes talus irréguliers s'allongent parallèlement, séparés par une excavation profonde où l'eau séjourne; enfin, au dernier tiers de son prolongement vers l'ouest, à partir de la commune de Vay, cette ligne se compose de talus réguliers très droits, de 5 mètres de large en moyenne, sur 1m30 à 2 mètres d'élévation, quelquefois accompagnés d'un second talus élevé de l'autre côté de la douve. Nous retrouvons successivement les tronçons de cette ligne dans les communes de Pierric, Conquereuil, Marsac, Vay, Nozay, Abbaretz, Meilleraie, Grand-Auverné, où finit la première partie de cet inventaire.

« A mon avis, ajoute M. de Lisle, cet immense travail était destiné à servir de frontière de délimitation entre deux peuplades ennemies. Des objets gaulois ont été découverts sur différents points de ces remparts ; un magnifique collier en or tordu en spirale, trouvé au fond d'une des douves du Bé, a été acheté par M. Parenteau par l'entremise de M. Blanchard. Ce collier était accompagné d'une arme en fer. Plus à l'est, dans les fortifications en terre qui se trouvent dans le prolongement de celles-ci, des monnaies gauloises (or et électrum) ont été trouvées à une certaine profondeur sous terre ; l'une d'elles, du type poitevin, fait partie de ma collection. Il est donc vraisemblable que ces travaux datent, du moins en partie, de l'époque gauloise. »

Et M. de Lisle, après cet exposé, décrit un certain nombre des points de la ligne, à l'article des diverses communes parcourues : la *butte du Trésor* et les talus de Maupiron, dans le Grand-Auverné ; le *vallum* de la Tonnerie, en Meilleraye ; le *castellum* de Boisvert et les *Fosses-Taureau*, en Abbaretz ; les buttes du Perray et le château de *Bé*, en Nozay ; les retranchements de la *Frontière*, les *Fosses-Rouges* et le *château des Douves*, en Vay.

Voilà les jalons très nets et bien indiqués ; mais M. de Lisle ne hasarde que deux fois une appréciation au sujet de ces remarques, et il juge prudent de les émettre sous la forme du doute.

A propos du castellum de Boisvert en Abbaretz, il dira par exemple :

« Les grandes cavités rondes que l'on voit entre les buttes ont-elles servi de base à un vicus gaulois ? Ou ces trous n'ont-ils pas été creusés pour l'extraction du minerai (fer hydroxydé) que l'on trouve sur beaucoup de ces talus mêlé à des scories de fer ? Je croirais volontiers que *les travaux de retranchements ont mis à jour des filons de minerai qui ont été exploités peut-être à la même époque et certainement depuis.* »

Ailleurs, après la description du Bé et des lignes de Nozay, il dit encore :

« Ce curieux travail, qui par son étendue est peut-être sans équivalent sur notre sol, peut donner lieu à bien des conjectures. Est-ce un retranchement, une série de redoutes destinées à protéger une armée ? Mais aucune légion n'a présenté un front de bataille de sept lieues de long. Ces excavations irrégulières ont-elles été creusées pour extraire le minerai que l'on retrouve çà et là mêlé à des scories sur les talus de ces douves ? Mais pourquoi *cette exploitation en ligne droite traversant de grands espaces où le sol n'est pas de nature à contenir du minerai ?* Pourquoi ces châteaux en terre reliés à ces ouvrages ? Ces fortifications ont-elles été élevées, suivant un usage assez fréquent des conquérants, pour protéger une voie romaine ? Mais aucune voie ne suit la direction de cette ligne et ne se trouve même dans son voisinage. — Cette immense ligne de remparts est, à mon avis, ajoute M. de Lisle, une frontière élevée entre deux peuplades, une démarcation tracée pour borner un territoire, et d'après l'orientation des défenses sur les versants du nord, nous aurions eu (nous, les Namnètes, sans doute) l'initiative de ce formidable travail. Les terres, remuées pour creuser les douves et former les talus, ont mis à découvert des veines de minerai qui, sur certains points, ont été exploitées, soit à l'époque à laquelle remontent nos fossés, soit à une époque beaucoup plus récente... »

Enfin, M. Alcide Leroux, au Congrès de la Société française d'Archéologie, tenu à Vannes dans le courant de juin 1881, puis au Congrès de l'Association bretonne à Redon, au mois de septembre de la même année, présenta sur ces mouvements de terre une note qui ne concluait pas davantage et qui a pris plus de précision dans deux articles publiés, les 17 et 18 août, par le journal l'*Espérance du Peuple*. M. Alcide Leroux, qui inclinait d'abord vers l'attribution normande, semble pencher plus volontiers ensuite du côté de l'attribution gauloise. Je remarquerai seulement que le procès-verbal de la séance du Congrès de Redon, pour le 10 septembre, affirme un peu témérairement que la ligne de retranchements observée par MM. Leroux et de Lisle *n'avait jamais été signalée jusqu'ici*, ce qui prouve qu'on peut décerner beaucoup de brevets d'invention successifs pour le même objet; et que l'article du 17 septembre de l'*Espérance du Peuple* assigne aux fortifications du Bé une hauteur d'une quinzaine de mètres du côté du midi. Nous verrons qu'il faut en rabattre au moins la moitié.

Tel est aujourd'hui l'état de la question.

Cette étude a pour objet de répondre, aussi catégoriquement que possible, aux points d'interrogations posés par MM. de Lisle et Alcide Leroux : et pour cela de donner, en premier lieu, une description exacte de cette ligne gigantesque ; — 2° de démontrer que la direction rectiligne n'a rien de surprenant, si elle se superpose à un ou plusieurs filons de minerai de fer, dans une contrée où le sol est de nature à en contenir beaucoup de très prolongés ; — 3° de reconnaître que ce ne sont pas les fortifications qui ont dû précéder les mines, mais les mines qui ont précédé les fortifications ; — 4° de prouver qu'une peuplade gauloise, adonnée à l'exploitation des mines, ayant trouvé ce terrain propice à son industrie, s'y est fixée, y a établi des habitations sur mardelles, et fondé une ligne continue de *vicus* ; — 5° enfin qu'il a fallu défendre cette peuplade et ses riches magasins de minerai par une ligne de retranchements appuyée de distance en distance par des châteaux-forts, et que la défense formidable à laquelle on eut recours semble indiquer qu'elle jalonne la voie par laquelle les Vénètes s'approvisionnaient dans l'arrondissement actuel de Segré, le plus riche de tout le pays en exploitations minières, de la quantité considérable de fer dont ils avaient besoin pour l'armement de leur marine et de leurs vaisseaux.

Mais il ne sera question ici que des établissements situés sur la ligne de direction est-ouest indiquée par Ogée : celle qui remonte au nord, dans les communes de Marsac, Conquereuil et Pierric, et qu'ont signalée MM. Orieux et de Lisle, ne me paraît pas du tout de la même époque, et j'inclinerais assez à y voir un retranchement de l'époque bretonne ou normande, appuyé sur l'antique retranchement gaulois.

J'ai rédigé cette étude, de concert avec M. Blanchard, percepteur à Nozay, un des plus intrépides explorateurs de nos contrées. Je voulais mettre son nom à côté du mien, en tête de ce travail. Sa modestie s'y est refusée ; mais je lui dois ici ce témoignage de collaboration désintéressée. Les travaux du chemin de fer de Saint-Nazaire à Châteaubriant, qui dépendent de mon service, ayant coupé la ligne des buttes, au mois d'octobre 1881, et démoli un tumulus au pied duquel on trouva un vase à incinérations, M. Blanchard m'avertit aussitôt de cette circonstance. En visitant les lieux, je fus stupéfait de l'ampleur des terrassements des *Fosses-Rouges*, et séduit par l'attrait de les étudier avec leurs voisines. M. Blanchard me les fit parcourir, et c'est de nos entretiens, depuis cette époque, qu'est sorti ce mémoire.

I. — Description

Comme je viens de le dire, je n'ai pas l'intention de m'occuper ici de tous les retranchements que MM. Orieux et de Lisle ont compris sous la même dénomination. Ceux de Marsac, de Conquereuil et de Pierric devront faire l'objet d'une étude spéciale, et il convient, pour le moment, de l'ajourner. Outre qu'il peut sembler, au premier abord, étonnant de voir une ligne droite d'une si grande étendue que celle de Saint-Mars-la-Jaille à Vay se redresser brusquement à angle droit, je ne vois aucune assimilation d'aspect entre ces deux directions. Dans Marsac et Conquereuil, on ne trouve guère que des talus très droits flanqués de deux douves de 4 mètres environ de largeur, en partie comblées ; et nous allons voir qu'il en est tout autrement de Vay à Saint-Mars. Je ne décrirai donc que la ligne est-ouest.

Il importe tout d'abord d'en constater la continuité. Ogée affirmait, il y a cent ans, cette continuité qui n'existe plus de fait aujourd'hui, mais qu'on peut très facilement rétablir. En effet, tous les gens du pays déclarent qu'ils en gardent le souvenir, soit par eux-mêmes, soit par tradition. Ils sont unanimes à constater que les défrichements seuls ont rompu cette continuité depuis un demi-siècle : que tous les ans on voit disparaître plusieurs centaines de mètres de fosses et de retranchements et que, si les défrichements suivent cette marche progressive, dans vingt ans on ne retrouvera plus rien des buttes. Voici, à cet égard, un précieux témoignage. M. Rieffel, le vénérable président de l'Association bretonne et fondateur de l'école d'agriculture de Grandjouan, veut bien nous écrire :

« ... Lorsque je vins, en 1830, habiter la commune de Nozay, (il y a donc de cela cinquante-deux ans), la première curiosité du pays que les propriétaires me signalèrent, ce furent ces fortifications, qui, à cette époque, étaient parfaitement visibles, et qui coupaient la vue, comme un retranchement continu, sur une étendue considérable des landes qui couvraient alors tout le pays.

« Les cultivateurs n'avaient pas encore commencé leurs défrichements et leurs clôtures. La vue s'étendait au loin, suivant les retranchements de l'est à l'ouest. Je les ai souvent parcourus à cheval, réfléchissant à l'origine de ces innombrables mamelons. Chacun se demandait à quoi cela avait pu servir. Une opinion finit par prévaloir, c'est que ce travail remontait au temps des Romains, non pas que ce fût une œuvre de défense des Celtes ou des Bretons, mais tout simplement un campement romain.

« Personne ne trouvant une meilleure solution, et les travaux des laboureurs nivelant tout et faisant successivement tout disparaître, on mit tout en oubli... »

Il est certain que j'ai vu moi-même, au mois de mars 1882, la charrue renverser plus de deux cents mètres de la ligne, et avec une telle furie qu'elle s'était promenée sur le haut de monticules abrupts où il semblait impossible qu'elle dût atteindre. Le succès de cette opération fait grand honneur aux moyens perfectionnés qu'on doit aux travaux des membres de la Section d'agriculture de l'Association bretonne ; mais il est grand temps que la Section d'archéologie consigne dans ses archives la description exacte d'un état tout particulier que sa voisine a pour mission de détruire. Il ne restera bientôt plus, de tous ces gigantesques travaux de nos pères, qu'un simple bourrelet de terre sur la surface des champs labourés, car on ne prend pas la peine de procéder partout à un nivellement général beaucoup trop coûteux ; et ce bourrelet de terre, comme une immense vague fixée, restera au moins là, sur certaines sections, en témoignage de l'ancienne continuité des buttes de la forêt du Gavre à Saint-Mars.

Je suis même très porté à croire qu'elle devait s'étendre dans les deux sens beaucoup plus loin que ne l'indique Ogée, qui ne la signale pas au delà de Nozay. La tradition locale semble très vivace à cet égard, et les paysans de la contrée prétendent, avec une assurance digne de fixer l'attention, que ces remparts, *partant de l'Anjou, se continuaient jusqu'à la Basse-Bretagne*, quelques-uns disent jusqu'à Guérande. Ils ne le tiennent, soyez-en sûrs, d'aucun savant, puisque les savants n'ont pas paru, jusqu'en ces dernières années, se préoccuper beaucoup de l'existence de ces monuments ; leurs pères le leur ont dit ; ils le disent à leur tour, sans chercher à en imposer aux questionneurs. Il y a, du reste, sur le sol, certains indices qui pourraient donner raison à cette tradition populaire. Dans la commune de Vay et jusqu'à la forêt du Gavre, les restes de buttes et de fosses sont encore apparents et certains, en particulier aux *Fosses-Rouges*. La ligne générale vient rencontrer la forêt du Gavre, au lieu dit *le Luc*. Or l'on sait, d'après l'étude de M. Benjamin Fillon sur les *Lucs Poitevins*, que les lieux dits de ce nom ont été des bois sacrés Gaulois, avant d'être des lucs gallo-romains, et qu'ils étaient toujours munis d'ouvrages défensifs. Je pourrais ajouter que les lucs sont assez communs dans cette région ; car, outre celui du Gavre, j'en trouve un dans Plessé, au nord de la ligne ; un dans Puceul, au sud ; un dans Nozay, au faubourg de la Ferrière, sur la ligne même ; un autre enfin dans Guémené. Il faut remarquer, de plus, que l'immense lande qui s'étend en plateau sur les communes de Saffré, de Puceul, de Nozay et d'Abbaretz, et qui est en partie traversée par notre ligne dans sa partie certaine, s'appelle *la lande du Luc*.

Après la forêt du Gavre, dans laquelle se trouve en direction un lieu dit *la Butte*, en Plessé, où M. Martin a reconnu nos fosses et trouvé un joli couteau en silex, je constate une lacune sur le terrain, mais M. Blanchard a observé dans la commune de Saint-Dolay, pendant qu'il était percepteur à Herbignac, des mouvements de terre qui pourraient bien être la continuation des nôtres, car ils sont situés sur leur prolongement direct. Or, dans l'intervalle entre Saint-Dolay et le Gavre, je trouve des noms de lieux significatifs qui abondent sur la partie certaine de la ligne : la Fosse et les Fosses en Saint-Gildas-des-Bois, avec des restes importants d'anciennes exploitations ferrugineuses : la Bosse, la Butte-Noire, les Fosses, Penbé, la Vieille-Fosse en Plessé.

La tradition populaire a donc pour elle de grandes apparences de probabilité ; c'est pourquoi je crois pouvoir dire que la ligne s'appuyait à l'ouest sur la Vilaine ou au moins sur l'Isac, et s'étendait jusqu'aux portes de Candé. La seule vue de la carte semble indiquer qu'on est en présence d'une suite de forts destinés à protéger les transports commerciaux de l'intérieur chez les Vénètes, au point où les voies navigables constituaient une voie d'exportation large et praticable. Mais nous n'en sommes pas encore aux questions d'attribution, et j'arrive à la description matérielle de ce qui existe aujourd'hui.

Qu'on se figure une série de groupes d'excavations elliptiques ou circulaires de 4 à 20 mètres de diamètre en grand axe, disposées tantôt symétriquement en lignes, en ovales ou en cercles, tantôt comme au hasard, sans ordre apparent ; séparées par des chaussées de cailloutis, ici très larges, là très étroites ; quelquefois munies d'un léger dallage, en pierrailles, et presque toujours accouplées, c'est-à-dire que, sur un point de leur pourtour, il existe une dépression qui semble avoir été ménagée pour faire communiquer deux excavations l'une avec l'autre. Souvent, du fond des diverses fosses, se détache une petite éminence arrondie à son sommet, un mamelon de quelques pieds seulement de hauteur. Le tout est protégé des deux côtés, mais spécialement au sud, par d'immenses épaulements de terre de 5 à 6 mètres de hauteur en une ou plusieurs lignes, et au nord par des forteresses circulaires ou elliptiques à terre-pleins très élevés, entourées de fossés larges et profonds, disposées à peu près de lieue en lieue. Ces grands épaulements de terre présentent une suite d'angles rentrants et d'angles saillants très ouverts, mais assez nettement dessinés. Sur certains points, comme au Maire et à Beaulieu, la double ligne de talus est assez étroite et ne renferme à l'intérieur qu'un nombre restreint d'excavations ; mais ailleurs, comme au Vieux-Château, elle s'élargit, enclavant dans son enceinte un nombre considérable de fosses. Parfois, la ligne méridionale de ces doubles remparts est coupée brusquement, comme pour ménager une sortie ou des communications avec le dehors. Au nord, les coupures sont plus fréquentes, mais les grands ouvrages défensifs, redoutes et castella, sont beaucoup plus importants.

Ce qu'il y a de plus remarquable, c'est que cette série de groupes de terrassements qui semble au premier abord, à cause des lacunes actuelles, sans direction précise, et qui s'observe sur une largeur variable de 50 à 300 mètres d'amplitude, prend, dès qu'on la reporte sur une carte, une physionomie absolument rectiligne, et orientée presque exactement de l'est à l'ouest, au moins de Plessé à Abbaretz. D'Abbaretz à la butte du Trésor, elle se reporte à peu près parallèlement à deux kilomètres plus au nord. Mais la butte du Trésor se trouvant exactement sur l'alignement est-ouest précédent qui continue ensuite sur Candé, je suis très porté à croire que la seconde section, que je viens de citer, double la grande ligne qui devait être toute droite, et passait en ce cas aux forges de la Jahotière et au Chatellier, en Meilleraye. Sur un plan général, cela représente une grande barre, à peu près parallèle à la Loire, et divisant en deux parties toute la rive droite du département de la Loire-Inférieure.

Le groupe le plus symétrique de ces fosses et forteresses est celui de Beaulieu, compris entre deux levées de terre au nord et au sud, et terminé à l'est par un petit tumulus qui produit, au fond du tableau, l'effet le plus pittoresque. L'entrée à l'ouest est défendue par une grande levée de terre parallèle aux deux autres, et qui semble prendre naissance entre elles, à la manière d'un maillon de chaîne, pour continuer seule ensuite vers l'occident.

Les groupes les plus étendus en largeur sont ceux du Bé, du vieux château d'Abbaretz et des Fosses-Taureau. Le sol y est tellement bouleversé dans tous les sens, sur la lande et dans les taillis, qu'au premier aspect, on ne distingue aucun ordre dans ces terrassements épars; mais on s'y retrouve bien vite, et on a devant soi l'impression des *fondations d'une série de petits villages dans le genre de ceux des tribus de l'Afrique*. Il faut noter, du reste, que les points de la plus grande amplitude en largeur sont ceux qui avoisinent les forteresses.

Cela est naturel ; car on était là sous une protection plus directe, et les masses s'y portaient plus volontiers : il fallait bien aussi loger les familles des soldats des garnisons.

Les deux forteresses d'Abbaretz et du Bé étant encore intactes, méritent une intention toute spéciale.

Celle du Bé est à très peu près circulaire. M. de Lisle la décrit comme une enceinte carrée dont les angles sont un peu arrondis. Le plan coté très exact que j'ai fait dresser figure, au contraire, un cercle à peu près parfait de 53 mètres de diamètre au pied extérieur du rempart, et de 40 mètres de diamètre à sa crête. La hauteur verticale, du pied à la crête, est de 5^{m}50 dans les parties non dégradées, et le terre-plein du castellum forme une cuvette dont le fond est déprimé à 2 mètres au-dessous de la crête du rempart.

Une douve de 8 mètres de largeur entoure le grand cône ; mais elle est plus profonde dans tout le demi-cercle de l'est où l'eau séjourne en toute saison, tandis que le demi-cercle de l'ouest est un peu plus relevé : une dépression dans le rempart existe de ce côté, comme pour indiquer une sortie, et un grand épaulement de terre se trouve disposé en avant, comme pour la masquer et figurer un chemin couvert.

Le vieux château d'Abbaretz a des profils analogues, mais en plan il est elliptique et présente en crête 40 mètres de grand axe sur 32 de petit axe ; la douve d'enceinte, profonde de 3 mètres, a aussi 3 mètres de largeur, et la partie sud de la plate-forme se relève de 2^{m}50, laissant le nord découvert sur le fossé, mais protégé par un second épaulement au delà. Au sud, le rempart a 7 mètres de hauteur jusqu'au fond de la douve.

Enfin, les *Fosses-Rouges* de Vay, qui présentent la masse la plus considérable de terrassements de toute la ligne, dessinent une ellipse de 100 mètres de grand axe sur 60 mètres de petit axe, avec 8 mètres de profondeur de fond en crête au sud et au nord, et deux dépressions à 5 mètres à l'est et à l'ouest.

Je ne cite que pour mémoire le château des Douves, situé en Vay et un peu au-dessus des Fosses-Rouges, parce qu'il est à faces rectilignes, tandis que tous les autres sont circulaires, et qu'il me paraît se rattacher plutôt à la ligne dont j'ajourne l'étude qu'à notre ligne directe. Il se trouve presque au raccordement des deux lignes, et ses remparts mesurent de 3 à 3^{m}50 de hauteur.

J'ai parlé d'un *tumulus* au fond du groupe de Beaulieu. Ce n'est pas sans motif que j'ai employé ce mot, en lui donnant le sens qu'on lui attache ordinairement d'ancienne sépulture. Il serait intéressant de le fouiller ; et ce qui me fait penser que la recherche pourrait être fructueuse, c'est que la ligne du chemin de fer de Saint-Nazaire à Châteaubriant en ayant éventré un du même genre, près des Fosses-Rouges, en Vay, au pied de ce tumulus, qui n'était autre chose qu'un galet, et du côté du midi, nous avons trouvé un vase funéraire à large panse, rempli d'ossements calcinés, au milieu duquel était un *clou de fer*. Ce vase a malheureusement été brisé par les ouvriers, mais on a pu en conserver quelques morceaux, ainsi que des débris d'incinération. Cette circonstance devait être mentionnée ici, mais elle sera plus spécialement discutée au chapitre de l'attribution des retranchements.

En résumé, nous nous trouvons en présence d'une série de fosses ou cuvettes, de tumulus, de grandes levées de terre et de forteresses, le tout disposé en une ou deux lignes droites sur plus de quarante kilomètres autrefois sans interruption.

La ligne exactement reconnue s'appuie sur la forêt du Gavre, au village du *Luc*, coupe, près de Clégreuc, la route vicinale de Plessé à Vay, passe à 200 mètres au nord du bourg de Vay, coupe le vieux chemin où elle est très apparente sur plus de 300 mètres, dans des terres incultes appartenant à Mᵐᵉ Bouret ; passe aux *Fosses-Rouges*, près desquelles le plan cadastral de Vay indique d'autres fosses plus petites qui n'existent plus ; coupe la nouvelle route vicinale de Vay à Nozay au bas des maisons des *Vallées*, se retrouve très bien conservée dans les bois des *Hautes-Vallées* où les fosses présentent un léger dallage ; traverse les anciens bois du *Désert*, aujourd'hui défrichés ; coupe, à un kilomètre au sud du bourg de Nozay, la route nationale N° 137, de Bordeaux à Saint-Malo, et la route départementale N° 16 de Nozay à Nort ; passe au *Petit-Perray*, à *Beaulieu*, au *Maire* et au *Bé*, en Nozay ; coupe la route vicinale de Nozay à Abbaretz, et le chemin de grande communication N° 35, d'Héric à Châteaubriant, à 300 mètres au nord d'Abbaretz. On remonte alors vers la seconde ligne pour passer à la *Meloiterie*, à la *Bernaderie*, aux *Fosses-Taureaux* entre le *Petit Paradel* et la *Pervancherie*, au *Mont-Jaunet* et à la *Tonnerie* en Abbaretz ; couper la route d'Abbaretz à la Meilleraye dans la *forêt de l'Arche* ; passer à quelques cents mètres au nord des anciennes forges de la *Jahotière* ; couper la route nationale N° 178, de Caen aux Sables, un peu au nord du bourg de la *Meilleraye*, en laissant le *Chatelier* au sud ; passer à la *Butte* et à la *Fosse Boulée*, traverser le bois de *Maupiron* et raser au nord la forêt d'Ancenis, en coupant la route de Riaillé au Grand-Auverné, tout au sud de cette dernière commune, où l'on se jalonne par la *Butte du Trésor*. On reprend alors la première direction. La ligne entre dans l'arrondissement d'Ancenis, où elle rencontre des noms de lieux dits les *Bauches*, puis elle coupe le chemin de grande communication N° 26, de Couëron à la Chapelle-

Glain, à 3 kilomètres au nord de Bonnœuvre, et la route départementale N° 43, d'Ancenis à Châteaubriant, à 3 kilomètres au nord de Saint-Mars-la-Jaille, pour aboutir presque en plein sur Candé.

Il faut remarquer que cette suite de talus et de fosses ne recherche de préférence ni les hauteurs ni les bas-fonds. Dans sa direction de l'est à l'ouest, elle subit tous les accidents des terrains qu'elle traverse, s'élevant ou s'abaissant avec eux. Située sur un plateau aux Fosses-Rouges et dans un bas-fond aux Vallées, la ligne remonte ensuite le coteau voisin, dont elle descend la pente orientale pour s'engager dans la plaine du Désert. Puis elle suit à mi-côte le versant septentrional du sillon de Beaulieu, après quoi elle descend dans le vallon du Bé pour remonter le coteau oriental dans la direction d'Abbaretz, redescendre encore dans une vallée au Boisvert, et se relever avec le coteau pour aller dominer près du bourg d'Abbaretz toute la plaine environnante. Les accidents de terrain n'ont pas préoccupé les constructeurs. La ligne droite a été leur principal souci.

Des deux côtés de la ligne, et à quelque distance, on doit signaler, de plus, quelques forteresses indiquées par M. Bizeul et M. de Lisle, entr'autres un fort en Moisdon, et le Chatelier en Puceul. Je signalerai aussi, au sud, une immense fortification dans le genre de celles des châteaux d'Abbarez et du Bé, au Souchais en Vay : on vient de la démolir en partie pour des défrichements ; mais on a conservé le grand retranchement central en tronc de cône avec son fossé au sud.

A trois kilomètres au sud, dans la partie orientale, s'étendent, à peu près parallèlement à la ligne, les étangs de la Provotière, de la Vallée et de Vioreau qui renforcent la défense. Blain se trouve à 8 kilomètres de la ligne.

A quoi cela a-t-il servi, et quelles sont les populations qui ont élevé tous ces ouvrages ?

Si nous interrogeons la tradition locale, nous n'entendons parler que de combats, de guerres et de luttes acharnées ; mais chacun brode à sa guise sur le canevas ancien, et le récit diffère selon les communes, et souvent selon les villages.

A Abbaretz, on vous dira que ces monuments remontent aux temps les plus reculés ; que pendant 14 ans nos aïeux y luttèrent avec persévérance, et que la population mâle fut presque anéantie.

A Nozay, vous entendrez raconter qu'au temps des guerres de religion, au temps de la *nove*, disent les bonnes gens (ils veulent sans doute parler de la *nova religio*), les seigneurs se cachaient dans les fosses pour se battre entre eux.

A Vay, on vous affirmera que, des buttes des *Hautes-Vallées*, les Anglais bombardaient les Français fortifiés dans les *Fosses-Rouges*.

Partout des récits de guerres et de batailles, et chose qui ne laisse pas de surprendre, quand l'exploitation du minerai, le long de ces remparts, se reconnaît à de nombreuses scories de fer éparses de tous côtés, pas un habitant ne vous dira que ces mouvements de terre sont le résultat d'affouillements miniers. Dans la commune d'Abbaretz surtout, où fonctionnaient encore, il n'y a pas vingt ans, les forges de la Jahotière, où l'extraction du fer hydroxydé s'est continuée jusqu'à nos jours sans interruption, où des carrières de minerai existent sur vingt points différents, l'opinion qui voit dans nos buttes des travaux de défense n'en acquiert que plus d'autorité.

De nos jours même, ces remparts donnent lieu à mille récits fantastiques. Les vieillards de Beaulieu, de Rouans et du Perray racontent que naguère encore on entendait parfois, la nuit, tonner le canon dans les fosses de Beaulieu ; on approchait, et on ne pouvait rien découvrir.

A Vay, il y a une quinzaine d'années, un Bas-Breton et sa femme étaient venus couper du blé noir dans un champ qui confine aux *Fosses-Rouges*. Ils avaient apporté des provisions et amené avec eux une petite charrette, afin de passer la nuit dans le champ. Mais dès que le jour fut tombé, il se fit un tel vacarme dans les Fosses, que ces pauvres gens, saisis d'effroi, déguerpirent au plus vite et coururent, tout d'une traite, jusqu'à Bouruen, où ils se blottirent sous une grange.

Un fermier qu'on nomme et qui existe encore, s'était attardé à la foire de Vay, et la nuit était venue, quand poussant deux bœufs devant lui, il passa auprès des Fosses-Rouges. Il entendit alors un bruit si épouvantable, qu'il prit peur et détalla à toutes jambes, oubliant ses deux bœufs qu'on n'a jamais retrouvés depuis.

Toutes ces histoires, et bien d'autres, sont racontées dans le pays avec un air de conviction qui prouve combien est ancienne la tradition guerrière. Dans ces fosses il se fit jadis grand bruit. L'écho s'en répercute encore. Il s'agit de retrouver la vérité sous ces légendes.

II. — Les minières

Une particularité qui frappe tout d'abord quand on examine de près les buttes et les fosses de cette région, c'est la quantité considérable de scories de fer qu'on trouve à leurs abords. Si l'on observe ensuite qu'une foule de noms de lieu sur le parcours est empruntée à la métallurgie, comme *la Forge, le Rez des Forges, la Ferrière, le Creuzet, les Fosses-Rouges, les Minières, la Mine-*

tais, etc., etc., on pense aussitôt à chercher, dans ces immenses mouvements de terre, des affouillements miniers. Je pourrais ajouter que le nom l'*Herminière* appelle aussi l'idée de la métallurgie du fer, car on sait que *hern*, en breton de Vannes, est le pluriel de *houarn*, fer. Il y aurait lieu de remarquer de même que le nom de la rivière d'Isac était autrefois *Isarvus*, ou *Isarnus*, *Is-arn*, non caractéristique. Cela posé, examinons de plus près les faits matériels.

Au nord de la forêt de l'Arche, entre les villages de la Tonnerie et de Cuffat, il y a des terrains littéralement pavés de scories de fer. Près d'Abbaretz, au nord-est de la ferme du *Rez des Forges*, un taillis et un labour en sont pleins. On en a trouvé au Bé, dans un champ au midi des Fosses. Au petit *Perray*, à l'ouest de la ferme exploitée par Pierre Pilard, un taillis a poussé sur des monticules d'anciennes scories. A Beaulieu, dans un champ à l'ouest des maisons de Bel-Air, il y en a de grands amas. A l'est du bois du Creuzet et au nord de la fosse des Hautes-Vallées, un chemin rural, offre, le long de la banquette, des monceaux de scories alignés comme les cordons de pierres de nos routes vicinales. L'ouverture du chemin de fer de Saint-Nazaire à Châteaubriant a mis à nu, dans une tranchée visible encore près de Nozay, à quelques pas du faubourg de *la Ferrière*, un dépôt considérable d'antiques scories qui se prolonge fort loin dans un pré appartenant à M. Mérel. Les mêmes travaux en ont encore dégagé d'énormes quantités à cent mètres au midi des Fosses-Rouges... et M. de Lisle a décrit, au nord-ouest de la *Butte du Trésor* en Auverné, un tertre arrondi en forme de tumulus et tout formé de scories de fer. A quoi nous devons ajouter que M. Bizeul, étudiant les Namnètes *aux époques celtique et gauloise*, a signalé, dans la forêt du Gavre, une surface de plus de cent hectares uniquement occupée par des monticules de scories. Une des coupes de ce quartier se nomme *la Vente des forges*[1].

Du reste, ce n'est pas seulement à proximité de notre ligne de remparts, que se rencontrent ces résidus de forges, mais dans toute la région, et par masses considérables. En Saffré, en Issé, en Treffieux, en Marsac et dans tout le nord de l'arrondissement, les témoins de très anciennes exploitations minières sont répandus sur toute la surface du sol.

Ces résidus ont tous les caractères des scories antiques ; et je reproduirai ici une page de M. Bizeul qui a décrit quelques-uns de ces restes, en alliant la science du métallurgiste à celle de l'archéologue :

« J'ai remarqué, dit M. Bizeul, dans tous les amas de scories que j'ai pu observer sur le territoire des Namnètes, un défaut absolu de quartz vitrifié. Or, ceux qui ont visité les hauts fourneaux modernes savent que les scories qui en sortent sont remplies de vitrifications, parceque l'intensité du feu est telle qu'elle vitrifie toutes les parties quartzeuses que contient le minerai. S'il n'en a pas été ainsi pour les scories antiques, ce doit être par la raison que la fonte, se faisant à l'air libre, en couvrant le minerai de bois, ne pouvait être mise en fusion complète...

« L'imperfection de l'exploitation, ajoute M. Bizeul, est attestée par le fer resté dans les scories, dans une proportion tellement grande qu'elle va quelquefois jusqu'à 50 ou 60 pour cent, et qu'on a songé à les exploiter de nouveau ; elle annonce manifestement l'enfance de l'art, et il nous paraît impossible d'attribuer à l'école gallo-romaine des essais de fabrication aussi défectueux[2]. »

---

[1] Des Namnètes, etc., page 98.
[2] Bizeul. — Des Namnètes, p. 95.

Enfin, un dernier caractère que présentent les scories antiques, outre leur poids dû à la grande quantité de fer qu'elles renferment encore, c'est que « la surface qui s'est formée en tombant sur le sol est extrêmement rugueuse, tandis que la surface supérieure s'est conservée lisse et douce au toucher[1]. »

Or, tels se montrent tous les déchets de forges trouvés le long de nos remparts : et la conclusion toute naturelle c'est que le fer s'y exploitait à des époques antérieures à l'arrivée des Romains.

Sur toute la surface de l'arrondissement de Châteaubriant, l'industrie métallurgique paraît, du reste, avoir été la principale occupation des anciens habitants. Ayant sous la main le minerai de fer, en quantité pour ainsi dire inépuisable, dans un pays couvert de forêts, parsemé de prairies fertiles et d'étangs et riche de cours d'eau, leur genre de vie semblait tout tracé par la nature des lieux ; leur temps devait se partager entre l'élevage du bétail et les exploitations minières.

César disait en parlant des Bituriges : « Ils ont chez eux de grandes *ferrières,* et ils connaissent et pratiquent tous les genres de mines souterraines. » Mais l'exploitation du fer n'était pas exclusive au gens du Berry. C'était, en Gaule, une industrie indigène, florissant depuis quelques siècles au moment de l'invasion romaine. Au grand étonnement du conquérant, les vaisseaux des Vénètes étaient pourvus de bancs de rameurs d'un pied d'épaisseur, attachés par des clous en fer de la grosseur du pouce, et leurs ancres étaient retenues par des chaînes de fer au lieu de cordages.

Mais il ne suffit pas de probabilités pour affirmer que nos fosses ont été, tout d'abord, des affouillements miniers : il faut en acquérir la certitude. Pour cela, la géo-

---

[1] Bizeul. *Des Namnètes*, p. 98.

logie et la minéralogie doivent venir au secours de l'histoire.

Les minerais de fer de la région de l'est appartiennent à deux formations distinctes : — 1° Les minerais *hydratés* superficiels, en couches restreintes ou en amas, exploités pendant les derniers siècles et servant encore aujourd'hui dans les petites forges de la région ; — 2° Les minerais *anhydres*, en couches régulières d'une grande étendue, exploités très anciennement, mais tellement abandonnés depuis, à cause des difficultés d'extraction à grande profondeur, qu'on les avait complètement oubliés jusqu'en ces derniers temps ; qu'ils passaient même, dans les traités de géologie officielle, pour ne pas exister chez nous ; et que leur exploitation vient seulement de reprendre dans l'arrondissement de Segré, pour l'alimentation des immenses hauts-fourneaux récemment établis à Saint-Nazaire.

Parmi les premiers, on doit signaler particulièrement ceux de la forêt de l'Arche, aux environs de la Meilleraye, qui alimentaient, il y a quelques années encore, les fourneaux de la Jahotière situés en plein sur notre ligne, et ceux de Nozay qui se rencontrent en grande quantité à Beaulieu et au Maire. Ces minerais sont disséminés en rognons de 0^{m}10 à 0^{m}30 d'épaisseur sous les sables argileux tertiaires qui recouvrent le terrain. Le département de la Loire-Inférieure contient beaucoup d'autres gisements analogues, ceux de Rougé, par exemple, que M. l'Ingénieur en chef des Mines, Lorieux, a décrit au Congrès de l'Association française tenu à Nantes en 1875. Ils alimentent les hauts-fourneaux de Martigné-Ferchaud dans l'Ille-et-Vilaine, et de la Hunaudière dans la Loire-Inférieure. On s'en servait aussi, au commencement de ce siècle, à Moisdon, tout près de notre ligne. Tous ces minerais, dit M. Lorieux, se trouvent en amas ou en rognons dans les schistes argileux métamorphisés et altérés des vallées parallèles à la direction générale des affleurements granitiques du sud de la Bretagne. Il n'est donc pas étonnant de rencontrer ces amas de rognons de minerais sur de grandes lignes parallèles, et leur exploitation a dû se faire tout naturellement, jadis comme aujourd'hui, dans de simples fosses à ciel ouvert.

Les minerais anhydres, en couches, n'ont été découverts que tout récemment, pendant les recherches faites dans l'arrondissement de Segré pour les forges de Saint-Nazaire. Ces couches sont, de la même façon, parallèles et s'étendent sur des longueurs kilométriques considérables, comme on peut s'en rendre compte sur les cartes de l'intéressante *Notice géologique sur l'arrondissement de Segré*, publiée par M. l'Ingénieur civil des Mines, Davy, dans le *Bulletin de la Société de l'Industrie minérale*. Ces couches de minerai s'étendent de Saint-Aventin à Châteauneuf-sur-Sarthe ; de Saint-Herblon à Champigné ; de Chazé à Louvaines, en passant par Bourg d'Iré ; de Pouancé à Segré ; de Juigné à Chazé-sur-Argos ; de Saint-Julien-de-Vouvantes à l'Ile-Saint-Aubin, un peu au-dessus d'Angers.

Les grandes lignes droites ne manquent pas dans cette énumération, et la puissance totale de ces gisements est énorme.

Mais il y a quelque chose de plus intéressant pour nous dans la brochure de M. Davy[1]. Cet ingénieur, qui ne s'occupait que du côté scientifique et technique de ses recherches, a constaté sur tous ces filons tant de traces d'exploitation ancienne, qu'il n'a pu omettre de les signaler, en remarquant que leur ancienneté, préjugée du reste par l'oubli dans lequel elles étaient tombées, pouvait se reconnaître aux chênes séculaires

---

[1] Tirage à part. *Saint-Etienne*, 1880, in-8°.

poussés sur les haldes des anciens affouillements. Or, voici ce que M. Davy a observé sur tous ces points. Je lui laisse la parole, car ces observations, bien que faites dans l'arrondissement de Segré, ont un intérêt capital dans la question. Je n'ai pas besoin de rappeler que l'arrondissement de Segré est absolument contigu à celui de Châteaubriant, dans lequel se trouvent nos buttes.

« Les anciennes exploitations, qui ont laissé partout des traces faciles à constater, se rencontrent en beaucoup de lieux, dit M. Davy, et il n'est pas un seul périmètre demandé en concession qui n'en renferme. Elles se trouvent, en général, dans les parties les moins bien cultivées ; souvent, elles sont cachées dans les bois taillis très épais et occupent les hauteurs. On les voit s'aligner dans une direction, toujours la même, s'interrompre brusquement pour se porter à droite ou à gauche, en affectant de nombreux rejets sur des kilomètres de longueur. La profondeur de ces trous ne dépasse jamais six ou sept mètres : ils ont tous une forme elliptique et leur ensemble est l'image d'un chapelet dont les grains seraient de dimensions très variables. Les bords de ces excavations sont formés de déblais anciens, et c'est là, sur des talus qui longent les fouilles et en exagèrent la profondeur, que l'on trouve des échantillons des couches exploitées ; là aussi croissent les broussailles et souvent des arbres séculaires. En hiver et pendant les premiers mois du printemps, les excavations sont ordinairement pleines d'eau ; elles se dessèchent en été et en automne. Cette alternative de sécheresse et d'humidité empêche la végétation de s'y développer ; aussi trouve-t-on ces cavités pleines seulement d'humus provenant de la décomposition des feuilles. Les minières plus rares, qui demeurent toujours sèches, sont couvertes de plantes, et des arbres très vieux poussent quelquefois en leur milieu.

Beaucoup de cultivateurs ont rendu à la culture, en les comblant, ces restes antiques, et on n'a alors, pour en retrouver la place, qu'une légère dénivellation de surface, des échantillons épars sur le sol, la tradition ou le témoignage des paysans, enfin des noms de lieu tels que : *le champ de la minière ou des mines, le bois fouillé ou du fouillé*, etc.

« Les débris contenus dans les haldes, ajoute M. Davy, les scories qui les avoisinent souvent, prouvent d'une façon certaine l'existence d'une ancienne minière. Aussi les premiers explorateurs des environs de Segré ont-ils essayé de faire des fouilles dans le centre même des vieilles excavations... Des tranchées de quelques mètres ont été creusées, mais aucune d'elles n'est arrivée jusqu'à la couche en place ; toutes ont été arrêtées par les eaux et la nature ébouleuse des parois... *Mais toutes les fois qu'on a entrepris, avec des moyens d'épuisement suffisants, un puits de 15 à 20 mètres de profondeur, on a retrouvé le minerai en place*... On a aussi cherché des indications sur la nature des gîtes, en attaquant la séparation entre deux excavations contiguës. Là, on a quelquefois trouvé directement le minerai en place. Ceci ferait supposer que les anciens laissaient ces parties de couches pour *soutenir le toit* ou pour isoler les diverses minières au point de vue des eaux[1]... »

Je n'ai pas besoin de pousser plus loin les citations. On a reconnu nos fosses. La description de M. Davy, pour les lignes de Segré, peut, sauf en ce qui concerne les fortifications dont il ne parle pas, se superposer à la nôtre. Des fouilles systématiques et conduites dans un but uniquement scientifique et utilitaire ont fait reconnaître, dans celles de Segré, des minières très anciennement exploitées. Il en est donc ainsi de celles

---

[1] Davy. *Notice géologique sur l'arrondissement de Segré*, p. 40 et 43.

de l'arrondissement de Châteaubriant. Des fouilles y ont été, du reste, pratiquées par l'administration de la Compagnie des mines d'Anjou et forges de Saint-Nazaire; on n'y a rencontré, jusqu'à présent, que le minerai hydraté en rognons superficiels; mais les fouilles opérées n'ont pas atteint la même profondeur que dans l'arrondissement voisin, et l'ingénieur en chef, directeur de la compagnie, m'a affirmé être convaincu que les couches continues de minerai anhydre doivent se trouver par dessous.

La seule remarque à faire ici, c'est que notre grande ligne n'est pas absolument parallèle aux directions des filons de l'arrondissement de Segré, lesquels obliquent tous de quelques degrés vers le sud, tandis que nous sommes dirigés à peu près absolument est-ouest. Nous en tirerons bientôt les conséquences. Pour le moment, je me borne à constater des faits matériels, et je crois avoir démontré, par la quantité considérable de scories de fer antiques rencontrée sur les lieux, par la fréquence des noms de lieux dits métallurgiques qui se trouvent sur la ligne, et par la conformité de formes de nos fosses avec des fosses voisines incontestablement minières, que les fosses dont est criblée la ligne de retranchements indiquée par Ogée, ont pour première origine des affouillements destinés à extraire le minerai de fer.

Mais les fosses de la Loire-Inférieure n'ont pas seulement servi de minières, et c'est ici que se pose la question des mardelles.

III. — LES MARDELLES.

Un examen tant soit peu attentif permet de constater que, tout le long de notre série de buttes et d'excavations, les anciens mineurs, après avoir extrait le minerai, ont utilisé pour eux-mêmes, au fur et à mesure de leurs travaux, ces gigantesques mouvements de terre. Tout d'abord, le soin qu'ils ont apporté à combler leurs carrières jusqu'à une certaine hauteur, mérite une sérieuse considération. On peut dire que c'est là un des signes distinctifs de nos minières. Toutes, en effet, présentent uniformément l'apparence d'une cuvette ronde ou elliptique dont la profondeur, souvent beaucoup moindre, ne dépasse jamais 5 à 6 mètres. La pente intérieure des parois est assez inclinée pour permettre une facile descente, et ce ne sont pas les détritus des feuilles et des végétaux qui ont ainsi exhaussé le sol, car après une couche d'humus très épaisse, apparaît aussitôt l'argile rapportée des remblais. Quel besoin avaient donc les travailleurs de combler avec tant de soin leurs minières, s'ils devaient ensuite les abandonner? De nos jours, on n'y met pas tant de façons, et on se borne à entourer d'une barrière ou d'un fossé, tout au plus, les carrières dont on renonce à faire emploi. Or, des fouilles pratiquées au centre même de nos anciennes fosses, à Vay par le tracé du chemin de fer, aux Minières en Nozay par la Compagnie des forges de Saint-Nazaire, ont dégagé des remblais de plusieurs mètres de profondeur, sans parvenir à la couche en place. Qu'on se rappelle, du reste, cette observation de M. Davy, constatant que des tranchées de quelques mètres, creusées au centre des vieilles excavations, n'ont jamais pu arriver jusqu'au minerai, mais que toutes les fois qu'on a pu entreprendre, avec des moyens d'épuisement suffisants, sur une ligne de minières anciennes, un puits de 15 à 20 mètres de profondeur, on a trouvé le minerai en place.

Il est facile de juger par là que le remblai partiel de l'excavation exigeait un travail considérable, et nos mineurs avaient certainement un but en agissant ainsi.

N'était-ce pas que, leurs habitations étant voisines, ils craignaient les accidents en laissant tant de fosses béantes ? et les fosses ainsi presque comblées n'auraient-elles pas servi de base à des habitations nouvelles ? Strabon nous apprend que les Gaulois élevaient un grand nombre de bestiaux, en particulier des porcs, qu'ils expédiaient en salaison dans toutes les parties de l'Italie. Leurs porcs, ajoute le géographe, remarquables à la fois par leur taille, par leur grosseur et par leur vitesse, passent la nuit en plein air, et quant à leurs maisons : « *Domos*, dit la traduction Cazaubon, *a tabulis et cratibus construunt rotundas, magno imposito fastigio.* » Nos mineurs devaient donc prendre leurs précautions pour conserver des troupeaux qui étaient pour eux une source de richesse, et cette précaution prise leur offrait précisément l'assiette des habitations décrites par le géographe. Or, qu'on veuille bien examiner la suite de retranchements, de remparts et de forteresses que nous avons signalée tout le long de notre ligne de fosses, et dont les principaux ouvrages portent encore le nom du Vieux Château (celui d'Abbaretz), ou du Fort (celui du Bé.) Ces imposantes défenses, se déroulant sur une si grande longueur, n'avaient pas été seulement élevées, je suppose, pour protéger des haldes de minières : elles étaient évidemment destinées à défendre une population agglomérée avec toutes ses richesses. D'où je conclus que derrière ces forts devaient s'abriter des habitations et des villages.

Nous voici arrivés aux mardelles. Mais, d'abord, qu'est-ce que les mardelles ?

J'ouvre l'*Ethnogénie gauloise* de M. Roget de Belloguet au volume du *Génie Gaulois*[1], et je lis au chapitre des *habitations gauloises* :

---

[1] Paris. *Maisonneuve*, 1868, in-8°.

« Des cabanes construites en bois, en paille ou en osier, ne pouvaient laisser au-dessus du sol aucune trace durable de leur existence. Mais l'on croit avoir reconnu dans le sol même, en plusieurs endroits, *des vestiges de leurs fondations qui ne sont autres que des excavations de forme ronde ou ovale, voisines l'une de l'autre*, et en certain nombre, comme le sont, avec plus ou moins de proximité les maisons d'un village. Cette conjecture était fondée sur un mot de Strabon ϑόλοι ἅις, d'après lequel les habitations gauloises, suivant l'interprétation ordinaire, auraient été de forme ronde... comme celles des Barbares représentées sur la colonne d'Antonin, avec leurs toits en voûte ou coniques...

« La réunion la plus importante, dans son ensemble, de ces excavations, est, à ma connaissance, celle qui porte le nom de *Cité de Lisme*, près de Dieppe, mais elles sont loin d'être régulièrement rondes ou mêmes ovales. M. de Caumont assigne à la plupart d'entre elles une largeur de 7 pieds sur 27 à peu près de longueur. L'aire se trouve généralement à 5 ou 6 pieds au-dessous du sol environnant... Mais la forme circulaire se reconnaît bien mieux en Angleterre, dans ces anciens *settlements* de villages bretons que l'infatigable antiquaire, sir Richard Hoare, a découverts le premier dans le Wiltshire, à peu de distance des fameux monuments mégalithiques de Stonehenge et d'Abury. Ces traces d'habitations, creusées non-seulement dans la terre meuble, mais dans le calcaire ou dans le roc, appartenaient visiblement à des cabanes rondes qui avaient pour foyer un simple trou et quelquefois une pierre d'âtre.

« Quelques antiquaires anglais ont aussi porté leur attention sur les vestiges *des petites forteresses* qui étaient ordinairement situées sur des éminences de terrain, et défendues par un, deux et jusqu'à trois fossés.

Ils ont, en outre, reconnu dans l'intérieur, et *en plus grand nombre autour de ces retranchements, des traces d'habitation de forme ronde ou ovale.* C'étaient, ont-ils pensé, les manoirs des chefs ou des riches qui y vivaient au milieu des cabanes particulières de leurs serviteurs et de leur clan, ces dernières en dehors des enceintes seigneuriales...

« De pareils restes de fortification, éminences factices et fossés dont l'origine est complètement ignorée, ont été pareillement remarqués en France dans plusieurs localités, principalement *dans les forêts...*

« Notre pays, ajoute Belloguet, possède encore d'autres genres de cavités circulaires, où l'on a cru toujours, d'après cette forme, reconnaître la main des Celtes. Ce sont les mares des Vosges et les *mardelles ou margelles, vastes fosses profondément creusées en entonnoir,* qu'on a remarquées surtout dans la Franche-Comté, la Champagne et le Berry. Les mares dont le diamètre varie de 10 à 30 mètres, avec une profondeur d'environ trois pieds, se trouvent presque toujours sur des hauteurs, et sur le parcours des anciennes voies romaines dont un assez grand nombre avait été ébauché par nos ancêtres. M. Maud'heure, auteur d'un Mémoire sur ces excavations artificielles, les regarde comme de simples réservoirs d'eau, opinion trop exclusive, suivant M. Paul Lacroix, qui pense que la plupart ont servi d'habitations, étant couvertes d'abris en bois...

« Il en existe aussi en Allemagne et en Angleterre, où elles sont communément nommées *pennpits.* Elles passaient pour avoir servi de demeures à d'anciennes populations bretonnes ou germaniques, longtemps avant que M. de La Villegille les signalât, le premier parmi nous, comme des *habitations celtiques,* dans lesquelles il avait reconnu les traces de séjour de leurs anciens habitants. *Elles sont ordinairement* très rapprochées *les unes des autres dans les lieux où elles se trouvent*, et souvent en très grand nombre, comme dans le canton de Bate et à la Ville-Carrée, près de Loisia, département du Jura. Celles-ci sont, en outre, voisines d'une agglomération symétrique d'autres cavités pareillement circulaires et creusées en cône très profondément dans un sol rocailleux.

« On a remarqué en Allemagne que *les mardelles étaient presque toujours accouplées,* ce qui a fait présumer que l'une servait d'*habitation* et l'autre de *grange* ou de *silo*. Elles varient beaucoup, dans ce pays, de grandeur et de profondeur ; les plus vastes ont jusqu'à 300 pieds de tour, et les plus profondes jusqu'à 40 pieds d'excavation. Les parois, solidement disposées en talus praticables, ont été quelquefois revêtues de terre argileuse, mais toujours construites de manière à empêcher les eaux d'y entretenir de l'humidité.

« On a rencontré aussi des mardelles entourées d'une sorte de rempart en terre ou d'un mur de pierres sèches. La circonférence de leur orifice est souvent interrompue *par une large coupure* destinée à faciliter, a-t-on pensé, l'établissement d'un plancher qui les divisait en deux compartiments, la *cave* et l'*habitation*. On voit encore, dans quelques-unes, des témoins qu'on avait laissés pour soutenir les poutres. Le tout était abrité par des planches recouvertes avec de la terre glaise, de la paille ou du fumier[1]. »

J'ai tenu à citer textuellement les principaux passages du chapitre de Belloguet, car aucune explication particulière ne pourrait mieux s'adapter à notre sujet que cette description des mardelles, dont tous les détails trouvent ici une application directe. Si j'ai développé, d'une manière assez concise, la description générale, au

---

[1] Roget de Belloguet : *Génie gaulois*, pages 471 à 476.

chapitre II, c'est que je voulais citer ce passage absolument caractéristique de l'*Ethnogénie gauloise*, et qu'il était convenable d'éviter les doubles emplois. De même que la description faite par M. Davy des affouillements miniers de l'arrondissement de Segré paraît calquée sur celle des Fosses, de même la coïncidence est identique avec les mardelles de M. Belloguet, qui pourtant ne connaissait pas les lignes de Nozay. Tout cela, du reste, est bien d'accord avec le texte de Tacite, sur les demeures souterraines des Germains. *Solent, et subterraneos specus aperire, eosque, multo insuper fimo onerant, suffugium hiemi et receptaculum frugibus*[1], et avec celui de Strabon que j'ai précédemment cité dans sa traduction latine[2]. J'ajouterai ici quelques détails spéciaux.

C'est, en général, dans les parties boisées que nos retranchements et nos fosses ont mieux conservé leur caractère; aux petites Fosses rouges, aux Hautes-Vallées, sous Beaulieu, aux Minières en Abbaretz, aux bois de Maupiron, attendu que le défrichement des taillis a concordé partout avec la destruction des buttes. Mais il n'y a pas longtemps encore que toute la contrée traversée par nos remparts était couverte de bois, et son retour à la culture est si récent, qu'on voit figurer sur la carte cantonale de Nozay, datée de 1855, des taillis qui n'existent plus, tels que les grands taillis du Désert et de la Ville-Foucrais. De la forêt du Gavre, sur laquelle les retranchements s'appuient vers l'ouest, les bois du Bigouët, de Pibordel, de Boyenne, du Creuzet, des Vallées, du Désert, de Beauvais, du Petit-Perray, de la Ville-Foucrais, de Beaulieu, du Maire, du Bé

---

[1] Tacite : *Germ...*, 16.

[2] Le voici dans le texte : Τοις δε οικοις εκ σειριδων και γαρρων εχουσι μεγαλοις, θολοειδεις, οροφον πολυν επιβαλλοντες.

et du Bois-Vert formaient jusqu'à Abbaretz une suite non interrompue. A l'orient d'Abbaretz, cette particularité est encore plus sensible. Les bois de la Géraudière et du Breil-Clément, les forêts de l'Arche et de Vioreau, et le grand bois de Meilleraye se suivaient sans discontinuer, pour aller s'appuyer à l'est sur la forêt d'Ancenis qui descendait jusqu'à la Loire. L'immense lande de cette région porte encore le nom de lande du Luc. Or, que nous apprennent les *Commentaires* ? « Ce fut un grand hasard, dit le conquérant romain, de surprendre Ambiorix sans défense, avant qu'il eût rien appris par les courriers ou par le bruit public. Sa maison était située dans les bois, *comme le sont presque toutes celles des Gaulois*, qui, pour éviter la chaleur, cherchent le voisinage des forêts et des fleuves. Ses compagnons et ses amis purent soutenir quelque temps, dans un lieu resserré, le choc de notre cavalerie. Pendant cette courte résistance, un des siens le fit monter à cheval, et les bois protégèrent sa fuite[1]. » Ailleurs, César nous rapporte que, lorsque les Gaulois désespéraient du succès, leur ressource suprême était de se réfugier dans les forêts où l'ennemi n'osant les poursuivre ne pouvait que par le feu détruire leur dernier asile.

Dans ces quelques lignes, j'aperçois en raccourci le tableau exact de nos mardelles, avec leur ligne de remparts merveilleusement disposée pour cette tactique familière à nos aïeux. En cas d'insuccès, ils pouvaient, protégés par les bois et à l'abri de leurs doubles remparts, gagner en sûreté les forêts profondes où s'arc-boutait leur ligne de défense. Les vieillards du pays sont unanimes pour affirmer que, lorsque la culture n'avait pas encore entamé ces remparts, il était facile de circuler à l'intérieur, et que souvent ils y faisaient passer leurs

[1] *De Bello Gall.*, vi, 30.

charrettes, pour recueillir le bois ou la lande. Restituez par la pensée à nos mardelles leur physionomie primitive ; surmontez chaque excavation, qu'un plancher ferme à son orifice, d'une habitation en paille ou en claies d'osier. Dès lors, ces rebords déprimés, toujours chargés de petites pierres à leur sommet que nous retrouvons entre les fosses, deviennent les rues ménagées entre les divers édifices. Une voie plus large, consacrée sans doute au passage des chevaux, est en outre dessinée, en quelques points, à l'intérieur des remparts, et se reconnaît encore aux buttes d'Abbaretz, du Maire et de Beaulieu. C'est le *chemin creux*, antique voie gauloise, dont on garde la tradition dans le pays. Un vieillard, qui a longtemps habité Beaulieu, a déclaré tenir de ses parents que la duchesse de Rohan avait fait fortifier les fosses de Beaulieu et y demeurait ; mais que, ses ennemis ayant eu le dessus, elle réussit à s'échapper de fort en fort, à travers toute la ligne de remparts et à se réfugier jusqu'à son château de Blain. De la légende je retiens ce fait qu'il fallait que la circulation à travers les forts fût praticable, sans cela elle n'eût pas pu prendre créance. Cette circonstance peut expliquer, du reste, la grande quantité de fers de chevaux et de mules trouvée journellement par nos cultivateurs dans les terrains où ont existé les fosses.

Quant au double rempart qui protégeait la circulation et défendait les mardelles, il était tout à fait conforme au génie gaulois. César parle à plusieurs reprises de défenses de cette nature. « *Duplici altissimo muro munierant*[1] », dit-il quelque part.

Sur les points les mieux conservés, ces remparts portent, à leur partie supérieure, une plate-forme d'où les assiégés lançaient sur leurs agresseurs les armes de

[1] *De Bello Gall.*, II, 29.

jet, alors en usage. En première ligne, il faut placer *les pierres de fronde*, arme essentiellement gauloise dont César nous entretient fort souvent[1]. Nos buttes en renferment un très grand nombre, de 8 à 10 centimètres de longueur, pointues des deux bouts, comme une sorte de fuseau, et de tout point semblables, de forme et de dimension, à celles dont se servent encore les Canaques en Nouvelle-Calédonie[2]. Ces pierres armaient les frondes en cuir ou en chanvre. Mais il y avait encore des pierres de jet spéciales pour la main et pour les catapultes ou *tormenta* cités aussi par César. Or, on trouve, au pied des fortifications de la ligne et dans les champs voisins, des pierres qui n'ont pu servir qu'à cet objet ; elles sont de différents grains et de diverses grosseurs, mais toutes affectent une forme insolite que la main de l'homme a pu seule leur donner ; aplaties à leur base, arrondies ou légèrement déprimées à leur sommet, elles ressemblent à la moitié d'une boule coupée en deux avec une base un peu convexe qui les fait tenir admirablement en main. D'autres, de mêmes dimensions générales, affectent la forme cylindrique avec les arêtes des bases légèrement arrondies. Or, il est impossible d'admettre que l'effet des eaux ou une bizarrerie de la nature ait produit un aussi grand nombre de types similaires.

La tradition locale est d'accord avec cette interprétation. M. Martin demandait un jour à un fermier, âgé de 93 ans, nommé Daniel, qui exploite de père en fils, au *Rez des Forges*, en Abbaretz, une métairie située le long de nos fossés, s'il n'avait pas trouvé parfois dans ses champs des pierres taillées en forme de demi-boule. — « Ah ! si, répondit-il, il n'en manque pas chez nous.

---

[1] *De Bello Gallico.* II, 6.
[2] *Voir plus bas un mémoire spécial sur ces pierres.*

« Voyez-vous, Monsieur, j'ai entendu raconter à mon
« grand'père que ces pierres là s'appelaient des pierres
« de fronde. C'était il y a bien longtemps ; on ne con-
« naissait pas encore les fusils et les canons qu'on em-
« ploie à la guerre, et mon grand'père me disait que,
« dans ce temps-là, ceux qui étaient cachés dans nos
« forts s'en servaient pour chasser l'ennemi. »

Cette légende, conservée d'âge en âge sous le toit d'une chaumière, équivaut, pour moi, à la meilleure des démonstrations.

Il n'est pas rare, du reste, de rencontrer en dedans des remparts, entre les fossés, des amas de ces pierres quartzeuses en petits mamelons. L'abondance en était telle autrefois, que les débris de quelques-uns des mamelons du *vieux château* ont servi à empierrer, sur des kilomètres de longueur, dans la commune d'Abbaretz, le chemin de grande communication N° 2. Faut-il voir, dans ces amas dressés avec soin, les témoins dont parle Belloguet, des assises plus solides destinées à recevoir les abords des poutres supportant les planchers ? J'y reconnais plutôt des sortes d'*agger*, des tas de maté-riaux propres à la guerre, aménagés comme on empile encore les boulets dans les arsenaux. Les Gaulois de-vaient avoir en réserve, dans l'intérieur de leurs *oppida*, de nombreuses armes de jet pour la défense, afin d'être prêts à toutes les éventualités.

Il convient d'ajouter, pour confirmer cette manière de voir, qu'un laboureur de Vay, nommé Delaunay, qui dans sa jeunesse habitait Saint-Mars-la-Jaille, nous a rapporté qu'en démolissant une butte analogue à celles dont nous venons de parler, située dans cette commune, on y trouva des boulets de fer. M. le curé de Saint-Mars-la-Jaille n'a pu me procurer de renseignements précis sur cette trouvaille, mais il paraît utile de la si-gnaler, car les Gaulois ont dû très probablement utiliser le fer pour leurs frondes. Ce qu'il y a de certain, c'est que de petits boulets de fer se rencontrent, de temps en temps, dans les buttes de Nozay et d'Abbaretz. Examinons maintenant tous les objets divers trouvés dans les retranchements.

IV. — LES HABITANTS.

Outre les scories de fer, les pierres de fronde et les fers de chevaux dont nous avons précédemment parlé, un grand nombre d'objets, dûs à l'industrie humaine, a été trouvé dans l'emplacement ou dans le voisinage des Buttes Il est nécessaire d'en faire ici l'énumération, pour mieux connaître les constructeurs et les habitants de ces innombrables mardelles.

Je constaterai, tout d'abord, un grand nombre de celts en pierre polie trouvés sur l'emplacement ou dans le voisinage des Buttes ;

1° En *Vay*, M. de Lisle cite, près de Clegreuc, un celt ordinaire de 18 centimètres de long, et une hache à tête en diorite grise de 13 centimètres. M. Blanchard en possède une troisième dioritique de 23 centimètres, trouvée à *Boisdin*, et une quatrième trouvée à *Lugagnac*; je suis possesseur de trois autres qui proviennent de la *Robinetière*, de *Borruen* et de la *Glairaisie*. J'ajoute qu'il y a deux menhirs dans la commune.

2° En *Nozay*, voici une douzaine de haches dont quatre proviennent de la région même des Buttes, au *Petit-Perray*, à *Beaulieu*, à *Rouans* et au *Désert*; elles ont 9, 10 et 13 centimètres. Les autres s'écartent un peu de la ligne : la plus grande, de 28 centimètres, a été trouvée dans la banlieue même de Nozay; une hache dioritique de 13 centimètres provient de la *Comète,* et une hache en jade vert de 10 centimètres provient du *Chalet.* — Il y a aussi deux menhirs dans Nozay.

Je dois joindre à ces objets deux fragments en pierre polie de 10 centimètres de longueur, dont l'un ne peut guère se déterminer, mais dont l'autre a été certainement un *phallus* de 1 centimètre et demi de diamètre. Ces deux fragments appartiennent à M. Blanchard.

3° En *Abbaretz*, M. de Lisle ne cite ni monuments mégalithiques ni hache en pierre polie trouvée dans cette commune : j'en possède une en diorite de 0m 10 trouvée à Larrée, au sud de la ligne.

4° En *Meilleraye*, M. de Lisle cite un celt en bronze, de la forme dite à talon, mesurant 0m12 et trouvé près de l'étang du barrage de Vioreau, aussi au sud de la ligne. A un kilomètre au nord, se remarque le dolmen du Perron.

5° En *le Grand-Auverné*, M. de Lisle cite, avec 3 menhirs au nord de la ligne, un assez grand nombre de haches en pierre polie : 4 à la *Butte-Rouge* avec des silex travaillés, 2 près des Buttes au-dessus du *Luc*, une à la *Grand'Haie*, et deux au village de Villechoux : en tout 9 haches qui appartiennent à la région de nos retranchements.

6° Les renseignements me manquent pour Bonnœuvre et Saint-Mars-la-Jaille : MM. les curés de ces deux paroisses ont, avec une rare obligeance, cherché pour moi des documents, mais ils ne m'ont rien trouvé.

En résumé, les haches en pierre polie se rencontrent dans toute la région traversée par nos retranchements, mais disséminées de côté et d'autre, et en petit nombre, sur l'emplacement même des buttes : les monuments mégalithiques sont rares et presque tous en dehors de l'alignement.

Il en résulte que les travaux dont nous nous occupons correspondent à une période pendant laquelle les armes en pierre polie étaient déjà en désuétude et ne servaient plus que d'amulettes. Sans doute on en plaçait déjà, comme aujourd'hui, sous les foyers des habitations, pour préserver celles-ci de la foudre. Or, j'ai démontré précédemment qu'on se servait encore d'armes de pierre polie, à l'embouchure de la Loire, en même temps que d'armes de bronze, vers le VII° siècle avant notre ère. On sait, du reste, qu'on n'a commencé l'exploitation du fer, dans nos contrées, que vers le III° siècle avant notre ère. Tout concourt donc bien à démontrer que nos mardelles ne doivent pas être plus anciennes, et qu'elles ont eu pour origine l'exploitation du fer et non les retranchements de défense.

Quant aux objets plus modernes que les celts trouvés dans l'emplacement même des buttes, ce sont :

1° Le *torques* gaulois, en or torsadé, trouvé en 1878, en Nozay, et appartenant aujourd'hui à la collection de M. Parenteau. On n'a jamais su très exactement sa provenance.

M. de Lisle se contente de dire qu'il provient des environs du château du *Bé*; il y a tout lieu de croire qu'il a été trouvé au *Maire* dans la démolition d'une fosse. L'inventeur a été le sieur Deutel, fermier au Maire, mais il ne s'est pas soucié qu'on allât fouiller au véritable endroit pour en découvrir d'autres, et il a donné, pour lieu de sa trouvaille, un champ près de Pengeslin : ce champ est tout près des fosses.

2° Les *statères gaulois*, en or et en electrum, trouvés à la *butte du Trésor* en le Grand-Auverné. Un de ces statères, qui est en electrum, au type de la main ouverte, monnaie généralement attribuée aux Pictons, fait partie de la collection de M. de Lisle.

3° Un *bracelet gaulois*, en bronze, trouvé près du village du Cerisier, en Nozay, à proximité des retranchements ; actuellement en la possession de M. Prosper Leroux, à Nozay.

4° Trois fragments d'un *poignard*, en bronze, trouvés par Gilles Provost, à la Bastinais en Vay, à 100 mètres à peine des *petites Fosses-Rouges*. Un de ces fragments est recouvert d'une belle patine verte : les deux autres ont visiblement passé par le feu. L'objet était intact lors de sa découverte ; mais, comme cela arrive toujours dans les campagnes, le premier soin de son possesseur a été de briser l'arme pour voir si ce n'était pas de l'or. Ces fragments appartiennent aujourd'hui à M. Blanchard.

5° Un *lingot ou scorie de bronze*, de 2 kilog. environ, trouvé par Jacques Ollivier, près du *château* de Vay, à peu de distance des *Fosses-Rouges*. (De mon cabinet).

6° 72 coins ou hachettes en bronze, de deux dimensions, les unes toutes petites, les autres du type ordinaire à douille rectangulaire et anneau latéral, trouvés, en 1887 en démolissant un fossé à Malicorne, en Vay, près des *Fosses-Rouges*. Le bronze en est très blanc, à cause de la grande quantité d'étain. J'ai fait l'acquisition de toutes ces haches, et les ai distribuées entre le musée archéologique de Nantes, le musée municipal de Saint-Nazaire et mon cabinet.

7° Une grande hache en fer, de travail très grossier, trouvée au Petit-Perray, en Nozay, en 1882. Cette hache fait partie de la collection de M. Blanchard.

Je dois ajouter ici que beaucoup d'objets en fer ont été trouvés, à plusieurs reprises, au Petit-Perray et à la Ville-Foucrais : les fermiers Mérot et Leclercq l'ont affirmé à M. Martin ; mais on n'y prenait pas garde et on ne les a pas conservés. Un très grand nombre de pièces intéressantes ont ainsi disparu.

8° Un *objet en fer*, d'un pied de long, terminé par une pointe carrée en forme de fleuret ; orné à son milieu de deux antennes, ou plutôt de deux crochets disposés en sens inverse, et muni à sa partie inférieure d'une douille destinée à recevoir un manche ; on dirait d'une hallebarde primitive. Cet objet, trouvé près des remparts du *Maire*, en Nozay, fait partie de la collection de M. Blanchard.

9° Une urne cinéraire, en poterie grossière, et une fibule en bronze, à dessins de cercles cylindriques, trouvées près des *petites Fosses-Rouges*, dans la démolition d'un tumulus galgal, le 22 octobre 1881, lors des travaux du chemin de fer de Saint-Nazaire à Châteaubriant. Cette fibule fait partie de mon cabinet, avec un gros clou en fer qui se trouvait dans l'urne parmi les cendres.

A propos de ce tumulus, qui doit avoir des analogues sur le parcours de la ligne, je dois faire remarquer le nom significatif du château du *Bé*. Bé ou Pé, en langue celtique, signifie tombeau. Ce nom est commun dans la région des dolmens et des tumulus ; nous avons en Saint-Nazaire deux *Pé* et un *Béac* ; en Assérac, *Penbé* ; en Plessé, *Puimbé*. Je sais que *Pé* peut aussi venir du bas latin *Podium* ; mais la simultanéité de *Pé* et de *Bé* me fait pencher pour la provenance de *tombeau*. Il y a toute apparence que cette forteresse, dont le centre ressemble à un tumulus, a été établie sur ou près le tombeau d'un ancien chef ; le *torques* en or, trouvé dans les environs, donne une grande probabilité à cette supposition.

Quoiqu'il en soit, tout ce que nous venons de décrire est manifestement gaulois et des derniers siècles avant l'occupation romaine. Celle-ci a laissé peu de traces dans la région des buttes. Je trouve bien une voie romaine à plusieurs kilomètres au sud ; une autre coupe notre ligne à angle droit dans la forêt du Gavre. M. de Lisle a reconnu des restes gallo-romains considérables au bourg même du Grand-Auverné ; mais sur toute la ligne de nos retranchements, je ne connais de romain que deux moyens bronzes d'Auguste, au type de l'autel de Lyon, trouvés aux Fosses-Rouges, par M Fiévet, ancien répétiteur à l'école d'agriculture de Grand-Jouan, et actuellement en la possession de M. Londet, longtemps professeur à cette école.

J'en conclus que nos établissements, très florissants à l'époque gauloise, ont été détruits par les Romains au moment de la conquête. César, venant des Andes chez les Vénètes, s'est bien gardé d'en faire le siège sur toute la longueur : ses moyens étaient expéditifs, et il devançait les Prussiens dans sa manière de nous combattre. La ruine et l'incendie étaient ses auxiliaires obligés, et toute l'histoire de la campagne des Gaules pourrait se résumer dans ces deux mots d'une concision féroce, qui reparaissent à chaque instant dans les *Commentaires*.... Ai-je besoin de rappeler tous ces sinistres aveux du conquérant ? « Cæsar, omnibus vicis ædificiisque incensis, se in fine Ubiorum recepit[1]. — Omnibus eorum agris vastatis, frumentis succisis, ædificiis incensis...[2] - Omnibus longe lateque ædificiis afflictis incensisque, se in castra receperunt...[3] — Relinquebatur ut... tantùm in agris vastandis incendiisque faciendis, hostibus noceretur...[4] — Ædificia vicosque incendit...[5] — Omnes vici atque omnia ædificia quæ quisque conspexerat incendebantur...[6] — Cum omnia cædibus, incendiis, rapinisque vastasset...., etc., etc[7]. » On n'en finirait pas s'il fallait rapporter tous ces hauts faits incendiaires L'incendie était une tactique chez le

---

[1] *De Bello Gall*, iv, 19.
[2] *Ibid*, iv, 38.
[3] *Ibid*., iv, 35.
[4] *Ibid*., v, 19.
[5] *Ibid*., vi, 6.
[6] *Ibid*., vi, 43.
[7] *Ibid*., viii, 25.

général romain, tactique d'autant plus facile que toutes les habitations des Gaulois étaient construites en bois, en paille, ou en claies d'osier.

L'attaque se fit donc très probablement à la tête de la ligne sur la limite des Andes ; et une fois ce point forcé, rien ne fut si aisé au vainqueur que de mettre le feu à ces pauvres huttes, toutes placées en ligne droite. Il n'y avait qu'à marcher droit devant soi. L'incendie dut s'y propager, en un instant, comme ferait la mise en feu d'une traînée de poudre. La défense avait été disposée contre une attaque du midi au nord : celle-ci se présentait d'enfilade, avec le feu à son aide. Rien ne lui résista, et César arriva ainsi jusqu'au sillon de Bretagne d'où il se précipita sur la presqu'île guérandaise pour attaquer les *oppida* des Vénètes, auxquels s'étaient joints les malheureux Namnètes, leurs alliés, fuyant devant l'incendie.

Les villages miniers ayant été ruinés et la flotte vénète anéantie, l'exploitation du minerai de fer cessa ; les Namnètes se rapprochèrent de la Loire, et leur chef-lieu devint le *Portus Namnetum*, le Nantes d'aujourd'hui, pendant que celui des Vénètes se transportait de la presqu'île guérandaise dans le Morbihan. Comme ceux d'aujourd'hui, les conquérants d'alors changeaient à leur gré la géographie des provinces soumises. On oublia bientôt l'antique ligne gauloise, et il a fallu dix-huit siècles pour qu'on la retrouve.

Sur notre frontière de l'est, les lignes de Wissembourg étaient autrefois redoutables. Qui peut dire ce que l'avenir leur réserve et ce qu'en connaîtra la postérité ?...

CHAPITRE TROISIÈME

DES PROJECTILES CYLINDRO-CONIQUES[1]

OU EN OLIVE,

DEPUIS L'ANTIQUITÉ JUSQU'A NOS JOURS.

Un heureux concours de circonstances m'ayant amené à couper, pour les travaux du chemin de fer de Saint-Nazaire à Châteaubriant, la grande ligne d'anciens retranchements qui traverse presque tout le département de la Loire-Inférieure, de la forêt du Gavre à Candé, j'ai trouvé dans les fouilles, faites à cette occasion, une partie des éléments de l'étude qui va suivre.

Dans un mémoire lu devant l'Association bretonne, pendant le congrès tenu à Châteaubriant au mois de septembre 1882 et reproduit ci-dessus, je me suis efforcé de démontrer :

1º Que cette longue suite de retranchements, qui s'étend sur environ 40 kilomètres en ligne presque

---

[1] Cette étude a été publiée d'abord dans la *Revue archéologique* de novembre 1883 (Tirage à part, *Paris*, J. Baër, 1883, in-8º), puis dans les Mémoires de la *Société archéologique de Nantes* pour 1884, (tirage à part, *Nantes*, Grimaud, 1884, in-8º).

droite, avec forts circulaires échelonnés à peu près de lieue en lieue, a eu pour première origine des exploitations minières de fer ;

2° Qu'autour et le long des minières se sont groupées des habitations sur *mardelles*, comme celles des Vosges, du Berry et de l'Angleterre ;

3° Qu'il a fallu fortifier cette ligne d'habitations et de silos, pour la protéger contre les attaques de l'ennemi ;

4° Que les constructeurs et les habitants devaient être des Gaulois des trois derniers siècles de l'ère chrétienne, et que cette grande ligne droite formait une sorte de chemin couvert, abritant la route commerciale par laquelle les Vénètes s'approvisionnaient de fer pour leur marine, l'arrondissement actuel de Segré étant criblé d'exploitations minières gauloises et se présentant comme le centre de cette industrie ;

5° Que César dut ruiner tous ces établissements situés au milieu des bois, en les prenant d'enfilade, et en y portant l'incendie, suivant son système habituel ;

6° Enfin, que les traces de débris romains y étant fort rares, à peu près nulles par rapport aux débris gaulois, toute exploitation du minerai de fer en couches sous-jacentes paraît avoir cessé, dans cette région, depuis les Gaulois jusqu'à nos jours, où on la reprend pour l'alimentation des grandes forges de Saint-Nazaire.

Mais cette étude ne pouvait présenter d'emblée que les traits généraux de la question. Il reste encore à examiner séparément une foule de détails particuliers du plus grand intérêt : la notice présente a pour but de préciser l'un des points les plus curieux des découvertes que m'a procurées la grande ligne des mardelles. J'ai dit que de grands forts circulaires sont disposés à peu près de lieue en lieue au nord de la ligne pour concentrer la défense. Ceux du *Bé* en Nozay, et du *Vieux-*

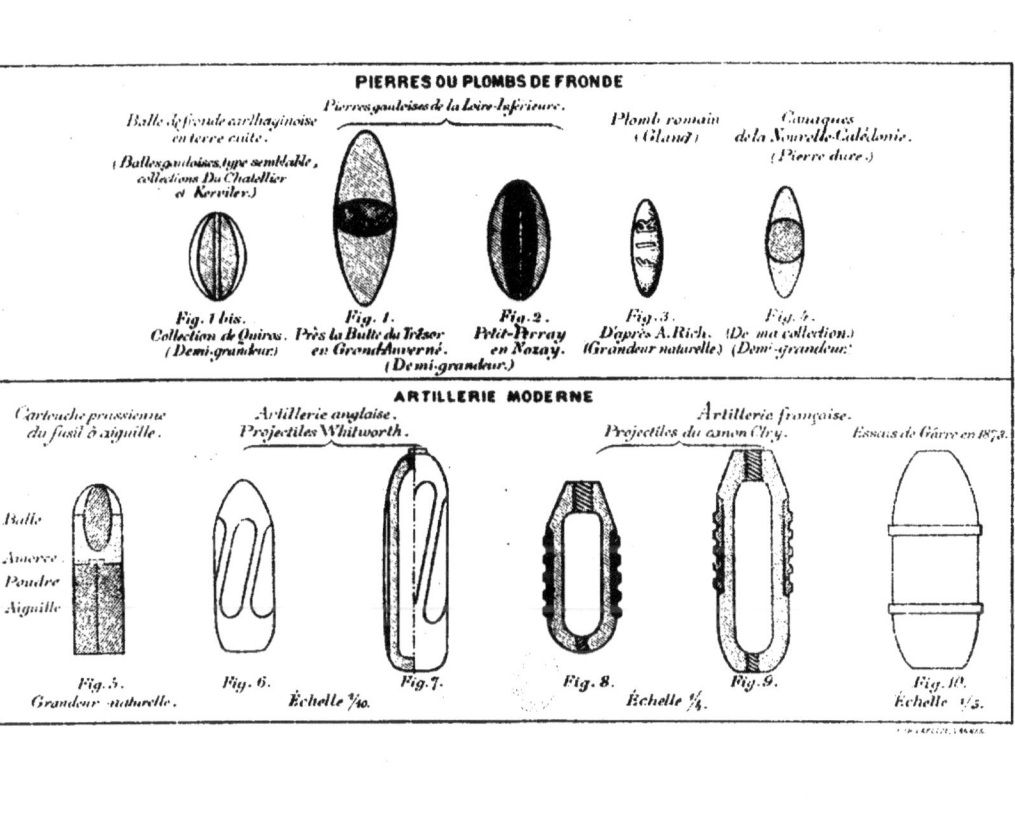

Château en Abbaretz, sont les plus considérables : leur relief est encore énorme dans les taillis et sur la lande ; nos officiers du génie exécuteraient aujourd'hui des mouvements de terre beaucoup moins imposants. Or, ces forteresses ne pouvaient exister sans des approvisionnements d'armes défensives, et, parmi celles-ci, les principales étaient les armes de jet.

Nous en avons trouvé un très grand nombre, et toutes, en dehors des boulets sphériques en pierre ou en fer, dont quelques-uns sont modernes et prouvent qu'on s'est aussi battu, il y a quelques siècles, dans ces parages, peuvent se ramener à trois types bien caractérisés :

1° Des demi-sphères de 10 à 12 centimètres de diamètre, dont la base n'est pas plane, mais légèrement bombée, de manière à tenir admirablement dans la main. On les lançait sans doute directement, sans l'intermédiaire d'un instrument particulier.

2° Des cylindres ou disques de 8 à 12 centimètres de diamètre et de 4 à 5 centimètres de hauteur. On les lançait soit directement à la main, comme le discobole, soit au bout d'une palette bandée par un ressort.

3° Enfin des fuseaux à pointe amortie, ou sortes d'*olives* de 8 à 15 centimètres de longueur, qui ne pouvaient être lancées qu'à l'aide de frondes en chanvre ou en cuir.

Je laisse de côté provisoirement les deux premiers types pour ne m'occuper que du dernier, dont je présente deux spécimens aux figures 1 et 2[1].

Je n'ai pas à apprendre que les Gaulois se servaient de la fronde ; tous les auteurs anciens citent cette arme, et les bas-reliefs de la colonne Trajane, ou des arcs de triomphe, ne manquent pas de représentations de Germains ou de Gaulois portant en main la fronde.

[1] Planche ci-contre.

Mais si l'on connaît l'arme en elle-même, je ne sache pas qu'on ait étudié de près la forme du projectile. C'est ce que nous allons faire en quelques traits.

Les coupes des pierres de fronde des lignes gauloises d'Abbaretz et de Nozay représentent des formes plus ou moins fuselées, ou plus ou moins en olive, comme les pierres figurées sur les anciens monuments ; mais ce qui les caractérise au premier chef, c'est leur section transversale circulaire ou elliptique et leur section longitudinale symétriquement amincie aux deux extrémités.

Or, tel est le double caractère : 1° des pierres de fronde actuellement encore en usage chez les Canaques des îles de l'Océanie ; 2° des projectiles les plus perfectionnés de l'artillerie moderne.

Cela, il faut l'avouer, mérite une singulière considération.

Les anciens Gaulois étaient donc arrivés par tâtonnement, par expérience, ou par tradition de plus anciens qu'eux, à reconnaître, comme forme la plus utile du projectile, celle que nos officiers d'artillerie n'ont découverte qu'à la suite de calculs et de considérations savantes que j'exposerai tout à l'heure en quelques mots ; et cette forme, trouvée expérimentalement par les anciens, s'est transmise et conservée jusqu'à nos jours d'une manière continue chez les manieurs de fronde, sans que l'artillerie moderne ait eu l'idée d'aller leur demander des inspirations, en sorte que le dernier mot du perfectionnement expérimental a été le même que le dernier mot du perfectionnement scientifique.

Je dis que cette forme s'est continuée chez les manieurs de fronde depuis les anciens jusqu'à nous.

En effet, je la trouve décrite dans le combat singulier de David et de Goliath Qu'on se rappelle le texte du premier livre des *Rois*. David, se préparant au combat, *elegit sibi quinque limpidissimos lapides de torrente*[1], c'est-à-dire, choisit dans le torrent cinq pierres parmi les plus polies. Or les galets des torrents n'ont, pour ainsi dire, jamais la forme sphérique ; ils ont précisément la section transversale elliptique dans tous les sens, et l'une des plus belles pierres de la ligne des mardelles de la Loire-Inférieure, recueillie par M. Blanchard dans Nozay, présente aussi le type le plus parfait du galet roulé, régulièrement poli ; puis comme il n'y a pas de torrent dans cette région, ce galet a sans doute été apporté de la côte maritime voisine.

Cette forme de galet ellipsoïde a été absolument copiée par les *Carthaginois* pour leurs balles de fronde en terre cuite. J'en dois un spécimen à M. de Quiros, ancien consul d'Espagne à Tunis, et je me contenterai d'y signaler un léger méplat sur le profil de l'ovale du grand axe. (Fig. 1 *bis*).

Les Carthaginois n'étaient pas les seuls à se servir de balles de fronde en terre cuite. M. Paul du Châtellier me signale, dans sa magnifique collection du château de Kernus, une balle ovoïde de cette nature qui provient des chambres sépulcrales de *la Tourelle*, près Quimper, explorées en 1867 par M. Grenot : chambres d'origine gauloise, car on y a trouvé des objets de fer et de bronze associés. La balle de la Tourelle, en terre grossière mêlée de gros grains de quartz, a $0^m,043$ de long sur $0^m,03$ de large dans la partie médiane. Elle pèse environ 31 centigrammes.

Les Gaulois se servaient donc de balles en terre cuite en même temps que de balles en pierre polie beaucoup trop longues à préparer, et je dois, à ce propos, signaler moi-même des olives en terre grossièrement cuite,

---

[1] *Reg.* I, xvii. 40.

presque identiques à celle de la Tourelle, que j'ai rencontrées dans les fouilles de *Penhouet*, dans une couche intermédiaire entre la couche romaine et la couche des haches en pierre polie. Je n'en avais pas parlé dans mes précédentes communications, parce que j'en ignorais l'usage ; mais je n'ai plus de doute aujourd'hui à leur sujet. La grande facilité de préparation a dû rendre leur usage général. Or, celles de Penhouët datent à peu près du II° siècle avant notre ère. (Fig. géométrique semblable au n° 1 *bis*).

Je trouve, ensuite, la forme en olive dans la balistique *romaine*, non plus en pierre ou en terre cuite, il est vrai, mais en plomb ; et si nous n'avions pas, dans nos musées, de représentations de ce projectile, dont on trouvera un type (reproduit ici, figure 3) dans le dictionnaire d'Antony Rich, au mot *glans*, ce mot lui-même nous apprendrait sa forme, car les Romains n'eussent pas donné à leur balle le nom de gland, si elle n'avait pas ressemblé à ce fruit. Or le gland possède justement la forme requise de la section transversale circulaire et de la section longitudinale amincie aux deux extrémités. Que ceux d'entre nous qui ont fait la campagne de 1870 se rappellent la balle prussienne du fusil à aiguille : c'est absolument la balle de fronde romaine. Nous y reviendrons bientôt.

Des Romains passons aux Irlandais : nous les voyons se servir de frondes à balles de pierre, au moins jusqu'à la bataille d'Hastings. Leurs poèmes nationaux ne laissent aucun doute à cet égard, et M. de la Villemarqué a bien voulu m'en signaler plusieurs passages caractéristiques. On appelait ces pierres *lia milidh*, pierres de guerrier. Ecoutez cet épisode de la bataille d'Ath-Comair:

« Et, comme chacun des soldats de Lothar avait apporté une *pierre de guerrier*, leur chef en avait apporté une lui-même. Et il éleva le bras subitement, et il mit toute la force de son corps dans son poignet, et la force de son poignet dans sa main, et la force de sa main dans son arme de pierre ; puis, imprimant un mouvement de rotation à la pierre dure, il en frappa le roi[1]. »

Comment les manieurs de fronde parvenaient-ils à lancer la pierre l'une des pointes en avant, à viser et à frapper droit au but ? Le problème me paraît assez difficile, et pour le résoudre d'une manière satisfaisante, il nous faudrait demander une représentation à quelque Canaque. Des officiers de marine m'assurent que les sauvages actuels lancent ces pierres sans fronde à réceptacle, avec une simple ficelle, appuyant sur le petit axe de la balle équilibrée à l'œil. Cela détruit l'objection que fit M. le commandant Morwal à la réunion des délégués des sociétés savantes à la Sorbonne, en 1883, en disant que les balles en olive ne pouvaient pas se lancer la pointe en avant avec la fronde à trois lanières, seule connue d'après les monuments. Je pourrais remarquer ici que je n'ai pas dit avec quel instrument on lançait les balles en olive. Je l'ignore absolument, et si la fronde à trois lanières ne comporte pas le départ par la pointe, rien ne dit qu'on ne les lançait pas avec une simple ficelle, comme le font aujourd'hui les Canaques. L'opération peut sembler difficile, et elle l'est en réalité : mais le fait est indiscutable : on vise et on frappe juste. L'*Énéide* nous en offrirait mille témoignages, et je n'ai pas besoin de rappeler une seconde fois le combat singulier de David et du géant Goliath.

Quoi qu'il en soit, il résulte de tout ceci que nous pouvons affirmer un fait maintenant hors de doute ; c'est que depuis les temps les plus reculés, et, en particulier, depuis l'époque gauloise jusqu'à nos jours, on a reconnu, pour le meilleur projectile de la fronde, le projectile symétrique à forme d'olive.

[1] Association bretonne, congrès de Landerneau, 1879, n° 51.

Aussi suis-je fort surpris de voir tout d'un coup apparaître la sphère dans les projectiles usités, aussitôt après l'invention de la poudre, dans les couleuvrines, canons et arquebuses. On crut, sans doute, obtenir une plus grande régularité dans la force de projection : on était sûr de l'appliquer au point central du projectile, tandis que la plus légère dissymétrie dans la pointe d'arrière empêchait la propulsion dans l'axe; et l'on pensa que la grande augmentation de vitesse du projectile lancé par la poudre devait compenser son infériorité de forme par rapport à la résistance de l'air contre la régularité de la trajectoire.

Ce qu'il y a de certain, c'est que les balles et boulets des fusils et canons ont été maintenus sphériques pendant quatre siècles, et qu'il a fallu les progrès merveilleux de l'artillerie moderne pour arriver aux balles, obus et boulets allongés, allongement qui a été d'abord imaginé pour donner au projectile un plus grand poids pour un même diamètre ou calibre. La forme pointue en avant en résultait nécessairement, pour réduire au minimum la résistance de l'air ; mais la difficulté de projection dans l'axe existant toujours avec l'arrière aminci, on a presque partout adopté le projectile allongé avec avant pointu et culot plat, malgré le désavantage de la dissymétrie, qui est une cause de déviation, le centre de gravité n'étant plus au centre de figure, et malgré le plus grand vide d'air causé à l'arrière pendant le trajet par la forme plate.

La tendance au progrès amenait cependant à rechercher des solutions conformes à la théorie, et nous trouvons, en 1870, la balle prussienne du fusil à aiguille complètement symétrique et en olive, comme on peut le constater sur la coupe de la cartouche que j'ai cru devoir représenter (fig. 5). Les projectiles Withworth de l'artillerie anglaise (fig. 6 et 7) s'en rapprochent aussi autant que possible.

En France, on s'est préoccupé, depuis longtemps, de donner aux projectiles oblongs une forme de l'arrière meilleure que le culot plat. Les expériences nombreuses auxquelles on s'est livré à cet égard tendent toutes à démontrer qu'un amincissement du projectile au culot augmente la portée et diminue la dérivation, surtout dans le tir à grande distance.

En 1863, la commission d'expérience du camp de Châlons essaya des obus rendus symétriques par l'addition, aux obus à culot plat, d'un culot en bois de même forme que l'ogive métallique de la tête ; mais, par suite de la différence de densité du bois et de la fonte, le centre de gravité ne se trouvait pas encore au centre de figure. Cependant on évitait au moins l'inconvénient du vide d'air exagéré qui se manifeste derrière le culot plat, et l'on put constater que, sous les grands angles, les obus symétriques gagnaient beaucoup en portée, surtout lorsque, l'obus étant engagé par l'ogive métallique, le centre de gravité se trouvait à l'arrière. La dérivation était aussi considérablement diminuée. Ainsi avec le canon de 12, sous l'angle de 17°, tandis que l'obus réglementaire donnait une portée de 3,530 mètres avec 114 mètres de dérivation, l'obus symétrique donna des portées supérieures de 400 mètres avec le centre de gravité à l'avant, et de 700 avec le centre de gravité à l'arrière ; et la dérivation se trouva réduite de moitié dans le premier cas et d'un peu plus dans le second.

La commission de Calais reprit des études du même genre en 1872 et 1873, avec des obus français du système Olry et des obus anglais du système Withworth.

Avec les canons Olry elle a essayé simultanément des obus à culot plat, à culot sphérique (fig. 8), et des obus symétriques (fig. 9). Elle a constaté que les obus à culot sphérique n'ont pas grand avantage sur les obus à culot plat, mais les obus symétriques, malgré certaines irrégularités de portée, donnent, sous de grands angles, des portées quelquefois supérieures de 1,000 mètres à celle des obus à culot plat, et une dérivation toujours plus faible.

Dans les canons Withworth, on a aussi tiré comparativement des obus à culot plat et des obus tronconiques (fig. 6 et 7). Ces derniers ont donné des portées bien supérieures. A 25° la différence s'est élevée jusqu'à 2,000 mètres. On a constaté, en même temps, que la dérivation, déjà faible dans le système Withworth, à cause des rayures de l'obus, se trouve encore notablement diminuée par l'emploi de la forme tronconique.

Enfin, le polygone de Gâvre a essayé, en 1874, des obus de 32 symétriques (fig. 10), dont il existe encore de grandes piles d'approvisionnement dans l'arsenal du port de Lorient. On a constaté avec eux des résultats analogues.

En résumé, de toutes ces expériences il faut conclure qu'avec un culot de forme tronconique on peut espérer allonger très notablement la portée, diminuer la dérivation, et obtenir plus de justesse de direction. Si l'emploi de l'obus symétrique ne s'est pas encore généralisé, en service courant, c'est qu'on n'est pas parvenu à le lancer régulièrement, sauf dans le canon de Withworth, et cette régularité doit être obtenue en campagne aussi bien que dans les polygones d'essai. On arrivera sans doute à l'obtenir, mais en attendant il reste acquis, comme dernier mot de la science balistique contemporaine, que le meilleur projectile est celui de forme en olive symétrique.

Tel était le projectile des Gaulois, et tel est encore le projectile des Canaques. N'est-ce pas le cas de répéter une fois de plus ce proverbe devenu banal : *Nil novi sub sole* ?

CHAPITRE QUATRIÈME.

LES ALIGNEMENTS DE CARNAC.

Sonnet[1],

A M. de la Villemarqué.

Le soir, vous inspirez une sainte terreur,
Colosses de granite, aux ombres gigantesques !
Quand la lune sur vous décrit ses arabesques,
Le paysan breton se signe avec frayeur.

Un mystère profond plane sur votre horreur....
Etes-vous les témoins de ces jours titanesques
Où le ciel, foudroyant des tourbes soldatesques,
Sauva saint Cornély des traits de leur fureur ?

Etes-vous les piliers du temple des Druides ?
Ou les stèles d'honneur marquant les places vides
Dans les rangs des héros défenseurs du vieux sol ?

Etes-vous les jalons du conseil des Vénètes ?...
Qu'importe, si, par vous assuré de son vol,
L'esprit s'élève à Dieu qui voit ce que vous êtes !

---

[1] Ce sonnet a été publié dans le *Parnasse* du 15 novembre 1878, puis dans les *Mémoires de l'Association bretonne* pour le Congrès d'Auray en 1878 ; enfin dans le *Parnasse breton contemporain* (Rennes, Caillière, in-8, p. 123).
La question de la destination des alignements de Carnac est l'une des plus épineuses et des plus controversées de l'archéologie en général et de l'archéologie bretonne en particulier. Je ne pouvais la passer sous silence : mais comment consentir à consacrer mon impuissance à déchiffrer le problème, autrement qu'en vers ?...

CHAPITRE CINQUIÈME.

LES VENÈTES

CÉSAR, ET BRIVATES PORTUS

Un des points les plus controversés de l'histoire ancienne de la Gaule est celui de savoir en quelle région du littoral armoricain César défit en bataille navale la flotte des Venètes, et ruina ainsi le dernier rempart de l'indépendance gauloise dans les régions occidentales. De tous les peuples armoricains, un seul, a justement remarqué M. de Courson, a fait figure dans l'histoire : ce sont les Venètes. Habitués à braver les tempêtes sur

[1] Ce travail est extrait, avec quelques additions, d'un ouvrage publié par l'auteur en 1874 sous le titre d'*Etude critique sur la géographie de la presqu'île armoricaine au commencement et à la fin de l'occupation romaine*, dans les Mém. de l'*Assoc. bret.* pour le congrès de Quimper en 1873, qui a été reproduit en partie dans la 2º série des *Questions controversées de l'histoire de la science* (Paris, Société bibliographique, 1881, in-18) et dans les Mémoires de la *Société archéologique de la Loire-Inférieure* (tirage à part, Nantes, Grimaud, 1882, in-8º). C'est donc ici, pour la principale partie, sa quatrième édition, complétée par une réponse à M. de la Monneraye extraite des *Dernières études critiques sur les travaux récents d'ancienne géographie armoricaine* (Saint-Brieuc, Prudhomme, 1885, in-8º) et par quelques additions relatives aux récents travaux de M. Léon Maitre sur les *Villes disparues de la Loire-Inférieure*.

des navires de chêne aux voiles d'un rouge sombre, ils avaient acquis une habileté et une hardiesse de manœuvres inconnues aux nations qui naviguent sur des mers plus tranquilles. De là leur puissance, et une supériorité maritime si bien reconnue, que tout vaisseau fréquentant ces parages leur devait payer un droit de passage. Strabon affirme que, maîtres du commerce de la Bretagne, les Venètes avaient, de bonne heure, pris des dispositions pour empêcher les Romains de passer dans l'île et que tel fut le véritable motif qui conduisit César en Vénétie[1]. On sait comment l'inexorable conquérant procéda par la terreur après sa victoire, faisant massacrer tous les sénateurs de la peuplade, et vendre comme esclaves tous les hommes valides qui lui avaient résisté. A partir de ce jour, il n'y eut plus de marine gauloise, et l'habile capitaine put faire son expédition chez les Bretons insulaires : expédition sans résultat, mais dont l'effet, Cicéron le constate, n'en fut pas moins immense.

On a beaucoup disserté, depuis deux cents ans, sur la campagne de César en Vénétie, et la discussion s'est surtout accentuée depuis une vingtaine d'années, pour arriver à des conclusions qui paraissent définitives. La plupart des archéologues de la *Société polymathique du Morbihan* ont soutenu que l'envahisseur s'avança par terre jusqu'au petit golfe qui a donné son nom à ce département, et que la célèbre bataille, dont le résultat fut si désastreux, eut lieu, soit dans l'intérieur du golfe, entre Locmariaker et les îles, soit directement à l'extérieur, entre Saint-Gildas de Rhuys et la presqu'île de Quiberon. Les membres de la *Société archéologique de la Loire-Inférieure*, au contraire, prétendent, à la suite de M. de Kersabiec et à la mienne, que César n'a jamais

[1] De Courson. Prolégomènes du *Cartulaire de Redon*.

franchi la Vilaine et que la grande collision eut lieu sous Guérande, dans la baie du Croisic.

C'est dans les Mémoires de l'*Association bretonne* pour le congrès de Quimper, en 1873, que j'ai résumé la théorie de M. de Kersabiec sur les Venètes de la presqu'île guérandaise, en la renforçant, au point de vue de l'expédition de César, par de nouveaux développements et des preuves tirées à la fois du texte césarien, de la nature du sol et de l'état respectif des deux régions situées sur les deux rives de la Vilaine, après la conquête. Ce mémoire s'appelait *Etude critique sur la géographie de la presqu'île armoricaine au commencement et à la fin de l'occupation romaine*. M. Burgault, président de la Société polymathique du Morbihan, lui porta les premiers coups dans sa *Notice sur les Peuples armoricains*, publiée en 1875, au Bulletin de cette Société : mais s'il maintient l'expédition de César dans ou devant le golfe du Morbihan, suivant l'ancien système, il accorde que le territoire vénétique devait alors s'étendre de l'embouchure de la Loire au goulet de Brest, englobant l'ancien *Samnium armoricain*, qu'il ne confond pas avec le territoire des Namnètes placé dans l'intérieur des terres.

M. Desjardins, dans le tome Ier de sa *Géographie de la Gaule romaine*, publié en 1876, admet, au contraire, le lieu de la bataille navale de César dans la baie du Croisic, mais il place un bras de la Loire, à cette époque, à Saint-Lyphard, et y fixe la situation de *Brivates Portus*.

M. Ramée, dans la *Revue des Sociétés savantes* de 1878, recule encore davantage l'emplacement de *Brivates*, et, traversant toute la Brière au delà de Pontchâteau, va le chercher aux sources du Brivet, au fond des marais de Saint-Gildas, à un petit village qu'on appelle encore aujourd'hui Brivet.

Presque au même moment, M. Le Men, dans le *Bulle-*

tin de la Société archéologique du Finistère, identifiait de nouveau *Brivates Portus* avec *Gesocribate*, pour le refouler jusqu'à Brest.

Puis, M. de la Borderie, combattant, dans un mémoire intitulé *Diablintes, Curiosolites et Corisopites*, présenté au congrès de l'Association bretonne à Quintin, en 1880, l'opinion que j'avais empruntée à M. Auguste Longnon, pour placer les Diablintes dans l'ancien évêché d'Aleth, a contesté l'attribution du territoire vénétique jusqu'au goulet de Brest, en réclamant l'île de Sein pour *Sena insula*, et en faisant observer que Pomponius place *Sena* en face du territoire ossismien.

Plus tard, M. Orieux, ancien agent-voyer en chef de la Loire-Inférieure, a repris à Nantes, en 1883, l'ancienne thèse des Vénètes limités à la Vilaine et l'attribution du golfe du Morbihan à la campagne de César, et M. le sénateur de La Monneraye, dans une magistrale étude sur la géographie armoricaine, publiée en 1885, a placé *Brivates* à Pontchâteau et la défaite des Vénètes dans le trait du Croisic, tout en maintenant leur territoire à l'ouest de la Vilaine.

Enfin, M. de l'Isle, au Congrès de Pontivy, en 1887, reculant les Vénètes jusqu'à l'extrémité du Finistère, en face de la Grande-Bretagne, a placé le théâtre de la lutte maritime entre le Raz et Penmarc'h, près des *oppida* décrits par M. Du Châtellier, au milieu desquels il reconnaît le *Vindana Portus* de Ptolémée : et tout récemment, en 1890, M. Léon Maître, archiviste de la Loire-Inférieure, reprenant la thèse de M. de Kersabiec et la renforçant pas de nouveaux arguments, a placé *Brivates Portus* dans la baie du Croisic, et *Veneda* à Saillé.

Je n'ai donc pas manqué de redoutables adversaires ; et la rapide énumération que je viens de faire montre que la question conserve, depuis vingt ans, tout son intérêt ; mais je ne me crois pas encore battu, et ce mémoire a pour but de démontrer que je dois garder mes positions jusqu'à nouvel ordre[1].

Je le diviserai en trois chapitres, qui résultent de la nature même du sujet : 1° Le territoire vénète. — 2° L'expédition de César. — 3° L'emplacement de *Brivates Portus*.

I. — LE TERRITOIRE VÉNÈTE.

On peut se demander tout d'abord comment les *Commentaires* de César, si précis d'ordinaire, ont permis tant de discussions sur un point en apparence fort simple. Cela vient de ce que César, en rapportant sa campagne contre les Vénètes, ne cite absolument aucun nom de lieu. Il se contente de dire qu'il va *in Venetos* ou *in Venetiam*, et ne décrit que la topographie générale de sa campagne et du combat. Il faut donc préciser, en premier lieu, les frontières du territoire Vénète au moment de l'invasion romaine.

La principale erreur des archéologues morbihannais qui ont écrit en si grand nombre sur cette question depuis le commencement de ce siècle, vient de ce qu'ils sont partis à priori de ce principe : à savoir que le territoire de l'évêché de Vannes, avant 1789, correspondait exactement avec celui de l'ancienne *civitas* gallo-romaine, et que le territoire de celle-ci correspondait à

[1] Je me permettrai de faire remarquer ici que je ne mets aucun entêtement dans toutes ces discussions, et que je ne partage pas l'opinion de M. Bizeul, quand il disait crûment qu'après une discussion chacun garde son avis, et qu'il ne le comprenait pas autrement. La preuve, c'est que je ne réédite pas, dans ce recueil, les mémoires au sujet desquels j'ai accepté la défaite, en particulier au sujet des Diablintes ; ce que je maintiens, c'est après mûre réflexion et après avoir épuisé l'examen des objections de tous mes contradicteurs.

son tour, avec celui de la peuplade vénète avant l'invasion. L'évêché de Vannes étant limité à l'est par la Vilaine, avant 1789, il en résultait que la topographie des lieux décrits par César ne pouvait plus s'appliquer, à l'ouest de cette frontière extrême, qu'au golfe du Morbihan, et l'on en concluait sans peine que la bataille navale avait eu lieu en face de ce golfe.

Mais si l'on peut admettre que les anciens évêchés ont succédé à peu près exactement aux *civitates* gallo-romaines, il n'en est plus de même de celles-ci par rapport aux anciennes peuplades gauloises. Les Romains les remanièrent profondément, territoire et chefs-lieux, dans un intérêt stratégique. C'est ainsi qu'en Armorique, les grandes agglomérations gallo-romaines, celles autour desquelles convergent quelquefois le plus de voies militaires, ne correspondent pas généralement avec les anciennes capitales gauloises. Cela est surtout remarquable pour Carhaix et pour Vannes, qui ne furent certainement pas des chefs-lieux primitifs et qui devinrent les points les plus importants de la presqu'île armoricaine vers la fin de l'Empire romain. Cela s'explique fort naturellement, du reste, si l'on réfléchit aux différences de situations respectives des peuplades primitives et des Romains. Les peuplades gauloises-armoricaines formaient une sorte de confédération; mais elles étaient indépendantes et conservaient une autonomie distincte ; elles placèrent donc leurs chefs-lieux sur les points de leur territoire qui leur convenaient le mieux pour leur commerce et pour leurs centres d'opérations spéciales. Lorsque les Romains occupèrent le pays, pays de conquête et de soumission difficile, leur but fut différent ; ils le sillonnèrent de voies militaires et s'attachèrent à y pratiquer l'unité de défense et de commandement. De là, le choix de points stratégiques particuliers et surtout de points centraux favorables au meilleur croisement de leurs voies militaires. Il en résulta que le point le plus important de la cité ossismienne devint Carhaix *(Vorgium)*, tandis que son chef-lieu était jadis sur la côte à l'Abervrac'h *(Vorganium)*, et que le chef-lieu des Venètes, qui devait se trouver sur le littoral, ne leur permettant pas d'établir facilement des voies directes à cause du passage des nombreux goulets des baies de la côte, ils le reportèrent à l'intérieur, au fond du golfe du Morbihan, là où leurs croisements de voies et leurs lignes non interrompues pouvaient s'exécuter sans péril.

S'ils déplacèrent les chefs-lieux, ils changèrent aussi les circonscriptions des peuplades qui leur avaient le plus résisté. Cela est surtout sensible pour les Venètes. Il est en effet impossible, pour un esprit non prévenu, de ne pas reconnaître que l'ancien territoire des Venètes, avant l'invasion romaine, s'étendait sur tout le littoral sud de la Bretagne, depuis la pointe occidentale du Finistère jusqu'à l'embouchure de la Loire, comprenant par conséquent, outre l'évêché de Vannes tout entier, une grande partie de celui de Quimper et de celui de Nantes. César dit en propres termes, en parlant de la puissance maritime des Venètes, au livre III de ses Commentaires sur la Guerre des Gaules : « Hujus civitatis est *longe amplissima auctoritas omnis oræ maritimæ regionum earum*, quod et naves habent Veneti plurimas, quibus in Britanniam navigare consueverunt, et scientia atque usu nauticarum rerum ceteros antecedunt, et *in magno impetu maris atque aperto*, paucis portibus interjectis, *quos tenent ipsi omnes fere*, qui eodem mari uti consueverunt, habent vectigales. » Traduction littérale : « L'autorité de cette peuplade est de beaucoup la plus étendue sur tout le littoral de ce pays, parce que les Venètes possèdent de nombreux vaisseaux avec lesquels ils ont coutume de naviguer jusque dans la Grande-Bretagne, parce qu'ils surpassent leurs voisins en science et en pratique des choses de la mer, et parce que, sur cette grande et impétueuse mer tout ouverte, où se trouvent peu de ports qu'ils possèdent presque tous, ils ont comme tributaires tous ceux qui naviguent sur les mêmes parages de l'Océan. »

Trois points sont à considérer dans ce texte, et nous les avons soulignés tout spécialement, d'abord : *longe amplissima auctoritas*. Donc, d'après César, les Venètes étaient la peuplade maritime de beaucoup la plus puissante de toutes celles de l'Armorique, ce qui s'expliquerait difficilement, s'ils n'avaient possédé que les cent kilomètres de côte, de la Vilaine à l'Ellé, tandis que les Ossismiens en auraient possédé au moins 400 kilomètres, de l'Ellé au Trieux. Ce passage des Commentaires est tellement caractéristique, qu'un des membres les plus érudits de la *Société d'Émulation des Côtes-du-Nord*, M. Lemière, n'a pas hésité, dans un important ouvrage qu'il a publié en 1881 sur les *Celtes et les Gaulois*, à donner aux Venètes pouvoir, juridiction et droit d'impôt sur tous les ports de l'Océan et de la Manche, depuis la Garonne jusqu'à la Seine. Je ne vais pas aussi loin que mon confrère Briochin qu'a dépassé encore M. Loth, en étendant ce pouvoir jusqu'au Rhin, mais j'ai tenu à citer, sur ce sujet, l'opinion de ces deux excellents esprits, rompus à tous les textes des historiens de l'antiquité et versés dans tous les secrets des gloses et des commentateurs, pour montrer combien il est imprudent de vouloir, en présence d'un texte si précis, limiter les Venètes entre la Vilaine et l'Ellé.

Second point sur lequel on n'a pas assez insisté : *in magno impetu maris atque aperto*. Cela est aussi caractéristique. Si les Venètes n'avaient possédé que le Morbihan, comment César aurait-il pu parler de leur littoral comme ouvert aux grands mouvements de la mer, puisqu'il n'aurait guère formé qu'une large baie

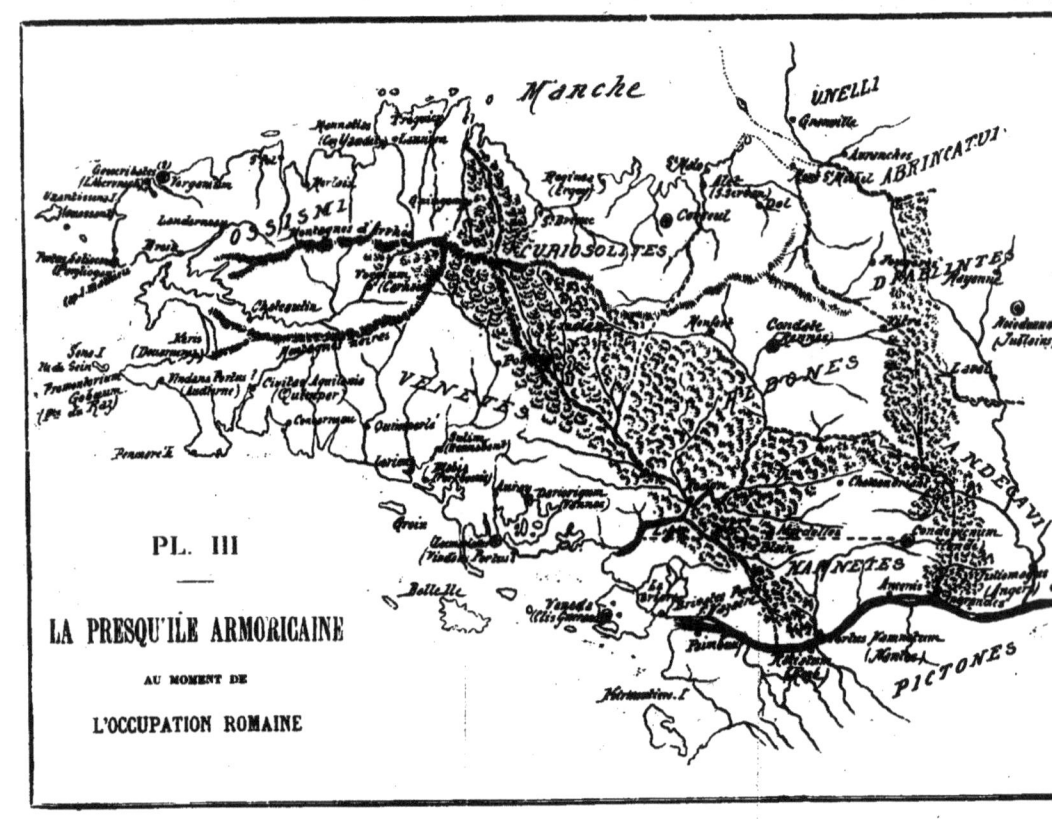

PL. III

LA PRESQU'ILE ARMORICAINE

AU MOMENT DE

L'OCCUPATION ROMAINE

fermée et abritée par la presqu'île de Quiberon et le cordon de Belle-Ile, Hœdic, Houat, etc? La phrase de César s'applique parfaitement, au contraire, à toute l'étendue de la côte sud de la presqu'île armoricaine.

Enfin, *paucis portibus interjectis quos tenent omnes fere* indique clairement que les Venètes avaient en leur possession presque tous les ports de la presqu'île, et comme les géographes n'en signalent qu'un fort petit nombre au nord, à peine un ou deux, on doit en conclure qu'ils possédaient tous ceux du sud. César n'ajoute-t-il pas, du reste, que lorsque les Venètes rallièrent à leur cause les états voisins, ils firent même venir des secours de la Grande-Bretagne, *située vis-à-vis d'eux de l'autre côté de la mer*? Il fallait absolument pour cela qu'ils s'étendissent jusqu'à l'une des pointes du Finistère.

Un texte de Ptolémée vient confirmer cette conclusion pour la partie occidentale; il est simple et ne permet pas d'ambiguïté : « *Occidentale autem littorale latus*, dit-il, *sub Ossismiis tenent Veneti, quorum civitas Dariorigum.* » Un simple élève de sixième le traduirait ainsi : « Mais la côte *occidentale*, sous les Ossismiens, est occupée par les Venètes, dont le chef-lieu de cité est Dariorigum. » Il y a *occidentale*, et non pas *méridionale*. Par conséquent, même après la conquête, le territoire des Venètes s'étendait encore jusqu'aux pointes occidentales de Penmarc'h et du Raz au pays de Quimper, seuls points qui correspondent à *occidentale littorale latus*, sous la pointe Saint-Mathieu, occupée sans contestation par les Ossismiens[1].

Ces textes sont tellement clairs qu'on se demande comment il se fait que MM. Le Men et Longnon aient été les premiers à signaler, de nos jours, cette extension de territoire à l'ouest. M. de Courson lui-même,

---

[1] Voir la carte ci-annexée.

dans les importants prolégomènes du Cartulaire de Redon, limite le territoire des Venètes entre la Vilaine et l'Ellé.

L'extension du territoire des Venètes à l'ouest jusqu'à la Loire n'est pas moins indiquée pour tout critique impartial. Cette peuplade étant essentiellement maritime, son chef-lieu, son port principal, le point de concentration de ses opérations commerciales, devait se trouver sur la côte. Or, quel est le point du littoral sud de la Bretagne où la situation d'un établissement maritime soit nettement indiquée, sinon l'immense baie bornée à l'ouest par la presqu'île de Quiberon, à l'est par le littoral compris entre la Loire et la Vilaine, et fermée au sud par Belle-Ile et par le cordon des îles de Houat, Hœdic, etc., beaucoup plus important jadis qu'il ne l'est aujourd'hui, la mer rongeant incessamment ses rives?... Mais ceci nous conduit immédiatement à donner aux Venètes le territoire du pays de Guérande ; un observateur attentif, au simple aspect de la carte, ne pourrait le refuser. Cela forme une baie complète ; et certainement les Venètes, si audacieux et si puissants, n'auraient pas souffert qu'une autre peuplade rivale occupât la partie est de cette baie.

Mais il y a plus qu'un argument moral. Dans un important mémoire publié en 1868, au *Bulletin de la Société archéologique de la Loire-Inférieure*, M. Sioc'han de Kersabiec s'est efforcé de démontrer que, plusieurs siècles avant J.-C., la ville ou *emporium* de Corbilon, entrepôt fameux cité par Pythéas, Polybe et Strabon, comme situé à l'embouchure de la Loire et jouissant de relations directes avec les Phocéens de Marseille et les Phéniciens[1], se trouvait placée au lieu actuel de

[1] On a trouvé récemment, dans les marais salants de Guérande, une ardoise chargée de caractères phéniciens, ce qui prouve que les navigateurs des régions méditerranéennes arrivaient jusque-là.

Beslon, près de Congor et de Carheil, au pied de Guérande ; que, vers le second siècle avant J.-C., les Venètes, étendant leur domination sur toute la rive sud de l'Armorique, firent la conquête de cet établissement rival dont le nom de Corbilon disparut, et qui devint dès lors leur principal entrepôt et leur centre d'opération, nommé Guéned ou *Wénéda* ; que plus tard la célèbre bataille navale de César, qui ruina la puissance venète, eut lieu sur ce point, dans l'archipel guérandais : et que le nom de *Vénétie* resta encore attaché au pays de Guérande pendant une grande partie du Moyen Age.

Je ne discuterai pas ici, point par point, la thèse soutenue, à grand renfort d'érudition, par l'ancien conseiller de préfecture de la Loire-Inférieure : plusieurs sujets offriraient pourtant matière à d'intéressantes controverses, en particulier celui de l'emplacement précis de Corbilon qui devait être, non pas une ville, mais une sorte de comptoir assez étendu, comme ceux de la côte d'Afrique ; et celui de Saillé devenu l'Ile Sacrée de l'embouchure de la Loire où Strabon place le collège des prêtresses samnites. La distinction des Samnites et des Namnètes, que sépare M. de Kersabiec pour démontrer l'origine phénicienne des premiers, offrirait quelque difficulté sur ce dernier point, et je n'en retiens que la séparation des deux peuplades, qui ne me paraît pas sérieusement contestable, en présence des textes si affirmatifs de Strabon, de Ptolémée, de Pline et de Marcien d'Héraclée[1]. Mais, à part quelques détails qui n'ont qu'une importance secondaire dans la question,

---

[1] Faut-il les rappeler ici encore une fois ?... Je me borne à référer à l'édition Cougny, pour Strabon, p. 142, pour Ptolémée, p. 258, pour Marcien, p. 318, et à l'*Hist. nat.* de Pline, l. IV, cap. 18. — Il y a eu certainement des *Samnites*, peuplade maritime, voisins du *Liger* sous les *Venètes*, et des *Namnètes*, peuplade non maritime de l'intérieur. Le port de Nantes n'est pas à proprement parler un port maritime.

la thèse de M. de Kersabiec offre, au fond, peu de matière à la critique ; elle vient d'être reprise tout récemment, avec des arguments nouveaux, par M. Léon Maître, archiviste de la Loire-Inférieure, qui place définitivement *Veneda* à Saillé[1], et M. de Kersabiec est le premier qui ait eu le mérite de soulever la question de la campagne de César dans cette région, en prouvant que le territoire des Vénètes s'étendait jusqu'à la Loire. Le nom de Vénétie, conservé au pays de Guérande dans les nombreux documents du Moyen Age cités par le savant Nantais, suffirait même pour me dispenser de faire remarquer que Pline donne le nom d'îles Vénétiques à tout le groupe qui s'étend depuis Belle-Île jusqu'à Noirmoutiers, puisqu'il ne cite qu'Oléron (*Uliarus*) dans l'Aquitaine ; et je me contenterai d'ajouter, pour corroborer la thèse de M. de Kersabiec, que plusieurs villages du pays guérandais portent encore le nom de Kerbenet ou Kervenet, ce qui me paraît absolument concluant.

J'avais donc établi, et j'imaginais que cela ne pouvait plus soulever de contestation, que le territoire des Vénètes s'étendait, au moment de l'invasion romaine, depuis la rade de Brest jusqu'à la Loire, limité au nord par l'épine montagneuse qui sépare la Bretagne en deux versants.

A cela qu'a-t-on répondu ?

Les objections sont de deux sortes, et demandent une discussion séparée. Les unes se rapportent à la frontière occidentale, les autres à la frontière orientale ; M. Orieux et M. de la Monneraye contestent la presqu'île guérandaise ; et M. de la Borderie, soutenu par M. de la Monneraye, conteste la région située entre l'Odet et le goulet de Brest. Je répondrai d'abord à M. de la Borderie.

[1] Léon Maître. — *Les Villes disparues de la Loire-Inférieure*, 3ᵉ livraison. — *Nantes*, Mellinet, 1889, in-8º.

Les Venètes, dit M. de la Borderie, ne pouvaient s'étendre jusqu'à la rade de Brest, parce que l'île de Sein, à l'extrémité de la pointe du Raz, appartenait aux Ossismes. Le texte de Pomponius Mela est formel : *Sena, in Britannico mari, Ossismis adversa littoribus*, et *Sena*, affirme M. de la Borderie, ne peut être autre chose que l'île de Sein, Pomponius appliquant le *Britannicum mare* jusqu'au fond du golfe de Gascogne.

J'avais repoussé l'attribution de *Sena* à l'île de Sein pour deux raisons : 1° le *Britannico mari*, qui me semblait devoir s'arrêter à la Manche, malgré l'extension qu'a pu lui donner Pomponius par inadvertance, contrairement aux indications de tous les autres géographes ; et 2° le passage de Ptolémée relatif à la position des Venètes *sur la côte occidentale, au-dessous des Ossismes*. J'en concluais qu'il fallait chercher Sena dans le groupe d'Ouessant ou dans la Manche, et le nom d'*Uxantissena*, donné à Ouessant, dans l'*Itinéraire maritime* d'Antonin, d'après la leçon de d'Anville, de Vossius et de Parthey, semblait favoriser cette recherche.

M. de la Borderie répond que le Sein actuel, *Seun* en breton, ne peut être autre chose que le Sena de Pomponius, l'identité de consonnance ne se trouvant nulle part ailleurs aussi frappante, et le nom de cap *Sizun* ou *Sei lhun* ne pouvant être confondu avec celui de cette île. Je n'insisterai pas sur la leçon d'*insula Seidhun* donnée par un titre du Cartulaire de Landévenec, cité par dom Lobineau ; M. de la Borderie me répliquerait, une seconde fois, en m'expliquant le jeu de mots (*Seid-hun*, les sept sommeils) qui a dû conduire à cette leçon. Mon honorable adversaire a beaucoup d'esprit, beaucoup plus que moi, et j'avoue que l'imagination me manque pour trouver de pareils moyens de défense : mais on ne fait pas d'archéologie avec des calembours ; et tant que les jeux de mots n'ont pas leur acte de naissance authentique, je me refuse à les admettre en discussion.

Au surplus, ce n'est pas Sena ou l'île de Sein qui m'inquiète. Le nœud de la question est ailleurs. Il est dans la position exacte de ce célèbre *promontorium Gobœum* qui, d'après Ptolémée, séparait l'Océan Britannique de l'Océan Atlantique, et qui, d'après Marcien, commençait la longitude de la Gaule Lyonnaise, terminée au septentrion par l'Océan Britannique. Le promontoire Gobée se trouvait-il au cap Saint-Mathieu ou à la pointe du Raz, au nord ou au sud du goulet de Brest? Là est toute la question. Je l'avais placé, comme presque tout le monde, en 1873, au cap Saint-Mathieu, et je ne cacherai pas que, depuis cette époque, M. Desjardins a pensé qu'il était préférable de revenir au sentiment du vieux Sanson, contre de Valois et d'Anville : il remarque d'ailleurs que la pointe du Raz est beaucoup plus élevée que le cap Saint-Mathieu, beaucoup plus caractéristique, aussi avancée dans l'Océan, et disposée en forme de proue vers la mer. Je ne suis qu'à demi touché par ces circonstances. En fait, la longitude extrême de la pointe du Raz est moins occidentale que celle de la pointe Saint-Mathieu : on peut alléguer que la mer ronge la pointe du Raz beaucoup plus activement que le cap Saint-Mathieu, et que, si sa longitude n'était pas plus occidentale, il y a dix-huit cents ans, elle était au moins bien près d'être identique : mais la preuve matérielle, où la trouver?

J'ai cependant été séduit par une dernière considération qui m'a engagé à céder, sur ce point, à M. de la Borderie, lors du dernier congrès de Redon. L'opinion qui place le promontoire Gobée à la pointe du Raz a en effet le mérite de pouvoir à peu près tout concilier. Il n'y a plus de difficulté à voir dans Sena l'île de Sein, en face des Ossismes, si l'Océan Britannique commence à la pointe du Raz. Cela nous conduit, il est vrai, à limiter le territoire Vénète à la pointe de Penmarc'h : mais il restera encore assez de côte pour satisfaire au texte de César, et l'on ne contredit pas d'une façon sérieuse à celui de Ptolémée. D'un autre côté, cela ne donne plus la superposition exacte des anciens évêchés aux *civitates* primitives, mais j'accorde que cette superposition exacte constitue un principe trop absolu, auquel il n'y a pas lieu de se tenir exclusivement attaché.

En résumé, je suis disposé à opérer un léger mouvement de recul du côté de la frontière occidentale : mais je maintiens que les Ossismes ne devaient pas descendre au-dessous du promontoire Gobée; et suivant qu'on placera celui-ci au cap Saint-Mathieu ou à la pointe du Raz, point que je laisse indécis, les Vénètes se trouveront limités à la pointe de Penmarc'h ou au goulet de Brest. Le choix est relativement de peu d'importance, et l'essentiel est que les Vénètes s'étendent *au moins* jusqu'à Penmarc'h.

Pourtant M. de la Monneraye les fait descendre résolument jusqu'à l'Ellé. Mais la seule raison alléguée est celle de la répartition des évêchés, succédant aux *civitates*. Saint Menulf, dit-on, vint aborder dans la partie du territoire des Ossismes où saint Corentin était évêque. Or, saint Corentin était évêque de Quimper et l'évêché de Quimper s'étendait jusqu'à l'Ellé. Donc, les Ossismes occupaient la partie occidentale de la Bretagne, dans toute sa largeur, et par conséquent de l'embouchure du Trieux à celle de l'Ellé. C'est à l'aide de ce seul argument, appuyé sur un fait *postérieur de cinq siècles,* qu'on prétend nous combattre ; et pour détruire les nôtres, on se contente de dire que MM. Le Men, Longnon et moi, nous avons abusé des deux phrases de César au sujet des Vénètes : *Hujus civitatis est longe amplissima auctoritas* et *paucis portibus inter-*

jectis quos tenent omnes fere. J'ai le regret de dire que cette simple déclaration ne me suffit pas. Les deux phrases de César sont absolument caractéristiques et démontrent qu'il est impossible de cantonner les Vénètes, au moment de l'invasion romaine, entre l'Ellé et la Vilaine. — L'Angleterre, si puissante aujourd'hui, forme-t-elle un des plus grands Etats de l'Europe ? demande M. de la Monneraye. — Non certes, mais c'est peut-être, de tous les Etats de l'Europe, celui qui possède le plus de développement de côtes et de ports ; et c'est là tout le secret de sa puissance maritime. Il en était ainsi des Vénètes, les Anglais de ce temps, et c'est pour cela qu'il est absolument nécessaire de leur attribuer le plus grand développement de côtes et de ports. Dans la théorie de M. de la Monneraye, les Ossismes en auraient eu deux fois plus qu'eux. César, un contemporain, dit que les Vénètes sont, de beaucoup, le plus puissant des peuples Armoriques. Cela doit nous suffire. M. Loth conclut même de la déclaration des *Commentaires*, que leur suprématie devait s'étendre sur toute la côte armoricaine, de la Loire au Rhin. Ptolémée, un siècle plus tard, se borne à déclarer que les Ossismes s'étendent jusqu'au promontoire Gobée, et ce n'est qu'après la chute de l'Empire, après le bouleversement causé par l'invasion bretonne, qu'on nous oppose un document qui, après tout, n'implique aucunement contradiction. En effet, j'accorde que l'ancien évêché de Quimper était limité par l'Ellé, et qu'il est probable que, depuis sa fondation au VI° siècle, il a eu cette limite. Mais cet évêché a été établi par des émigrés *Cornovii* qui ne s'étaient en aucune façon inquiétés de savoir s'ils venaient occuper un territoire Ossismien ou Vénète. Ils abordèrent où cela leur plut ; et si leur frontière devint l'Ellé par rapport aux Bretons de Waroch, il y aurait témérité grande à en conclure que telle aussi était la frontière des Ossismes et des Venètes. Il n'y a pas de connexité entre les deux faits. Que si la chronique postérieure a parlé du territoire des Ossismes où saint Corentin était évêque, il n'y a là rien de contradictoire, puisque l'évêché de Quimper s'étendait sur la pointe du Raz et que nous attribuons cette pointe aux Ossismes

On n'a donc pas démontré que les Ossismes descendissent jusqu'à l'Ellé, et nous maintenons en conséquence les Venètes sur tout le versant sud des Montagnes Noires. Bien plus, M. de la Monneraye place *Vindana portus* à Audierne ou à Plovan : mais *Vindana* est l'homologue de *Venetus*; il avoue donc implicitement, par là, que la baie d'Audierne était aux Venètes. Il me semble toujours impossible qu'il en ait été autrement.

Du côté de l'est, c'est la *presqu'île guérandaise* qui vous offre le théâtre du grand champ de bataille entre les archéologues : était-elle *Samnite*, *Namnète* ou *Venète*? M. Orieux soutient énergiquement les Samnites. M de la Monneraye la déclare non moins énergiquement Namnète, parce que, pour lui, Namnètes et Samnites sont une seule et même chose. Quant à M. Blanchard et à moi, nous y maintenons de plus en plus les Venètes, et c'est M. de la Monneraye lui-même qui nous apportera, tout à l'heure, le meilleur argument pour défendre cette thèse.

Les Venètes, dit M. Orieux, n'occupaient pas la presqu'île guérandaise au moment de la conquête romaine, parce que ce territoire était occupé par les Samnites. Il ne nie pas, en présence du *pago Venetico* où naquit saint Aubin de Guérande, qu'au V⁰ siècle, les Venètes aient pu l'occuper, et l'évêché de Vannes s'y étendre, ainsi que le comté ; mais les affirmations de Ptolémée et de Strabon lui paraissent trop formelles pour qu'on puisse y déroger au V° siècle de notre ère. A ce propos, M. Orieux discute à fond la distinction à établir entre les Samnites et les Namnètes, et rejette ceux-ci au nord-est des Andes et des Cénomans, du côté du département de l'Orne.

Je maintiens, avec M. Orieux, la distinction entre les Samnites et les Namnètes, distinction d'autant plus essentielle qu'il résulte de tous les documents contemporains que les Samnites étaient une peuplade maritime et les Namnètes une peuplade de l'intérieur. Pline place les Namnètes en dehors de la presqu'île armoricaine. César ne les cite pas parmi les alliés des Venètes, tandis qu'il parle des Redones, des Aulerques, des Ossismes et des Curiosolites, *qui Oceanum attingunt*. Strabon parle des Samnites à l'embouchure du fleuve, et M. Orieux voudrait même qu'il eût écrit que la Loire coule entre les Pictons et les Samnites, et non entre les Pictons et les Namnètes. Enfin Ptolémée place, par ses latitudes, les Namnètes au delà des Angevins et des Manceaux, en désignant les Samnites au-dessous des Venètes jusqu'à la Loire.

Mais il n'y a dans tout cela aucune contradiction avec le système que j'ai précédemment exposé, d'accord avec M. de Kersabiec. Nous avons dit que les Venètes avaient dû absorber les Samnites, quelque temps avant l'invasion romaine, et j'ajouterai même plus loin qu'ils avaient dû conquérir une partie au moins de la côte pictone. Il est donc naturel que Strabon parle de ce peuple des Samnites d'après Pythéas qui avait visité le littoral, trois siècles auparavant : mais César ne rencontre plus que des Venètes : et quand il a écrasé la puissance de ceux-ci dans l'ancien Samnium armoricain, en ne laissant subsister que les Venètes au delà de la Vilaine, chez qui il n'avait pas pénétré, le nom de Samnite reparaît, et Ptolémée le retrouve, non pas en *civitas*, puisqu'il n'assigne pas de capitale à cette peuplade, mais en simple dénomination. Puis les Samnites, fort éprouvés, disparaissant une seconde fois devant leurs anciens envahisseurs qui ont repris une partie de leur antique influence, il ne reste plus que le *pagus Veneticus*. C'est ainsi que tous les textes s'expliquent et s'accordent.

Il faut prendre chacun des anciens géographes à sa date respective, ou à celle des autorités dont il se sert, et ne pas raisonner sur leurs indications comme si elles étaient toutes contemporaines.

La seule difficulté, et celle-là est sérieuse, est celle de la position exacte des Namnètes au moment de la campagne de César. *Portus Namnetum*, le Nantes d'aujourd'hui, n'existait pas encore, au moins sous ce nom : et ce n'est qu'avec des probabilités qu'on peut chercher la place de *Condevicnum*, indiqué par Ptolémée comme le chef-lieu de la peuplade au IIe siècle. M. Bizeul voulait jadis y voir Blain, et M. Burgault, depuis mon mémoire, se rallie à son opinion. Avec M. de Kersabiec, j'y ai reconnu autrefois Candé-sur-Erdre. M. Desjardins en fait le confluent amont de l'Erdre et de la Loire à Nantes, tandis que le *Vicus portensis* des inscriptions du Ier siècle de l'occupation romaine se serait fondé sur le confluent aval. Aujourd'hui, M. Orieux, qui ne parle pas de ces inscriptions, sans doute parce que le mot Nantes, ou la lettre N à la suite de *Portensis* ou *Portensium*, ne s'y remarque pas, demande qu'on transporte le siège des Namnètes dans l'Orne !

Il est certain qu'en suivant trop littéralement le texte de Ptolémée, on pourrait être amené à cette étrange conclusion. Mais il y a longtemps que la lettre tue et que l'esprit vivifie... M. Orieux me reproche d'avoir dit que Ptolémée assigne formellement aux Namnètes la Loire pour frontière. Je dois en effet convenir de mon erreur pour le mot *formellement*, mais j'ai pour excuse, et ce n'est pas une légère sauvegarde, que M. Desjardins tire la même déduction du contexte, indirectement, il est vrai, à la page 290 de son premier volume. Je n'ai point présents à l'esprit les motifs qui m'ont fait écrire cette phrase, il y a huit ans : il est supposable qu'au lieu de Ptolémée, je pensais à Strabon : on ne saurait écrire avec trop de calme en ces sortes de matières ; et je remercierai sincèrement mes honorables contradicteurs lorsqu'ils me signaleront des lapsus de ce genre. Je rétracte donc cette assertion trop positive : mais qu'on reprenne le texte même de Ptolémée, avec ses latitudes et ses longitudes, tel que l'a donné M. Orieux lui-même, d'après la traduction de M. Léon Renier. Nous lisons :

« La côte occidentale sous les *Ossismi* est occupée par les *Veneti* dont la ville est *Dariorigum*, 17° 20'-49°15'. — Et au-dessous sont les *Samnites* qui s'étendent jusqu'au fleuve *Liger*. — Dans l'intérieur des terres, à l'Orient des *Veneti*, sont les *Aulerci Diablitæ* dont la ville est *Nœdunum*, 18°-50°... Et à l'ouest des *Samnitæ*, les *Andecaves* dont la ville est *Juliomagus*, 18° 50'-49°. — A la suite de ceux-ci sont les *Aulerci-Cenomani* dont la ville est *Vindunum*, 20° 45'-49° 20'; — Puis les *Namnetæ* dont la ville est *Condevicnum*, 21° 15'-50°. »

Il n'est pas inutile de rappeler, avant d'aller plus loin, que Ptolémée écrivait un siècle et demi après la conquête romaine.

Examinons maintenant ce texte. La séparation y est bien nettement indiquée entre les Samnites et les Namnètes ; mais il est remarquable que le géographe ne cite pas de chef-lieu pour les Samnites, bien qu'une position importante dût incontestablement figurer à l'embouchure du fleuve. Cela montre évidemment que les Samnites n'étaient pas constitués à l'état de *civitas* spéciale, et qu'ils dépendaient, par conséquent, de l'une des cités voisines, *Gwened* sans doute, puisqu'on trouve, peu après, dans le pays, un *pagus Veneticus*. En tout cas, constitués ou non, les Samnites occupaient alors, d'après Ptolémée, le territoire situé entre la Vilaine et la Loire, tandis que les Namnètes sont refoulés par lui jusqu'au delà des Manceaux. Les degrés indiquent très bien que le géographe ne revient point sur ses pas : on doit même se trouver à 3 degrés à l'est des Diablintes, et sur la même hauteur qu'eux. Le département de l'Orne se trouve, à très peu près, satisfaire à ces conditions : et je pourrais fournir à M. Orieux des armes contre moi, en lui faisant remarquer qu'outre *Condé-sur-Noireau*, à la frontière du Calvados, j'y trouve un *Condé-sur-Sarthe* près d'Alençon, et un *Condé-sur-Huisne* près Nogent-le-Rotrou. C'est le vrai pays des *Condé*. Je ne rechercherai pourtant pas lequel d'entre eux pourrait, dans ce cas, s'identifier avec *Condevicnum*, car il me paraît bien difficile, pour ne pas dire impossible, d'admettre que les Namnètes aient pu presque instantanément, au II° siècle, traverser tout le territoire des Cénomans et des Andes, pour venir s'établir au bord de la Loire, dont les rives étaient trop importantes pour être cédées facilement. Il y aurait eu luttes et batailles dont l'histoire eût certainement conservé le souvenir. Personne, au reste, ne conteste aux Namnètes les inscriptions du *Vicus Portensis* de Nantes. Il est vrai que le nom même de Nantes ne se retrouve dans aucune de ces inscriptions, et que l'appellation de *Portus Namnetum* se lit pour la première fois sur la carte théodosienne ; mais comment expliquer la possession de ce vicus ou de ce port par les Namnètes, venus du département de l'Orne, à moins qu'il ne se fût déjà trouvé sur ce territoire des tribus du même nom.

On m'objectera que j'ai soutenu la théorie de la situation des Diablintes dans l'ancien évêché d'Aleth, pays actuel de Saint-Malo, avec une colonie essaimée à Jublains, dont le nom est incontestablement Diablinte, par-dessus les Redones, et l'on me dira qu'il ne faut pas avoir deux poids et deux mesures. Je suis beaucoup de ce dernier avis, mais la situation n'est pas identiquement la même. Les Diablintes ont pu essaimer sur Jublains, à peu de distance de leur centre principal, en traversant quelques lieues seulement des Redones et en s'établissant sur un point peu important qui ne devint pas siège épiscopal ; ici, la situation est inverse. Les Namnètes auraient complètement disparu de la région que Ptolémée leur attribue au II⁰ siècle, et on les retrouverait, peu de temps après, solidement établis sur un point stratégique important, déjà connu par des inscriptions gallo-romaines du siècle précédent, pour y posséder presque instantanément le chef-lieu d'une civitas et d'un évêché. C'est là qu'est l'invraisemblance. Il faudrait du moins en apporter des preuves positives.

Que si César n'a pas rencontré les Namnètes, ou ne les nomme pas en marchant contre les Venètes, c'est que les deux peuples avaient fait alliance, César le dit lui-même, et que les Namnètes, ne se sentant pas assez forts pour résister isolément, avaient rejoint leurs alliés. César occupait le pays des Andes. Il tenait la Loire, sauf à son embouchure, et les quelques Namnètes qui pouvaient rester sur la rive droite, à l'intérieur, aux environs de Candé, de Blain, ou même du portus de l'Erdre, n'étaient pas pour lui redoutables.

Pour justifier son hypothèse et suivre aveuglément Ptolémée, M. Orieux est obligé d'admettre une faute de copiste dans le texte de Strabon, qui fait couler la Loire entre les Namnètes et les Pictons. Strabon, dit M. Orieux, a dû écrire Samnites, et les monnaies gauloises au Σ, trouvées jusqu'à Ancenis, favorisent cette interprétation. — Mais du moment qu'il faut recourir, en tout état de cause, à une erreur de quelqu'un, je pense qu'il vaut mieux la reconnaître chez Ptolémée, dans l'indication des longitudes et des latitudes des Namnètes. Il règne en effet, chez lui, une véritable confusion dans les emplacements qu'il donne aux peuplades de cette région de l'intérieur, et M. Desjardins a cité à cet égard des impossibilités matérielles qu'il est inutile de répéter ici.

Cette confusion a même donné lieu à une remarque fort judicieuse de M. de la Monneraye. Ayant observé que la latitude indiquée par Ptolémée pour *Condevicnum*, la capitale des Namnètes, s'applique fort bien à Rennes, et celle indiquée pour *Condate*, capitale des Redones, à très peu près à Nantes, il pense qu'il faut simplement intervertir l'une et l'autre.

Quoiqu'il en soit, au fond, la discussion entre les Samnites et les Namnètes importe peu dans le débat. Le tout est de savoir si les Venètes occupaient positivement la presqu'île au moment de l'arrivée des troupes romaines. Que les Venètes aient occupé la presqu'île à des époques très éloignées, à l'origine de la migration des peuplades gauloises, ou qu'ils l'eussent conquise récemment, soit sur les Samnites, soit sur les Namnètes, c'est encore une question très incidente. Le grand point est de démontrer nettement que la presqu'île Guérandaise était Venète au moment de la campagne de César, et que le grand désastre a eu lieu sur ses bords. Cela me paraît plus que jamais hors de doute.

L'ancien diocèse de Vannes n'ayant éprouvé aucun changement avant 1789, dit une seconde fois M. de la Monneraye, doit représenter, dans toute son intégrité, l'étendue et les limites du territoire des anciens *Veneti*. La Vilaine séparait donc les Namnètes des Venètes. Que cela fût au IV⁰ siècle, en pleine occupation romaine, quand les vainqueurs eurent distribué et découpé les peuplades à leur guise, je n'en disconviens pas; mais M. de la Monneraye m'accordera bien lui-même qu'au VI⁰ siècle, par exemple, les Bretons de Waroch avaient déjà changé tout cela, et qu'enveloppant en demi-cercle la ville de Vannes, restée presque seule gallo-romaine, ils avaient occupé tout le territoire maritime de la presqu'île Guérandaise jusqu'à la Loire. Grégoire de Tours rapporte, au sujet de Waroch, une anecdote de violation des vases sacrés de l'église de Saint-Nazaire, fort instructive à cet égard. Ce que les Bretons avaient été conduits à occuper au VI⁰ siècle, les Venètes l'avaient fait avant eux.

Strabon, qui vivait sous Tibère, rapporte que le plus important comptoir de la région, Corbilon, visité trois siècles auparavant par Pythéas, se trouvait à l'embouchure de la Loire. Or, César nous affirme, d'un autre côté, que les Venètes étaient la peuplade la plus puissante des Armoriques. Donc les Venètes avaient dû conquérir Corbilon, s'ils ne le possédaient pas déjà.

Conclusion : Les Venètes, au moment de l'invasion romaine, occupaient toute la côte sud de l'Armorique, de la pointe du Raz (*Promontorium Gobœum*) à l'embouchure de la Loire.

De cette discussion résulte que je n'ai rien à changer de mon système de géographie de l'embouchure de la Loire, au moment de l'invasion romaine, par rapport aux positions respectives des peuplades qui en occupaient alors la rive droite.

Je pourrais même aller plus loin ; et, insistant sur la dénomination d'îles vénétiques que Pline donne aux îles de l'Océan jusqu'à Oléron, je demanderais volontiers pourquoi le territoire d'extrême rive gauche de la Loire s'appelle aujourd'hui la Vendée. Ce nom a été donné, en 1790, à notre département voisin, d'après celui d'une petite rivière poitevine. Mais quel est l'étymologie du nom de cette petite rivière ? N'y reconnaît-on pas, à première vue, le radical Venète, comme dans *Veneda,* dans *Vindilis insula* (Belle-Ile), dans *Vindana portus*, que personne ne conteste à la Venétie ?... comme dans *Vindunita insula,* que nous reconnaîtrons bientôt appartenir à la Brière ?... comme dans les *Kervenet* et *Kerbenet* si nombreux au pays de Guérande ?

Qu'en conclure, sinon que les Venètes, au moment de l'invasion romaine, occupaient très probablement les deux rives de la Loire à son embouchure ?

C'est une raison de plus pour que les Venètes aient concentré leur flotte dans les environs de cette embouchure, et pour que celle de César l'ait rencontrée dans ces parages. Ceci m'amène au second chapitre de cette étude, à la détermination du lieu même de l'expédition.

II. — L'EXPÉDITION DE CÉSAR.

La question de l'occupation par les Venètes de la rive droite de la Loire étant acquise, nous n'avons à hésiter qu'entre les deux localités qui s'adaptent le mieux à la description topographique de César et au récit de ses opérations militaires : elles sont situées aux deux extrémités de la grande baie dont nous parlions plus haut : toutes les deux conservent encore des débris gallo-romains importants, attestant qu'elles ont été fortement occupées par les vainqueurs : toutes les deux aspirent à l'honneur d'avoir été le siège principal de la puissance venélique et le théâtre de son écrasement par César.

M. de l'Isle en a bien indiqué une troisième, dans la baie d'Audierne, entre Penmarc'h et le Raz de Sein, mais sa seule argumentation consiste à dire que les oppida gaulois sont encore nombreux dans cette région, tandis qu'on n'en rencontre plus ailleurs. Il oublie que la mer a envahi plusieurs kilomètres, tout le long de nos côtes, et que les oppida qu'il cherche sont aujourd'hui sous l'eau.

Pour nous décider, ouvrons simplement les Commentaires du grand capitaine.

César, racontant sa célèbre campagne contre les Venètes, n'omet aucun détail, avons-nous dit, sauf le nom du point du littoral où il a combattu; il dit seulement qu'il descend la Loire avec sa flotte et qu'il va en Venétie, *in Venetiam*, ou *in Venetos*, son armée suivant à terre et assistant, du haut des collines voisines, au combat naval. Or deux choses sont à remarquer d'une manière toute particulière, l'absence d'indication du passage d'une rivière transversale, et la description topographique faite par César de ses opérations militaires et du lieu de combat.

La Vie de César, qui porte le nom de Napoléon III, affirme sans hésitation que César s'avança jusqu'au golfe du Morbihan, et que son armée passa la Vilaine à la Roche-Bernard : cette affirmation paraît fort audacieuse. Comment se fait-il que César n'ait pas dit un mot d'une opération aussi difficile que celle du passage d'une rivière large, profonde, vaseuse et encaissée entre des collines abruptes et élevées, comme la Vilaine, passage en pays ennemi, sans avoir aucun point d'appui pour s'assurer une défense ou une retraite ? Cela n'est pas croyable, et mon opinion bien arrêtée, après avoir lu attentivement les Commentaires, était que, César ne parlant point du passage de la Vilaine, il ne l'a point passée.

M. Lallemand, dans l'étude qu'il a publiée, en 1861, sur *la campagne de César dans la Venétie armoricaine*, a été très frappé de ce silence; il le signale à plusieurs reprises et se laisse même entraîner à un aveu que je m'empresse d'enregistrer : « Si un pont a été jeté, dit-il, si des radeaux ont été construits, comment n'en trouvons-nous aucune trace dans les Commentaires, qui décrivent si exemplairement toutes les opérations de cette campagne? Il y a plus, la Vilaine elle-même paraît inconnue à César. » C'est parfaitement mon avis : malheureusement, égaré par l'idée préconçue que les Namnètes occupaient le pays de Guérande, et que César a dû absolument s'avancer jusqu'au golfe du Morbihan, M. Lallemand ne tire point de cet aveu la seule conséquence naturelle. La Vilaine a été inconnue à César, parce qu'il n'a pas été jusque-là. Et cependant, avec beaucoup de sagacité, M. Lallemand, rompant avec la tradition, avait indiqué un commencement d'itinéraire très rationnel pour le grand capitaine, le long de la Loire : il nous le montre assiégeant les nombreux oppida du pays de Guérande pendant l'été; mais comme il doit suivre la côte, selon lui, depuis ce point jusqu'à l'entrée du golfe du Morbihan, il le fait s'arrêter à Piriac, à Mesquer, à Penestin, puis passer sur des bateaux la Vilaine que César prend pour un bras de mer, supposition purement gratuite de la part du commentateur; puis assiéger Pénerff, et d'oppidum en oppidum, arriver jusqu'à la presqu'île de Rhuys... Pourquoi, grand Dieu ! se donner tant de peine, et comment M. Lallemand n'a-t-il pas remarqué que le général romain dit expressément, *contendit in Venetos* et non pas *in Namnetes*... Donc, les oppida du pays de Guérande, que M. Lallemand fait avec raison assiéger par César, étaient situés *in Venetis*; mais le savant commentateur, qui a fait sa géographie d'avance, au lieu de la reconstruire directement à l'aide du texte césarien, juge à propos de ne pas s'en apercevoir, et prétend même que l'existence de Corbilon, vers l'embouchure de la Loire, est incompatible avec le récit des Commentaires. M. de Courson, qui critique beaucoup tous ces passages de golfe en golfe, prend un parti plus radical et fait voyager César de Nantes à Vannes, par l'intérieur des terres, suivant un tracé qui se rapproche beaucoup de celui de l'historien couronné. Pour nous, prenons simplement le récit du conquérant et lisons-le sans arrière-pensée ; il n'est pas inutile de le reproduire ici pour n'y prendre que ce qui s'y trouve.

Je lis au livre III *de Bello Gallico* :

« D. Brutum adolescentem classi Gallicisque navibus quas ex Pictonibus et Santonis, reliquisque pacatis regionibus convenire jusserat prœfecit, et quum primum posset, in Venetos proficisci jubet. Ipse eo pedestribus copiis contendit. »

Voilà donc la marche nettement dessinée ; Brutus descend la Loire avec sa flotte : en effet César avait dit plus haut : « Naves interim longas œdificari in flumine Ligeri jubet, » et César le suit par terre avec l'armée pour commencer immédiatement l'attaque des oppida : il n'y a rien autre chose.

Toute la question est dans *eò contendit. Eò, là, chez les Venètes*. Le golfe du Morbihan s'y trouve aussi bien que la presqu'île guérandaise. C'est ici que la description topographique doit venir à notre secours.

Je juge inutile de citer une fois de plus, textuellement en latin, le fameux passage : « Erant ejus modi fere situs oppidorum, etc.. » Mais il est bon de l'avoir encore devant les yeux, au moins en français : Perrot d'Ablancourt, dont les traductions étaient appelées au XVIIe siècle les *belles infidèles*, traduit ainsi ce passage, donnant un démenti au jugement de ses contemporains : « La plupart des villes de cette côte, sont situées sur des pointes de terres qui avancent dans la mer; de sorte qu'on n'en sçauroit approcher quand la marée est haute, ce qui arrive deux fois en douze heures ; et il ne fait pas sûr d'y aborder avec des vaisseaux, parce que, la mer se retirant, ils demeurent à sec avec beaucoup d'incommodité. On ne pouvoit donc faire de siège, d'autant plus qu'après un long et pénible travail, lorsqu'on avoit élevé une terrasse à la hauteur du rempart, après avoir retenu l'eau de la mer par des digues, les habitants transportoient tout ce qu'ils avoient dans les vaisseaux, dont il y avoit grand nombre sur la côte, et se retiroient en un autre lieu, qui faisoit la même peine à assiéger... »

Je le demande à un observateur impartial : à quel point de la grande baie signalée plus haut cette description minutieuse peut-elle s'appliquer, sinon au pays de la Grande-Brière et de l'archipel Guérandais, séparés l'un de l'autre par l'isthme étroit de Saint-Lyphard, encore coupé par l'immense redoute gauloise des *grands fossés*, clef de toute la presqu'île ? Cet isthme est dominé par un camp romain, et la tradition y conserve encore le souvenir de la lutte gigantesque soutenue par nos pères... Peut-on trouver, entre la Vilaine et la presqu'île de Quiberon, une seule étendue de la côte à laquelle on puisse mieux adapter le texte de César ? Pour mon compte, je n'en connais point, sinon, à la grande rigueur, la petite presqu'île de Pénerff, où personne n'a eu l'idée de placer le siège des Venètes tandis qu'un simple examen, sur une carte détaillée, de la région située entre la Loire et la Vilaine, suffit pour faire coïncider rigoureusement, avec la disposition topographique des lieux, la description de César, surtout si l'on tient compte encore du « pedestria esse itinera consisa æstuariis, » cité quelques pages plus haut, et qui ne peut pas s'appliquer aux îles du golfe du Morbihan. On sait, du reste, que tout l'échafaudage de preuves et de descriptions entassées par M. Tranois, pour montrer que le texte de César s'applique au golfe du Morbihan : chaussées encore existantes à Conlo, à Holavre, à Gavr'inis, etc., a été très facilement renversé en 1853, par M. le docteur Fouquet dans son opuscule sur les ruines romaines du Morbihan. M. Fouquet place les opérations militaires de César sur la grande côte, entre la Vilaine et Saint-Gildas de Rhuys, ce qui prouve que, même pour le Morbihan qu'on nous présente comme si indubitablement en conformité avec les textes césariens, les archéologues morbihannais ne s'accordent pas entre eux. Ce n'est donc pas si clair.

Notons bien, encore une fois, que le grand capitaine ne cite absolument aucun nom de lieu ; qu'il se contente de dire *in Venetos*, ou *in Venetiam*, et que plus tard, lorsque le pays de Guérande fut détaché de l'évêché de Nantes, on le réunit d'abord, sans doute par un ancien souvenir de la domination Vénète, à l'évêché de Vannes .. Tout concourt donc, avec l'absence de relation du passage de la Vilaine, pour fixer en ce lieu le point critique de la campagne de César. Du reste, si l'on achève le récit du conquérant, voyez comme les collines guérandaises s'adaptent au texte dans toutes ses parties. Après avoir enlevé plusieurs places, *compluribus expugnatis oppidis*, César s'aperçoit qu'il lutte en vain contre des ennemis qui s'échappent toujours, et il se décide à un grand coup : il attend sa flotte et tente, dans la baie du Croisic, un combat naval que tout le monde connaît dans ses plus petits détails. Mais qu'on se rappelle cet épisode : « reliquum erat certamen positum in virtute ; quâ nostri milites facile superabant, atque et magis, quod in conspectu Cæsaris atque omnis exercitùs res gerebatur, ut nullum paulò fortiùs factum latere posset ; omnes enim colles et loca superiora, unde erat propinquus despectus in mare, ab exercitu tenebantur. » Quiconque a parcouru les hautes collines qui s'étendent *en cirque* depuis l'ouest de Guérande jusqu'à Pornichet, en passant par Carheil et Escoublac, a remarqué l'admirable panorama dont on jouit de ces hauteurs sur tout l'archipel guérandais. Aucun détail ne peut échapper, et l'on comprend facilement combien de là, *nullum paulò fortiùs factum latere poterat*[1].

Après tout cela, est-il nécessaire de discuter la fameuse question du *mare conclusum*, d'un passage précédent des Commentaires, qu'on a traduit de tant de manières différentes, chacun pour les besoins de sa cause ?... Pour notre compte, le contexte nous amène à traduire simplement par *la Méditerranée*, et M. Lallemand, un des champions du Morbihan, adopte aussi cette version ; mais si l'on veut absolument y voir une mer fermée sur nos côtes, l'archipel guérandais et le trait du Croisic correspondent aussi bien à la définition que le golfe du Morbihan ou la baie de Quiberon.

Examinons maintenant les objections de nos trois principaux adversaires, MM. Burgault, Orieux et de la Monneraye.

M. Burgault a, le premier, contesté mes conclusions et celles de M. de Kersabiec sur la campagne de César. Il est vrai qu'il s'est fort bien assimilé tous nos argu-

[1] M. Tranois a publié, dans le tome I des Mémoires de la Société Archéologique des Côtes-du-Nord, un long récit de la campagne Vénétique accompagné d'un commentaire minutieux du texte de César : mais toutes ses déductions peuvent s'appliquer exactement à l'archipel Guérandais. Il ne parle pas du passage de la Vilaine : et quant aux faits qu'il cite, nous avons dit plus haut que M. Fouquet les a démontrés inexacts.

ments pour étendre le territoire venète jusqu'à la Loire, au moment de l'arrivée du conquérant, et pour expliquer la réapparition des Samnites par la dislocation de la puissance venétique après la conquête; dénombrement, dit-il, qui ne devait pas être consommé au temps de Strabon, puisque cet auteur ne cite, sur la côte occidentale, que les Venètes et l'une des faces du pays des Ossismiens. Cependant, ajoute-t-il, le géographe grec a montré qu'il connaissait l'origine des Venètes du bord de la Loire, lorsqu'en parlant de la religion locale, il dit que ses prêtresses étaient des femmes samnites.

Mais si M. Burgault admet l'extension du territoire Venète jusqu'à la Loire, il ne croit pas que le *Samnium armoricain*, comme il l'appelle, ait été le théâtre de la lutte suprême de nos aïeux. Il faut néanmoins que nos arguments l'aient fort ébranlé, car il n'ose pas les déclarer sans valeur, ni se prononcer d'une manière catégorique sur le lieu de la reddition, ni sur l'endroit où dut se donner la bataille navale. Le président de la Société Polymathique du Morbihan ne pouvait pas abandonner ouvertement Vannes et son golfe. Il accorde donc que la configuration de la presqu'île guérandaise est éminemment propre à la résistance, et que César, qui ne pouvait se dispenser de commencer par là sa campagne, y rencontra de grands obstacles, de la nature de ceux qu'il dit avoir eu tant de peine à surmonter dans la Venétie armoricaine; mais il admet que le passage de la Vilaine, bien que César n'en parle pas, a pu se faire sur les bateaux plats qu'on avait construits en Loire, dans le pays des Andes; et il ajoute que, les Redones ne s'étant pas portés auxiliaires des Venètes, César pouvait impunément traverser leur territoire pour arriver avec plus de facilité dans les possessions venétiques dont se compose aujourd'hui le Morbihan. L'opinion que l'engagement sur mer, qui mit fin à la guerre, eut lieu à l'embouchure de la Loire, repose principalement, dit-il encore, sur l'idée préconçue que la flotte, commandée par Decimus Brutus, avait descendu ce fleuve et n'avait pu le quitter jusque-là, à cause des vents contraires. Or, Dion Cassius rapporte que les vaisseaux des Romains étaient encore au mouillage lorsqu'ils furent attaqués par les Venètes, et que l'amiral fut même sur le point de débarquer ses équipages pour se défendre à terre ; enfin, la descente de la Loire par la flotte romaine n'était pas possible, puisque Brutus amenait des vaisseaux de la mer intérieure, c'est-à-dire de la Méditerranée.

M. Burgault ne trouvant rien de plus topique à nous répondre, on conviendra que sa riposte est assez faible, car nous demandons franchement en quoi nos conclusions empêchent la venue d'une flotte de la Méditerranée, si tant est que la flotte romaine en soit venue. (M. Burgault est le premier à nous l'apprendre). Le trait du Croisic, qui devait servir d'abri à la flotte venète, n'est pas à l'embouchure même de la Loire, mais à plusieurs lieues au nord. Aussi, M. Burgault se contente-t-il d'exprimer des doutes en fin de compte, et n'indique-t-il même pas quel pourrait être l'endroit du Morbihan où la bataille aurait pu avoir lieu, si on abandonne la presqu'île guérandaise.

Il est plus exactement dans le vrai, quand il termine en remarquant que les *Commentaires* semblent avoir exagéré le fait de la reddition. On croirait, en les lisant, que tous les patriciens venètes furent suppliciés et que le reste des habitants fut envoyé au marché des esclaves. Dion Cassius rectifie le récit en disant que les combattants de la flotte venète périrent pour la plupart, que le reste fut pris, et que tous ceux des prisonniers qui occupaient le premier rang furent mis à mort, les inférieurs, vendus. Cette rectification de Dion Cassius se trouve confirmée par les évènements postérieurs que rapportent les *Commentaires*. On ne pourrait guère, en effet, s'expliquer sans elle comment les Vénètes purent, fort peu de temps après, fournir à Vercingétorix, de concert avec d'autres peuples armoricains, un contingent de six mille hommes de troupes de terre.

Cette dernière particularité me fournit encore un argument en faveur de la lutte dans le *Samnium armoricain*. Si elle avait eu lieu au cœur même du pays, la défaite eût été suivie de conséquences beaucoup plus désastreuses. Les Vénètes durent capituler dès que leur marine fut détruite ; mais la soumission qui suivit ne fut qu'apparente, et s'ils purent se soulever sérieusement un peu plus tard, c'est que leur défaite avait eu lieu, pour ainsi dire, à leur frontière, et n'avait pas entamé les forces vives de l'intérieur. — Si la paix avait été signée après la bataille de Sedan, en 1870, nous nous fussions trouvés dans la même situation vis-à-vis de la Prusse.

L'attaque de M. Orieux a été plus vigoureuse que celle de M. Bulgault. L'agent-voyer en chef de la Loire-Inférieure se prononce formellement pour le golfe du Morbihan. César, dit-il, n'a pas défait les Vénètes devant Guérande et le Croisic, parce que les Vénètes étaient limités à l'est par la Vilaine, et que les Samnites occupaient cette région. Nous avons vu plus haut que tout concourt, au contraire, pour étendre le territoire vénétique, à ce moment, au sud même de l'embouchure de la Loire. César, dit-il encore, n'a pas eu à passer la Vilaine dans la partie inférieure, fort difficile en effet, et n'a pas eu à nommer les Samnites à sa gauche, ni les Namnètes à sa droite, en marchant contre la Vénétie, parce qu'en partant de ses camps de Chartres, de Tours et d'Angers, il s'est avancé, non pas en suivant la rive de la Loire, mais en pays ami, à travers les Andes et les Redones, ce qui lui a permis de franchir la Vilaine dans sa partie supérieure, en des points où ce passage ne présentait pas de difficultés spéciales. A cela nous n'avons rien à dire, sinon de répliquer avec les mêmes mots qui ont servi à critiquer la descente de l'armée de César le long de la Loire : *César ne le dit pas expressément*. Il ne le dit pas, c'est vrai, mais cela ressort du contexte qui porte *eò contendit*. La route n'est pas autrement indiquée, mais cela suppose évidemment une route directe. Tout dépendra donc du point choisi pour but suprême. Il est, du reste, très probable que César dut chercher à s'écarter le moins possible de sa flotte, construite en Loire, assez légèrement, pour que les deux armées, l'armée navale et l'armée de terre, se prêtassent un mutuel appui.

Ainsi donc, sur cette route directe du pays des Turons, des Andes et des Carnutes au golfe du Morbihan, on se borne à une *simple affirmation*, et pour détruire la nôtre on essaie d'en faire valoir les invraisemblances. Nous allons examiner ces invraisemblances l'une après l'autre.

1° César, dit-on, n'a pas longé la Loire, parce que, dans notre propre système de situation respective des peuplades gauloises dans cette région, il eût rencontré les Namnètes, et qu'il ne parle que des Venètes. L'objection n'est pas sans valeur, quoique, dans l'hypothèse même de M. Orieux, César eût traversé les Redones, *sans en parler*, pour se rendre du pays d'Angers dans le Morbihan. Mais nous avons déjà dit que les Namnètes s'étant alliés aux Venètes, ainsi que César nous l'apprend lui-même, avaient dû se joindre à ceux-ci en laissant le champ libre au conquérant, afin de lui opposer, un peu plus loin, une résistance plus sérieuse au milieu des oppida bien fortifiés de leurs voisins. Les Namnètes ne formaient qu'une faible et petite peuplade par rapport aux Venètes ; il en est peu question dans les anciens documents ; il était tout naturel qu'ils n'attendissent pas chez eux le premier choc d'un ennemi redoutable, et l'objection n'aurait de valeur que si je n'avais pas raison des autres, ou si je n'apportais pas d'arguments beaucoup plus sérieux qu'elle. Je dois ajouter, au surplus, que je ne tiens pas, d'une manière exagérée, à la descente de l'armée de César le long de la rive droite de la Loire proprement dite. *Eò contendit* me suffit. Le but me paraît avoir été la Brière, et l'un des premiers objectifs du conquérant, les marais de Saint-Gildas et de Pontchâteau pour atteindre les oppida de Besné, Her et autres, situés en Brière. Pour aller directement du pays d'Angers à Pontchâteau, on peut ne pas suivre la rive même de la Loire, et César a fort bien pu dissimuler ses forces dans la ligne de forêts passant par Nozay et Blain, qui s'étendaient comme une large bande de frontière entre les Redones et les Namnètes. Même dans le système de la plupart de mes contradicteurs et dans celui qui fait à César traverser la Vilaine à la Roche-Bernard, la station de Pontchâteau se trouvait sur l'itinéraire. Qu'on adopte, si l'on veut, ce tracé, qui échappe aux objections de traversée des Namnètes et des Redones sur la zone forestière et pour ainsi dire neutre de leurs frontières, je n'y contredis point. Le *eò contendit* est satisfait, et d'autant mieux qu'on rencontrait précisément dans ces parages la grande ligne des Mardelles que j'ai décrite ci-dessus. César l'incendia dans toute sa longueur, et détruisit ainsi toute résistance. La solution qui placerait la route de César le long de la ligne des Mardelles me paraît donc excellente; et l'on ne détruit ainsi aucun des arguments qui vont suivre. Ce qu'il faut chercher en ces matières, en l'absence de textes précis, c'est la plus grande somme de probabilités.

J'aborde la seconde invraisemblance.

2° On ne s'explique pas César perdant son temps dans les marais de la Brière, pendant que Brutus ne peut le rejoindre, à cause des mauvais temps de la vaste mer. C'est sans doute entre Paimbœuf et Lavau, ajoute-t-on, sur le mode ironique, que Brutus affronte l'Océan, et c'est à Corsept qu'il va se reposer des fatigues éprouvées par ses vaisseaux...

On oublie que la Brière n'offrait pas alors le spectacle d'alluvions émergées qu'elle présente aujourd'hui, et qu'elle recélait, au contraire, une foule de positions stratégiques presque inexpugnables. Besné, qui se trouve maintenant au milieu des terres, entre Donges et Pontchâteau, était cependant encore appelé *Vindunita insula* au temps des invasions normandes. Le mamelon d'Her était dans le même cas, et les Normands y venaient, avec leurs bateaux, partager leurs dépouilles. Montoir était une île, Méans, Trignac, Savine, Penhouët étaient des îles. Elles en portent encore le nom. Divers mémoires, insérés jadis au *Lycée Armoricain* ou dans la *Revue des Provinces de l'Ouest*, attestent qu'on a trouvé, à plusieurs mètres de profondeur, dans le voisinage des premières, non-seulement des armes de bronze, mais des armes romaines, et j'ai trouvé moi-même des débris romains à six mètres de l'alluvion voisine des dernières. Toute cette région, plus peuplée d'îles alors que ne l'est aujourd'hui le golfe du Morbihan, se trouvait dans les conditions exactes du récit de César, et l'on aurait grand tort de la considérer dans son état actuel, pour lui appliquer le texte des *Commentaires*. César n'avait pas de temps à y perdre, car elle était fortement occupée, ainsi que le témoignent les nombreux débris de monuments mégalithiques qu'on rencontre sur tout le parcours de la Brière et sur les sommets de presque tous les îlots.

Quant à Brutus, on semble oublier aussi, ou ne pas s'apercevoir, que sa mission, dans la tactique de la campagne, était d'investir les Vénètes par mer, pour les prendre entre deux feux, comme nous dirions aujourd'hui. Il fallait donc qu'il sortît de la Loire pour venir bloquer la flotte vénète devant le Croisic, et la navigation qu'il dut faire en croisière, dans les parages de la barre des Charpentiers, peut, à bon droit, s'appeler une navigation en vaste et profond Océan.

Je pense, malgré les assertions de M. Orieux, que ce fut dans les îles de la Brière que César dut rencontrer la plus longue et la plus énergique résistance. Leur nombre et leur enchevêtrement ne cède en rien au nombre et à l'enchevêtrement de celles du Morbihan. Mais il y a plus. M. Orieux, qui veut absolument aboutir à celles ci, n'a sans doute pas eu connaissance de l'affirmation de M. Desjardins, dans sa *Géographie de la Gaule romaine,* sur l'affaissement du golfe du Morbihan depuis l'époque romaine, affaissement qui aurait produit des dislocations de sol et des îles inconnues du temps de César !

« Quant à ce golfe pittoresque du Morbihan, *qui aurait reçu un nom romain s'il eût existé,* dit M. Desjardins, il faut se résigner à lui substituer par la pensée les campagnes disparues ; à étendre sur nos cartes de restitution, en la faisant remonter au-dessus des eaux qui l'avaient engloutie, la vaste nécropole des âges mégalithiques ; à rétablir enfin, à droite et à gauche des rivières d'Auray et de Vannes, cet espace tout couvert par les galgals, les cromlecks, les menhirs, les dolmens, vastes territoires sacrés, à peine interrompus jadis et s'étendant entre les bouches de la Vilaine et celles du Blavet... »

Ce qu'il y a de certain, c'est qu'un cromlec'h de l'une des îles de l'embouchure du Morbihan est aujourd'hui à moitié sous l'eau à haute mer, et qu'un abaissement de plusieurs mètres s'est produit sur ces côtes depuis les temps historiques. Il est donc bien impossible de pouvoir affirmer que les reliefs du golfe actuel du Morbihan correspondaient alors à la topographie décrite par César, et toutes les probabilités sont contraires à cette concordance, tandis que la restitution est très facile pour les îles de la Brière. Par un phénomène bizarre, *c'est le golfe parsemé d'îles d'aujourd'hui qui ne l'était pas autrefois, et c'est la plaine de nos jours qui était alors un golfe navigable aux cent îles.* L'histoire a de ces renversements imprévus, qui montrent combien il est imprudent de raisonner d'après l'état actuel.

3° Nous ne croyons pas, dit M. Orieux, que dix-neuf siècles aient opéré de profonds changements dans la plaine de marais salants de Guérande, car la presqu'île n'y déverse que de petits ruisseaux peu chargés de limon, et les eaux limpides de l'Océan ne roulent que des sables détachés des roches granitiques de nos côtes.... Enfin, le sol de la plaine, dans cet intervalle de dix-neuf siècles, n'a pas subi ces longs soulèvements que les géologues ont constatés en plusieurs contrées du globe..... La région ne s'applique pas actuellement à la topographie de César. Donc ce n'est pas là qu'a eu lieu la lutte suprême.

Or, je prétends, au contraire, deux choses : d'abord que les apports de sable sont considérables, je dirai même gigantesques, dans toute cette région ; ensuite, qu'il y a eu relèvement notable, au moins dans les îles du Pouliguen, de Batz et du Croisic, aujourd'hui réunies ensemble.

La presqu'île n'y déverse que de petits ruisseaux, c'est vrai ; mais ce n'est pas de là que viennent les apports. Tous ceux qui ont étudié le régime des eaux chargées de matières en suspension à l'embouchure de la Loire, savent que les courants sous-marins de cette région emportent à gauche, dans la baie de Bourgneuf, toutes les vases, et à droite, dans la baie du Pouliguen, tous les sables. On aura une idée de la quantité de matières tenues en suspension dans ces eaux, en apprenant que le bassin à flot de Saint-Nazaire verrait son fond se relever d'un mètre par an, si nous n'y pratiquions pas un dévasement continu. Nous enlevons du bassin et du chenal 300,000 mètres cubes de vases diluées par an. Tout cela vient, non pas seulement des *eaux limpides* de l'Océan, mais aussi du cours supérieur de la Loire, et les courants en opèrent le triage à l'embouchure. C'est ainsi que se sont formés, dans la période historique, ces immenses atterrissements de sable qui réunissent aujourd'hui le Pouliguen à la terre ferme, et qui ont enfoui le vieux bourg d'Escoublac, en coupant la voie romaine de Brivates à Grannona, dont on retrouve encore les traces des deux côtés de la dune. On appelle dans le pays un atterrissement *une bôle* ; or, examinez, sur une carte de l'Etat-major, où se trouve actuellement le lieu dit la *Bôle*, gare de bifurcation des chemins de fer de Saint-Nazaire à Guérande et au Croisic : il se trouve tout à l'intérieur des terres, ou plutôt des sables. Son nom vient cependant de ce qu'il a été une *bôle* aux époques historiques. J'ai fait bien des fouilles dans les marais de Guérande. Elles m'ont permis de reconnaître la marche très rapide des bôles, les unes en avant des autres. J'y ai même trouvé des salines exploitées par les Romains, toutes petites, bétonnées, puis dallées en briques à rebord, pour avoir plus de sel et du plus blanc ; enfin, séparées par de larges étiers, dans l'un desquels j'ai retrouvé les débris des couples d'une gabare gallo-romaine. Ces salines, recouvertes d'une couche de vase sur laquelle on exploite aujourd'hui, s'arrêtent toutes à 150 mètres au plus des coteaux guérandais, au-dessous de Clis et de Queniquen, tandis que les salines modernes s'avancent à plus d'un kilomètre dans le traict.

Il est donc fort inexact de dire que cette région n'a subi que de légères modifications. Elle s'est, au contraire, transfigurée du tout au tout; elle a été complètement envahie, et l'on peut affirmer qu'à l'époque de l'invasion romaine elle était parsemée d'îles correspondant à la topographie de César. La paroisse de Batz est encore citée comme île, *insula quæ vocatur Baf*, dans trois chartes du Cartulaire de Redon au IX° siècle, et plusieurs critiques, entre autres MM. Desjardins et Ramé, ont proposé de voir, dans ces îles, les *insulæ veneticæ* citées par Pline.

Enfin, le relèvement des îles extrêmes du Pouliguen et de Batz est attesté par la présence de roches percées de *pholades*, à plusieurs mètres au-dessus des hautes mers actuelles, dans la falaise de Penchâteau, laquelle falaise porte, on le sait, un antique retranchement terminé par un tumulus, barrant la pointe sur toute sa largeur.

On est donc obligé de convenir que les objections de M. Orieux, sur la région des marais salants de Guérande, ne supportent pas l'examen géologique.

4° Reste une dernière objection que M. Orieux tire des invraisemblances, pour ainsi dire morales, du système : la flotte réunie des Pictons et des Santons, obligée d'entrer en Loire sous les yeux des Venètes pour se réunir aux bateaux de Brutus, et cet inconvénient de placer, en dernier lieu, dans la petite île du Croisic, toutes les forces de la Venétie « en oubliant qu'il existe ailleurs une Venétie plus grande, plus puissante et plus difficile à réduire que la presqu'île guérandaise. »

Et d'abord, César ne nous dit pas que les bateaux

pictons et santons aient rejoint les siens en Loire. Le rendez-vous, à supposer que ce fussent des bateaux d'Océan proprement dits, pouvait être sur leurs côtes, mais rien ne nous dit, non plus, que ce n'étaient pas des bateaux de rivière, dans le genre de ceux que construisait César en Loire, plats et destinés à s'échouer à basse mer devant les oppida. Or, les Pictons occupaient la rive gauche de la Loire devant les Andes, et les Santons leur étaient contigus. Quant aux Venètes acculés dans l'île du Croisic, je n'ai jamais dit que ce fussent *tous les Venètes*. L'objectif principal de César était la destruction de leur flotte, pour anéantir la puissance maritime qui faisait leur véritable force. La flotte détruite, les Venètes du Samnium capitulèrent, et les autres se soumirent ; mais, comme le fait remarquer M. Burgault, la preuve que *tous les Venètes* n'assistaient pas au désastre, c'est qu'il s'en trouva 6,000, peu après, pour rejoindre Vercingétorix.

J'arrive à M. de la Monneraye dont la thèse peut se résumer ainsi qu'il suit :

César, venant des Andes, ordonne à Brutus de partir avec sa flotte pour la Venétie, et il s'y rend lui-même avec ses troupes de terre *par la rive gauche*, pour ne pas traverser tout le territoire ennemi des Namnètes. Il passe la Loire devant Saint-Nazaire, attaque les oppida Namnètes de la presqu'île guérandaise, les détruit, traverse la Vilaine, et attaque les oppida Venètes situés entre la Vilaine et Port-Navalo : mais comme ces oppida sont difficiles à assiéger, et que la flotte attendue de la Méditerranée, pour se joindre à celle de la Loire, n'arrive pas au rendez-vous, *il revient sur ses pas*, s'établit solidement dans la presqu'île Guérandaise, et attend les événements. La flotte arrive enfin, et pendant qu'elle est au mouillage sous le Croisic, les Venètes sortis de Port-Navalo ou de Locmariaker l'attaquent brusquement, sont vaincus ; et les coteaux du Croisic voient consommer leur désastre.

Voilà la thèse débarrassée de tous ses impedimenta. Je crois avoir été précis et n'avoir rien oublié.

Or, je le proclame bien hautement : aucune discussion ne pouvait m'être plus favorable.

En effet, César a déclaré formellement qu'il est parti pour la Venétie, qu'il a assiégé des oppida Venètes, et qu'arrêté dans ses opérations il s'est décidé à attendre sa flotte : *Statuit expectandam classem*. Tout cela, j'imagine, se passe chez les Venètes. César ne dit nulle part qu'il revient en arrière pour attendre sa flotte chez les Namnètes ; et quand il accepte la bataille navale et qu'il la suit de l'œil sur les coteaux environnants, il est toujours en terre Venète ; le nom des Namnètes est absent de son récit.

Or, dit M. de la Monneraye, qui, cédant à la force de l'évidence, ne s'aperçoit pas qu'il va me fournir des armes, aucun lieu ne pouvait, au même degré que la presqu'île Guérandaise, lui offrir un vaste camp retranché, en communication pour les approvisionnements avec les peuples alliés de la rive gauche. Plus on réfléchit, ajoute-t-il, à la position de l'armée romaine attendant l'arrivée de sa flotte retenue par les tempêtes et forcée de tirer ses approvisionnements des alliés méridionaux (les Venètes ayant retiré toutes les récoltes des campagnes de la Venétie), plus semble imposé par les circonstances le campement à l'embouchure de la Loire. — *Donc*, ai-je le droit de conclure, *la presqu'île Guérandaise appartenait alors aux Venètes.*

Le rendez-vous de la flotte romaine, dit encore M. de la Monneraye, était indubitablement à l'embouchure de la Loire. — Or, répliquerai-je, César avait commandé à Brutus de partir pour le pays des Venètes, et vous déclarez vous-même que la flotte romaine fut jointe par la flotte ennemie pendant qu'elle était encore au mouillage du rendez-vous. — *Donc la bataille navale a bien eu lieu devant le Croisic, en eaux Vénètes.*

Telles sont les deux propositions que je m'efforce de démontrer depuis quinze ans, et je remercie sincèrement M. de la Monneraye de m'avoir apporté de si forts arguments. Je considère désormais ma position comme inexpugnable.

Voilà la thèse en gros. Elle demande à être examinée d'un peu plus près, sous quelques détails particuliers :

Afin de pouvoir démontrer que César a passé la Vilaine (ce qui importe vraiment fort peu, après l'aveu de retour dans la presqu'île guérandaise), il faut lui faire assiéger des oppida sur la côte méridionale du Morbihan, et soutenir que ceux que nous avons signalés, dans les îles Venétiques de la Grande Brière, ne répondent pas à la description topographique des *Commentaires*. — M. Kerviler ne signale que des îles, dit M. de la Monneraye, et ce qu'il faut, ce sont des promontoires. — La réplique est vraiment trop facile. Si j'ai insisté spécialement sur les îles de la Brière, c'est que je voulais montrer combien ce golfe avait, à l'époque romaine, de ressemblance avec le golfe du Morbihan actuel, ce qu'on semblait contester. Mais nulle part peut-être on ne rencontrera autant de promontoires répondant à la description de César qu'autour de la Brière. Je signalerai seulement ceux de Saint-Nazaire, de Carduran, de Prézégat, d'Ust, de Crévy, de Saint-Lyphard sur la rive droite du golfe ; promontoires longs, découpés, satisfaisant à toutes les conditions requises. Sur la rive gauche, on en trouverait encore davantage.

En second lieu, M. de la Monneraye me reproche d'avoir supposé que les bateaux de César fussent en partie des *bateaux de rivière*, et non des bateaux d'océan. Entendons-nous. Par bateaux de rivière, construits en Loire, j'ai voulu dire des bateaux pouvant à la fois naviguer en mer et s'échouer à plat. Il n'y a pas besoin pour cela que ce soient des bateaux à fonds plats et l'expression *bateau de rivière* est sans doute impropre au sens absolu, mais qu'on m'en trouve une meilleure. En 1885, j'ai fait mettre en chantier pour le service de la construction du phare des Charpentiers, établi en mer sur une roche au large de l'embouchure de la rivière, des chaloupes pontées de 40 à 50 tonneaux, destinées à l'approvisionnement des matériaux, et dont la quille est accompagnée de solides carlingues, permettant l'échouement sur le plateau de la roche, pour le déchargement des matériaux à mer basse. C'est absolument le cas prévu par César, et j'imagine qu'il dut employer jadis un artifice analogue. Cela n'empêche pas ces chaloupes de naviguer en Océan.

Bien plus, je pourrais engager M. de la Monneraye à vouloir bien modérer son ardeur à démontrer que la bataille navale a été livrée sous le Croisic et Guérande. Il le prouve avec un luxe d'arguments auquel je n'aurais pas osé prétendre et qui est parfois imprudent. « Si l'on nous objecte, dit-il, que cette solution entraîne, pour César et son armée de terre, un second passage de la Vilaine, nous répondrons que, s'il avait campé dans la presqu'île de Rhuys, comme le croient MM. Lallemand et Fouquet, ses communications avec sa flotte n'auraient pas été, selon nous, suffisamment assurées, en présence de toutes les éventualités possibles : les routes, César l'a dit, étaient interceptées par les marées ; les ressources, pour les approvisionnements et l'alimentation des troupes, auraient pu manquer, et si la flotte romaine avait eu à subir un échec, elle n'aurait pas été à portée de se réfugier immédiatement sous la protection de l'armée de terre. La presqu'île Guérandaise présente,

PAGINATION DECALEE

au contraire, et au plus haut degré, toutes les conditions que César devait rechercher : position défensive, protection de la partie de la flotte qui descend la Loire, etc., etc. » **Mais alors, répliquerai-je, quel besoin César avait-il de traverser une première fois la Vilaine pour aller au-delà ?** Puisque « cet immense campement de la presqu'île Guérandaise avec la ceinture qui lui est faite par la mer, la Loire et un rempart d'environ 3 kilomètres, » offrait des avantages aussi exceptionnels, n'est-il pas infiniment plus probable que César s'y est précisément arrêté, parce qu'il avait, du premier coup, en habile stratégiste, reconnu ces avantages ? C'est encore une raison de plus pour moi d'affirmer que César, venant des Andes, n'a point passé la Vilaine, et s'est arrêté net dans la presqu'île Guérandaise, en pays Vénète. Les deux passages problématiques de la Vilaine, soutenus par M. de la Monneraye, n'ont pas d'autre but que de faire arriver César dans l'ancien évêché de Vannes ; mais l'honorable sénateur a-t-il songé à l'effet désastreux que le recul de César eût produit sur le moral de son armée, et quel encouragement il eût donné aux Vénètes dans leurs projets de résistance ! Ce recul n'est pas admissible : et si César, de l'aveu de M. de la Monneraye, a été obligé de camper si longtemps dans le pays de Guérande pour attendre sa flotte, c'est évidemment parce qu'il n'a pas jugé prudent d'aller plus loin. Il s'y est arrêté, s'y trouvant bien. Donc, encore une fois, César n'a pas franchi la Vilaine.

Mais par où est-il arrivé en pays Guérandais ? Par la rive gauche de la Loire, disent MM. Lallemand et de la Monneraye, attendu que, par cette voie, il suivait une route en pays allié. — Fort bien, mais la traversée de la Loire était-elle donc si facile à l'embouchure, en plein territoire ennemi, avec les vingt lieues de région Namnète non soumise qu'on se laissait sur le flanc ? **Voilà** encore une stratégie qui m'échappe et qui me paraît insoutenable. Les Namnètes s'étaient alliés aux Venètes. César devait d'abord les battre, puisqu'ils étaient établis entre les Andécaves et les Venètes ; et s'il ne parle pas de cette lutte, c'est que pour lui l'opération a été simple. Il s'est borné à incendier en grand les 40 kilomètres de la ligne des Mardelles que j'ai décrite au Congrès de Châteaubriant, et qui s'étendait sur le territoire Namnète, de Candé à la Vilaine. Cette destruction des Mardelles, opérée presque instantanément par le feu, procédé qui lui était habituel, lui ouvrait tout le pays, car leurs ouvrages de défense étaient les seuls qui protégeassent le territoire de la rive droite contre une invasion venant du nord. Les Namnètes terrifiés s'enfuirent chez les Venètes, dans la presqu'ile Guérandaise et au-delà de la Vilaine. César put donc aller directement des Audes en Vénétie par la ligne ouverte et fumante des *Mardelles : in Venetiam contendit* et il put le faire en ligne droite, sans suivre le bord même de la rive. Mais arrivé au bout de la ligne des Mardelles, il se heurta au nord à la Vilaine, et au sud-ouest aux *oppida* de la Brière qu'il dut assiéger les uns après les autres, pour arriver au rendez-vous donné à sa flotte à l'embouchure de la Loire.

Ce siège des *oppida* occupa toute sa campagne d'été ; et lorsqu'il eût pris la presqu'ile Guérandaise tout entière et soumis tout le pays entre Vilaine et Loire, il pût y attendre avec sécurité l'arrivée de la flotte méditerranéenne, s'y fortifier à son aise et défier les Venètes. Ceux-ci, qui possédaient encore toute la côte méridionale de l'Armorique, ne furent pas embarrassés pour éloigner leur flotte jusqu'au moment favorable, et la remiser dans les ports et havres *quos tenebant omnes fere.* Lorsque la flotte romaine fut enfin arrivée au rendez-vous, ils lui coururent sus... et l'on sait le reste.

Mais, dit encore M. de la Monneraye, M. Kerviler a eu le tort de placer la capitale des Venètes sous Guérande. J'avoue franchement que c'est uniquement l'emplacement de *Corbilo*, l'emporium le plus florissant de la région, qui m'y a conduit ; mais je ne m'obstinerai pas à y placer la capitale. La question peut rester douteuse, bien que le massacre des sénateurs, après la défaite, rende l'opinion vraisemblable ; mais il me suffit qu'il y ait eu là une ville importante, un établissement commercial sérieux, et que les Venètes occupassent le pays. Après cela, qu'on place leur capitale à Locmariaker, à l'embouchure de la rivière d'Auray, et qu'on soutienne que la flotte Venète en soit sortie pour tomber sur la flotte romaine, je conviens que cela est très admissible. Pour moi, l'emplacement de la capitale des Venètes, au moment de l'arrivée de César, reste indécis ; je dirai seulement qu'elle ne pouvait pas se trouver alors dans les terres, à *Dariorigum*, où les Romains la transportèrent après la conquête.

J'ai répondu à toutes les objections de mes adversaires, mais il est un point capital qui forme l'un des plus forts arguments de ma thèse, et sur lequel je dois insister ici tout spécialement, parce qu'on l'a laissé prudemment dans l'ombre. Je veux parler de la destruction systématique de tous les tumulus fort nombreux de la presqu'île guérandaise.

La région de la côte morbihannaise, des deux côtés du goulet du golfe, est couverte de tumulus et de monuments mégalithiques. Les tumulus de Tumiac, du côté de la presqu'île de Rhuys, et de Locmariaker, du côté de l'occident, ont fourni à la Société polymathique du Morbihan l'occasion de ces fouilles fructueuses qui ont mis son musée en si grand renom, et lui amènent la visite de tous les étrangers qui se piquent d'archéologie : les chambres sépulcrales ont été trouvées intactes, et tous les objets précieux qui les ornaient n'avaient pas été déplacés depuis le jour où d'antiques populations les y avaient déposés. Leur caractère funèbre et sacré était cependant alors bien connu, et les dimensions énormes de ces tumulus étaient bien faites pour attirer les yeux du vainqueur. Or, que voyons-nous au contraire dans le pays de Guérande ? Le sol est jonché, dans tous les sens, de débris de tumulus et de monuments mégalithiques, dont les dimensions étaient jadis aussi considérables que celles de leurs confrères du Morbihan. Celui de Dissignac contenait même deux chambres sépulcrales plus grandes que les chambres de Tumiac, de Mané-er'-Hroek et du mont Saint-Michel de Carnac. Mais il n'est pas un seul de ces immenses monuments qui soit resté intact. Tous, absolument tous, dans le pays de Guérande, portent les traces d'une violation systématique, et celui de Dissignac présente cette particularité, que son caractère sacré l'a fait servir à des sépultures gallo-romaines après la violation primitive qui avait été moins complète qu'ailleurs. Quelle conclusion tirer de ce concours si remarquable de circonstances ? surtout si on le rapproche de cet autre fait que la plupart des tumulus de la rive gauche de la Loire, ceux de Pornic, par exemple, ont été trouvés inviolés comme ceux du Morbihan ?...

Quand on se rappelle la terrible vengeance que César exerça sur les Vénètes après sa victoire, le Sénat massacré, les hommes valides vendus comme esclaves, et toute suprématie complètement anéantie, une seule conséquence s'impose d'elle-même : c'est que le vainqueur compléta sa vengeance en faisant ouvrir et violer systématiquement tous les tumulus et chambres sépulcrales qui devaient être, pour les habitants du pays, les plus précieux souvenirs légués par leurs ancêtres. Si l'on a trouvé intacts la plupart de ceux qui entourent le golfe du Morbihan, c'est que César ne s'est pas avancé jusque-là, et qu'il n'exerça ses brutales représailles que sur le théâtre même de sa victoire.

N'est-ce pas de la même façon que nous détruisons aujourd'hui, en Afrique, les marabouts et les tombeaux vénérés des Arabes rebelles ?

Je crois donc désormais établi : 1° Que le territoire des Venètes s'étendait, au moment de l'invasion romaine, au moins depuis la pointe de Penmarc'h jusqu'à la Loire ;

2° Que l'expédition de César contre eux se termina dans l'archipel guérandais, à l'embouchure de la Loire, les Venètes ayant concentré dans les *oppida* de cette région toutes leurs forces et tous leurs vaisseaux ;

3° Que le vainqueur, ayant violé, en signe de conquête, tous les monuments funéraires de cette région, transporta dans le Morbihan, pour des raisons stratégiques, le nouveau chef-lieu de la peuplade, qui, des environs de Locmariaker, s'était établi à *Gwened* ou *Veneta* sous Guérande, après une première conquête de la colonie des Samnites ou des Namnètes maritimes par les Venètes. La ville de Vannes actuelle se trouve sur l'emplacement de ce dernier chef-lieu.

III. — BRIVATES PORTUS.

En 1873, j'avais placé *Brivates portus* à l'embouchure de la petite rivière du Brivet à Méans, amené à cette solution par l'analogie frappante du nom, par le texte de Ptolémée qui cite *Brivates* comme le premier port en allant de la Loire au cap Gobée, et par la remarquable dissertation que publia jadis, sur ce sujet, M. Athénas, dans le *Lycée armoricain*.

Les fouilles que je fis depuis cette époque dans le bassin de Penhouët, à Saint-Nazaire, me confirmèrent dans l'attribution de *Brivates* à cette région, mais remarquant l'admirable port que la situation des alluvions formait vers l'époque de l'invasion romaine, au pied du dolmen de Saint-Nazaire, j'y ramenai, en 1877, le Brivates Portus ainsi rapproché de trois kilomètres. J'ajouterai que cet emplacement ne paraissait pas en rivière, pour les populations de cette époque, à cause de l'immense golfe qui se déversait alors dans la Brière. Il était parfaitement naturel de considérer *Brivates*, ainsi placé, comme le premier port en mer.

Je suis maintenant en présence de cinq contradicteurs, tous d'avis différent.

Le premier en date est M. Desjardins, qui, remarquant la latitude plus septentrionale assignée par Ptolémée à *Brivates*, le place en dedans de la Brière, à Saint-Lyphard.

Le second est M. Ramé, membre du Comité historique, qui recule encore plus loin l'emplacement contesté, en le fixant aux sources mêmes du Brivet, au petit village qui porte encore ce nom, au fond des marais de Saint-Gildas.

Le troisième est M. Le Men, l'ancien archiviste du Finistère, qui a repris, avec beaucoup d'érudition, l'ancienne thèse d'assimilation de *Gesocribate* avec *Brivates portus*, ce qui nous conduirait jusqu'à Brest.

Le quatrième est M. de la Monneraye, qui s'en réfère scrupuleusement aux latitudes de Ptolémée, et qui, remarquant judicieusement que l'ancien nom de Pontchâteau a été latinisé d'un radical celtique *Briv*, dont la signification est *Pont*, fixe *Brivates* à Pontchâteau, à mi-distance entre l'emplacement de M. Ramé et le mien.

Enfin le dernier, M. Léon Maître, descend sur l'Océan jusque dans le trait du Croisic, où il remarque deux villages appelés le *Haut* et le *Bas-Brivin*.

C'est le cas de répéter le proverbe : *Tot capita, tot sensus*. Examinons.

L'opinion de M. Desjardins est basée sur une supposition que je crois erronée, et dont la responsabilité remonte à l'un des anciens ingénieurs du département qui, remarquant la dépression considérable du terrain sur l'isthme de Saint-Lyphard, entre la Brière et le fond de la baie de Mesquer, crut pouvoir avancer, dans ses *Etudes sur le régime de la Loire*, qu'un ancien bras de la Basse-Loire avait jadis passé par là comme déversoir de la Brière. M. de Kersabiec a endossé cette supposition, M. Desjardins l'accepte ; et M. Ramé, enchérissant encore, affirme que c'est dans ce bras antique que fut établie la route dite des *Grands Fossés* qui barre l'isthme de Saint-Lyphard ; M Desjardins pensant qu'à l'époque romaine, ce prétendu bras était encore libre, voit en Saint-Lyphard un emplacement tout indiqué pour un port, et ne peut mieux l'appeler que *Brivates*.

Malheureusement pour cette thèse, une étude attentive du terrain sur les lieux m'a convaincu que jamais bras de la Loire n'a pu passer par là, à moins d'un relèvement considérable de tout le sol de la région. L'isthme de Saint-Lyphard n'est pas formé par des apports d'alluvion, mais par un seuil de terrain naturel, et la redoute des Grands Fossés est creusée à même dans ce sol vif. Le fond du fossé paraît, à première vue, notablement supérieur au niveau des marées moyennes, et atteindre à peu près celui des hautes mers d'équinoxe. Il en résulte que toutes les déductions, appuyées sur l'hypothèse d'un passage naturel des eaux, s'évanouissent ; que la presqu'île guérandaise n'a jamais été une île, qu'elle ne correspond point, par conséquent, à l *Arica* dont M. Desjardins lui attribue le nom parmi les îles vénétiques ; et qu'enfin le *Brivates portus* n'a plus aucun titre à être recherché dans ces parages.

Je pourrais ajouter, outre l'absence de nom rappelant *Brivates*, que les alluvions de la Brière devaient avoir déjà atteint leur niveau actuel, aux environs de Saint-Lyphard, ce qui empêcherait absolument tout port en ce point, mais je vais traiter cette question à propos du mémoire de M. Ramé.

L'honorable rapporteur du Comité des travaux historiques s'est livré, au sujet de la Brière, à un travail de reconstitution très remarquable pour les périodes s'étendant du Ier au Xe siècle. Il prouve sans réplique que *Vindunita insula* était Besné, entre Pontchâteau et Donges, et que cette localité demeura *île* pendant toute cette période ; que l'île d'Her, des Normands, qu'on a jadis confondue avec Noirmoutiers, est encore appelée de ce nom entre Montoir et Crossac ; que si elle n'est plus en réalité une île qu'en hiver, elle était encore, au VIIIe siècle, accessible aux galères des Normands, etc. Il en résulte évidemment que la carte de l'embouchure de la Loire ne ressemblait alors en rien à la carte actuelle. Mais M. Ramé va beaucoup trop loin en faisant passer à l'état d'îles accessibles aux navires tous les îlots naturels aujourd'hui proéminents sur le marais. Les trouvailles d'objets de bronze, faites à diverses époques dans la tourbe ou dans la vase, démontrent que, déjà au Ier siècle, une partie de la Brière était embourbée. L'erreur vient ici de ce qu'on a cru que l'alluvion ait pu se déposer uniformément sur un plan horizontal dans toute l'immense étendue de la Brière. L'enchevêtrement des îles produisait des obstacles aux courants, plus favorables aux dépôts sur certains points que sur d'autres ; et le nord de la grande baie, par suite de l'amortissement du courant sur les rives, a dû se combler beaucoup plus vite que la région de ses débouchés en Loire. L'alluvion horizontale n'existe que sur les points de vitesse à peu près continue dans le mouvement des marées. Elle suit un plan incliné proportionnel à la diminution de vitesse dans les parties d'amortissement, et je dois ajouter que le sol naturel primitif au fond de la Brière, ou aux abords de certaines îles, se trouvant à beaucoup moindre profondeur qu'au voisinage de la rivière proprement dite, l'alluvion l'a recouvert en ces parties beaucoup plus tôt qu'à l'embouchure.

Le difficile est de savoir quelles étaient, à l'époque de Ptolémée, les parties déjà recouvertes par l'alluvion et les parties encore libres, les îles accessibles et les îles qui se trouvaient être devenues continentales. Pour cela les documents écrits ou les trouvailles archéologiques sont les seules guides assurés. Les documents écrits sont formels pour Besné et pour Her. Les trouvailles archéologiques le sont aussi pour tout le nord de la Brière, au-dessus d'une ligne passant par Saint-André-des-Eaux, Rozé et Crossac. D'un autre côté, le grand estuaire que M. Ramé laisse ouvert sur sa carte, entre Méans et Montoir, était loin d'être aussi dégagé, car plusieurs îles, entre autres celles de Gron et de Trignac se trouvaient sur son passage. Enfin, il est probable que l'enchevêtrement très compliqué des îles qui s'étendent de Lavau à Montoir en passant par Donges, avait déjà produit sur ce point des atterrissements considérables. A la fin de l'occupation romaine, on devait pouvoir aller de Savenay à Montoir en terre ferme. Il reste des débris de ponts antiques à Sem et à Nyon, et des traces de chaussées portant le nom de *voie romaine*, existent à l'ancien cadastre et se reconnaissent encore sur le marais dans la direction de la Motte-Alleman. de Saint-Nazaire à Montoir, en passant par les îles de Savine et le nord de Méans ; il y avait sans doute un bac sur le Brivet. Enfin, la profondeur de l'alluvion, au grand débouché de l'estuaire, n'était plus, au IIIe siècle, que de 1 mètre à peine au-dessous des basses mers d'équinoxe, au pied du dolmen de Saint-Nazaire, ainsi que le démontrent les débris romains de cet âge que nous y avons rencontrés.

J'en conclus que M. Ramé se fait une grande illusion en déclarant que les marais actuels de Saint-Gildas étaient encore un golfe à marée à l'époque romaine, et que le petit village de Brivet, situé tout au fond, était alors le port que nous cherchons. Je n'affirme cependant pas l'impossibilité absolue de l'hypothèse, et j'accorde qu'elle est doublement séduisante, d'abord par la présence d'un village portant authentiquement le nom de Brivet, ensuite par la concordance à peu près exacte de la latitude avec celle de Ptolémée. Mais outre l'invraisemblance du golfe de Saint-Gildas ouvert à cette époque, une objection sérieuse se présente. Dans l'hypothèse de M. Ramé, le port de *Brivates* se trouverait retiré tout à fait à l'intérieur, et il semble difficile de faire concorder cette situation avec l'indication de Ptolémée, qui dit qu'on le rencontre en allant de la Loire au cap Gobée.

Cette dernière raison me paraît un obstacle aussi pour la proposition de M. de la Monneraye, mais l'obstacle est moindre. Il est certain qu'on devait accéder alors en navire dans les environs de Pontchâteau qui pouvait s'appeler Brivates avant que les latins eussent traduit *briv* en *Pons* : et il est certain aussi que je possède des débris romains provenant de Brignan, sur le même cours d'eau, à quelques cents mètres au dessous de Pontchâteau. Mais ce n'était pas un port maritime proprement dit.

J'en conclus qu'il faut placer *Brivates* au plus loin à l'embouchure même de la Loire, et qu'il faut maintenir l'attribution à Saint-Nazaire, à l'embouchure du golfe du Brivet, à moins qu'on ne suive M. Léon Maître dans *le trait* du Croisic, où il y eut certainement un ou plusieurs ports, du temps des Romains, et où l'on trouve une localité appelée encore le *Bas-Brivin*.

M. Le Men nous transporte au bout du monde, *ad finem terræ*. Le savant archiviste du Finistère a dépensé d'immenses trésors d'érudition pour démontrer que *Gesocribate* était l'équivalent, l'homonyme de *Gesobrivates*. Or *Geso* veut dire les eaux, le port, et il est reconnu, dit-il, que le *Gesocribate* de la carte théodosienne est Brest. Donc, d'après M. Le Men, *Brivates portus* est aussi Brest.

La longue discussion philologique de M. Le Men amènerait un résultat décisif si les innombrables noms de lieux au radical *crib*, qu'il cite, s'étaient tous transformés sur place, par la mutation des consonnes, en noms de lieux au radical de *briv*, avec la même signification. Mais les deux radicaux existent fort nombreux avec la signification très distincte de *crib*, colline, élévation, promontoire, et de *briv*, passage, gué ou pont. De la possibilité linguistique d'une mutation de *crib* en *briv*, nous ne pouvons donc pas conclure à sa réalité dans le cas qui nous occupe. M. Ernest Desjardins, pour sa part, la rejette absolument.

Mais nous avons deux autres raisons péremptoires pour refuser l'attribution de *Brivates* à Brest. C'est d'abord l'ordre dans lequel Ptolémée indique les ports qu'il rencontre en partant de la Loire pour remonter au cap Gobée. D'après cet ordre, *Brivates* est le premier port avant le fleuve *Herius* qu'on est d'accord à reconnaître dans la Vilaine, et qui a donné son nom à *Durerie*. M. Le Men a bien vite fait de dire qu'un copiste de Ptolémée a renversé l'ordre des ports, et qu'on peut reconnaître le fleuve *Herius* dans l'Aulne, la rivière de Châteaulin, qui s'appelle l'Hierre au haut de son cours. Il oublie la mention des latitudes et des longitudes, qui s'y oppose absolument.

La seconde raison est encore plus catégorique. Nous avons montré, avec M. Desjardins, qu'il y a de fortes raisons pour placer le cap Gobée à la pointe du Raz. On ne peut trouver Brest entre la Loire et cette pointe.

Enfin nous montrerons plus loin qu'il y a de fortes raisons pour placer *Gesocribate*, non pas à Brest, mais à la pointe, rive gauche, de la baie de l'Abervrac'h.

Nous devons en conclure que le *Brivates portus* ne peut être attribué à Brest, et qu'il doit rester aux environs de Saint-Nazaire, avec beaucoup plus de probabilité pour cette localité même que pour la baie du Croisic, qui nous paraît mieux indiquée pour *Corbilo*, puis *Veneda*.

CHAPITRE SIXIÈME

STATISTIQUE DES MONUMENTS

dits préhistoriques, mégalithiques et gallo-romains de la presqu'île Guérandaise[1].

La presqu'île guérandaise porte ce nom à fort juste titre : c'est un vaste monticule qui fut jadis entouré d'eau sur les neuf cent quatre-vingt-dix-neuf millièmes de son périmètre, et qui n'était retenu au continent, vers le nord-est, que par un isthme fort étroit, sur lequel s'élève aujourd'hui le village de Saint-Liphard ; cet isthme fut barré à une époque fort ancienne, par un immense retranchement encore en partie debout et connu sous le nom de *Grands-Fossés*[2]. La Loire coulait

---

[1] Cette étude, publiée d'abord aux Mémoires de l'*Assoc. bret.*, pour le Congrès de Savenay en 1877, a été complétée par des notices précédemment insérées aux Mémoires de la *Société archéologique de la Loire-Inférieure* en 1873 et 1875. Depuis cette publication, M. Pitre de Lisle a donné dans les Mémoires de la même *Société archéologique,* en 1882 et 1883, une statistique monumentale de l'arrondissement de Saint-Nazaire. Il m'a souvent cité : je vais lui rendre la pareille en ajoutant quelques-unes de ses observations personnelles à celles que j'ai faites moi-même.

[2] M. Ernest Desjardins, dans le premier volume de son remarquable ouvrage sur la *Gaule romaine*, n'admet pas cet isthme, et pense que

au sud : l'Océan s'étendait à l'ouest avec un cordon d'îles dont les plus importantes étaient le Pouliguen, Batz et le Croisic, aujourd'hui réunies entre elles et à la terre ferme par les grands apports de sable et de vase qui comblent de plus en plus le Trait du Croisic. La baie de Mesquer la bornait au nord, et à l'est la Grande-Brière, aujourd'hui transformée en marais, formait un vaste golfe en communication avec la Loire, et parsemé d'îles qui émergent encore au-dessus des tourbières. Les anciennes populations hyperboréennes, ligures, celtes et gauloises, reconnurent l'importance de cette situation exceptionnellement favorable à la défense, et l'occupèrent fortement, ainsi que le constatent les nombreux débris antiques qui jonchent son sol. Au moment où César acheva la conquête des Gaules, les Venètes en avaient, depuis quelque temps, pris possession, après les Samnites, qu'ils avaient soumis à leur domination ; et c'est là, très probablement, ainsi que nous l'avons plusieurs fois démontré, en apportant de nouveaux arguments à la thèse soutenue par M. Sioc'han de Kersabiec, c'est là que César frappa le grand coup qui anéantit la puissance navale et militaire de cette valeureuse peuplade armoricaine. Les conquérants usèrent de représailles cruelles : on massacra le Sénat, on vendit à l'encan les habitants de la presqu'île, et l'on viola systématiquement tous les grands tumulus, monuments sacrés du culte funéraire des aïeux. C'est ce qui explique pourquoi on ne trouve plus ici que des débris, tandis qu'on a pu fouiller avec succès la plupart des grands tumulus intacts du Morbihan, non violés par César, qui n'a pas, selon nous, traversé la Vilaine.

ce que nous appelons la presqu'île guérandaise a été jadis une île. Nous ne sommes pas de cet avis : il suffit de visiter Saint-Lyphard pour reconnaître que la Loire n'a jamais pu avoir un de ses bras sur ce point. Il y a un chaînon naturel de faîte, sans alluvions vaseuses.

Il y a donc un intérêt historique sérieux à conserver le souvenir de tout ce qui reste encore de ces monuments ; et nous y attachons d'autant plus d'importance, qu'on remarquera combien souvent nous citerons des dolmens mutilés ou complètement disparus. Nous indiquerons même des mutilations toutes récentes, exécutées pendant le cours de l'année 1877. Ne serait-ce pas l'occasion d'exprimer un vœu formel pour que tous les mégalithes bien constatés soient, une bonne fois, déclarés monuments historiques, et pour qu'il soit interdit de les détruire[1] ?

Nous avons mis à profit, pour cette nomenclature, non-seulement nos observations personnelles qui nous ont permis de relever plusieurs faits non connus, mais aussi les indications fort précises données par M. Desmars, dans sa brochure sur la presqu'île guérandaise, et par M. Pitre de Lisle, dans son travail fort complet sur l'arrondissement de Saint-Nazaire, et les recherches spéciales encore inédites de M. l'abbé Gallard, ancien aumônier d'une communauté à Nantes, et de MM. Martin et Muterse, de Guérande, à qui nous adressons ici nos plus sincères remerciements pour l'obligeance extrême avec laquelle ils ont bien voulu nous permettre de mettre à profit leurs notes et leurs nombreuses découvertes.

Ceci posé, nous entrons immédiatement en matière, et nous adopterons le sectionnement par commune.

I. — Commune de Saint-Nazaire.

1. — *Brivates Portus* et ancienne baie de Penhouët, sur l'emplacement du nouveau bassin à flot ouvert en 1881. Port de l'âge du bronze, suivi d'un port gaulois,

---

[1] Le Congrès de Savenay s'est associé très chaudement à ce vœu de conservation.

puis d'un port gallo-romain. (Voir, pour plus de détails, les chapitres qui précèdent).

2. — *Dolmen du Prieuré*, dans la nouvelle ville de Saint-Nazaire. C'est un immense trilithe, de deux mètres de hauteur, et 3^{m}45 de largeur de table, avec des débris de galerie couchés en arrière. On l'a conservé intact sur une petite place, au milieu d'un square; et Saint-Nazaire est sans doute la seule ville de France qui possède un dolmen authentique dans ses murs. — M. Carro en a donné deux lithographies assez exactes dans son *Voyage chez les Celtes*. (Paris, Durand, 1857, in-8°). Le *Lycée armoricain* de 1828 dit qu'on a trouvé jadis, sous son emplacement, des urnes et des pièces d'or, d'argent et de cuivre.

3. — Partie supérieure d'un *menhir phallique*, *à la Dermurie*, 300 mètres N.-O. de Saint-Nazaire. Ce fragment qui mesure 1 mètre 50 de hauteur, sur 1 mètre de largeur et 0 mètre 50 d'épaisseur, est très caractéristique : il est taillé et presque poli sur la tranche, qui affecte très nettement la forme parabolique. J'ai réussi dans mes instances auprès de la municipalité de Saint-Nazaire pour obtenir, en 1878, la cession au musée de Saint-Germain de ce fragment, peut-être unique dans notre pays, qui se trouvait sur un terrain vague, appartenant à la commune.

4. — Grand *Tumulus de Dissignac*[1]. Ce tumulus, qui porte dans le pays le nom de *Bosse de la Prière*, a été fouillé par M. Martin et moi, en 1873, et les résultats de nos fouilles ont été publiés, avec de nombreux dessins, dans le Bulletin de la *Société archéologique de Nantes*.

---

[1] L'origine de ce nom est sans doute *Ti-Signac*, c'est à dire *la maison de Signac*, nom que porte, à quelque distance de là, un ancien manoir Guérandais près Careil, quoiqu'on dise plus ordinairement, pour ce manoir, *Hôtel-Signac*, ou simplement *Signac*.

Le tumulus contenait deux chambres, avec galerie, de dimensions différentes. La plus grande avait près de trois mètres de hauteur, et les supports ne suffisant pas pour l'envergure des tables, il y avait deux rangs de grosses pierres en encorbellement sur les bases. Nous avons acquis la conviction que ce tumulus avait été violé à l'époque de la conquête de César, et qu'il avait ensuite servi de lieu de sépultures successives par incinération et buchers superposés, aux populations de l'époque gallo-romaine. Cette particularité me paraît assez intéressante pour que j'entre ici dans quelques détails à son sujet.

J'extrais ce qui suit des deux rapports que M. le lieutenant de vaisseau Martin, et moi, adressâmes à la la Société archéologique de Nantes, en octobre 1873 :

« ... Le village de Dissignac est composé de deux hameaux enfouis au milieu de grands arbres et protégés des vents de la mer par une colline naturelle de gneiss, de 31 mètres d'élévation. Le sommet de cette butte est actuellement une carrière. Il a dû y avoir là un monument mégalithique important. Sur la pente qui regarde le couchant, dans un petit champ de vigne, se voit encore un débris dolménique, deux pierres appuyées l'une sur l'autre, dont la plus grande porte une série de cupules, la plupart assez frustes. C'est sur le coteau qui fait face à l'est et près du village, que s'élève notre tumulus, *la Bosse de la Prière*, comme on dit dans le pays. Tout le terrain environnant s'appelle l'île de la Prière. On désigne sous le nom d'île un champ labouré plus vaste que les autres et appartenant généralement à un grand nombre de propriétaires. C'est le cas actuel.

« ... Le tumulus forme un tronc de cône ayant 120 mètres de circonférence à la grande base, de 14 à 16 mètres environ de diamètre (les arêtes sont peu indiquées) à la petite base, et 3^m à 3^m20 de hauteur. Ces chiffres donnent, pour le cône entier, 5 mètres de hauteur, ce qui a dû être à peu près l'élévation du tumulus, alors qu'il était complet.

« Un singulier hasard fait qu'il se trouve sur la ligne qui joint le phare du Commerce au clocher de Guérande ; bien plus, l'orientation de l'axe de ses dolmens est exactement celle de cette ligne : S. E. 1/2 S.-N. O. 1/2 N. du monde.

« Du haut de la Bosse, la vue s'étend au loin, principalement sur l'entrée de la Loire et Paimbœuf. Le sommet de la colline naturelle, où gît un débris de monument mégalithique, se trouve dans l'O. S. O. du tumulus de la Prière. De celui-ci, on découvre encore, dans le N. 1/4 N. E., un second tumulus, à double dolmen, situé de l'autre côté de la grande route : c'est la bosse de Trégoët. La direction de leur axe est identique à la nôtre (S. E. 1/2 S.-N. O. 1/2 N.) Enfin, dans le S. O. est un quatrième débris de tumulus, aussi à double dolmen : c'est celui de Pez. Ses tables ont été enlevées, mais servent à une clôture près de là.

« Les axes des deux chambres à galerie établies sous le tumulus de Dissignac sont espacés parallèlement de 5 mètres l'un de l'autre.

« L'entrée de la galerie de la grande chambre présente 1^{m}08 de largeur, et les deux pierres qui la forment, 60 et 70 $^c/^m$ de hauteur. — Elles sont en micaschiste, bien équarries, mais sans le travail de l'homme, et accompagnées d'une autre à droite, isolée, en granit et informe. Pendant 3 mètres, l'allée se continue ainsi à ciel ouvert. A cet endroit, nous trouvons un bloc de granit formant voûte. Son équilibre est tellement instable qu'à peine l'a-t-on dégarni, il s'ébranle et fait un demi tour sur lui-même. Heureusement il est très long et ne vient pas encombrer notre chemin. Il faudra seulement se baisser davantage pour passer dessous. Cette première voûte est posée à 95 c/m au-dessus du sol de l'allée. Maintenant le recouvrement va se continuer régulièrement jusqu'à la chambre. Sept pierres, tant en micaschiste qu'en granit, le forment. Nous les dégageons par-dessus, au fur et à mesure qu'on creuse l'allée, afin de nous assurer de leur assiette et éviter tout accident. La longueur totale de l'allée est de 11 mètres.

« ... Entre les deux premières pierres de recouvrement, à 4 mètres de l'entrée, nous avons trouvé, reposant sur le sol et en travers de l'allée, une pierre formant seuil. Elle est en grès, bien équarrie naturellement, quadrangulaire pyramidale, longue de 1m20, épaisse de 13c/m et 15c/m, et large de 16c/m et 24c/m.

« Les deux lignes de pierres debout de l'allée se suivent assez bien. Plusieurs, les moins fortes, de 20 à 30 c/m de large, ont la tête inclinée en dedans. Elles se sont affaissées sous le poids des parties hautes. C'est à cela, en partie, que sont dues les inégalités qu'on remarque dans la largeur du conduit, qui, en plusieurs endroits, se retrécit beaucoup. Ces pierres debout ont à peu près toutes la même hauteur, variant entre 50 et 80 c/m, et, comme les voûtes sont en amphithéâtre les unes au-dessus des autres en allant vers la chambre, il y au-dessus de ces pierres verticales une grossière maçonnerie faite le plus généralement de gros galets de la mer, de quelques pierres plates, et souvent d'un remplissage de petits cailloux ronds, gros comme le poing, le tout empâté tant bien que mal dans les terres. C'est là-dessus que vient reposer l'extrémité des pierres de recouvrement. Une fois le remplissage intérieur enlevé, le moindre faux coup de pioche fait crouler tout ce fragile édifice. Cette maçonnerie, qui a de 20 à 30 c/m sous la première voûte, arrive, en approchant de la chambre, à près d'un mètre d'élévation.

« Entre les murs et d'un bout à l'autre de l'allée, il existe une sorte de très grossière maçonnerie à pierres sèches, recouverte de terre foulée. Un vide de 10 c/m environ se montre partout, entre la partie inférieure des voûtes et le remplissage. Il est dû évidemment au lent travail de tassement des terres intérieures.

« Pour qui a suivi pas à pas le creusement de l'allée, il ne peut y avoir aucun doute sur le fait de son remplissage intentionnel, bourré jusqu'à saturation; il nous semblait que ce fût une espèce de maçonnerie à pierres sèches déposée par assises à peu près régulières et horizontales, un grand nombre de ses moëllons étant des galets de la côte. Çà et là on trouvait, par places, de petites masses de terre noirâtre et charbonneuse, portant encore des fragments de charbon très visibles, et dans lesquels étaient fichés des débris de poterie avec des traces charbonneuses et grasses adhérentes à la paroi. C'étaient des débris de poterie, qui s'étaient évidemment trouvés en contact avec des corps incinérés ; mais nous ne rencontrâmes que des tessons informes, mélangés à des morceaux de silex et à des lingots de scories de fer : aucun ossement, aucune arme en pierre taillée, mais parfois un tout petit morceau de poterie rouge gallo-romaine... »

La grande chambre ne put être déblayée que par en haut, en écartant les dalles de recouvrement qui ne reposaient que sur des encorbellements, et qui étaient soutenues, en leur milieu, sur deux gros blocs posés au centre du remplissage Car la grande chambre elle-même était remplie jusqu'à bloc.

« ... Ce remplissage intérieur, comme dans l'allée, et plus encore, est intentionnel et systématique. Il se compose, en majeure partie, de terre foulée, avec quelques pierres. Par moment, celles-ci deviennent plus nombreuses, et quelques-unes sont larges et épaisses: elles reposent alors à plat, mais jamais elles ne constituent, à elles seules, le remplissage. En certains endroits, la terre est si compacte qu'on la brise à coups de pic. Cette dureté est souvent due à l'action du feu qui a cuit, en partie, certaines parties argileuses.

« Partout nous rencontrons de nombreux débris de poteries, du charbon et des pierres calcinées, disposés généralement ensemble, agglomérés, ou du moins au même niveau.

« A mesure qu'on creuse, la chambre s'élargit. Les pierres supérieures sont en encorbellement. Arrivés aux supports verticaux, nous découvrons la crypte dans toute son étendue ; sa face S.O. est plane, et celle opposée, en arc-de-cercle. Toujours des couches charbonneuses, des fragments de poterie, des scories de forge, des débris de repas. Nous creusons ainsi jusqu'à 3 mètres de profondeur, et nous arrivons au sol qui, comme dans la petite chambre, est une sorte de gneiss désagrégé. Ce fond est inégal, bosselé, et ne paraît pas avoir subi de nivellement préparatoire ; les supports verticaux reposent à froid sur la roche ; cinq sont en schiste du pays, et tous les autres en granit.

« Pas un bijou, pas d'ossements, pas un celt (on ne peut appeler ainsi un débris de celt en diorite, trouvé à 1^{m}70 de profondeur, près de l'entrée de l'allée) ; mais traces nombreuses et indéniables de feu, probablement d'incinérations.

« Quand toutes les pierres et les terres sont enlevées, le sol bien gratté, nous pouvons jouir tout à l'aise de la vue d'une belle et grande chambre dolménique en parfait état de conservation. Elle mesure 3^{m}23 de long, sur 3^m de large, et 3^{m}10 de haut sous les tables. Belle salle de bal pour les rondes des korrigans et des poulpiquets !... »

La petite chambre dut être aussi déblayée par le

haut, parce que deux de ses tables de recouvrement étaient brisées par leur milieu, et que les quatre morceaux s'étaient inclinés vers le fond de la chambre. Ce fait prouverait à lui seul, s'il en était besoin, l'existence d'un revêtement supérieur aux dolmens, d'un tumulus autrefois complet. Il s'est produit dans la chambre un tassement sous les charges, et les tables, qui devaient présenter un filon tendre ou un délit vertical, ont cédé sous le poids des terres et du galgal supérieur. A force de leviers, et aidés par les nombreux curieux, qui, du matin au soir, assiégeaient la butte, nous réussîmes à rejeter, de droite et de gauche, les quatre morceaux de table, et à dégager entièrement le haut de la chambre.

«... La surface qu'offre le remplissage est bien plane : c'est de la terre tassée, mêlée à quelques pierres. Bientôt la terre cesse presque complètement, et jusqu'au fond de la chambre on peut dire qu'il n'y a que des pierres, dont quelques-unes énormes et qu'il nous faut débiter à la masse. Le peu de terre qu'on rencontre provient des infiltrations aqueuses ; mais à l'origine, il a dû n'y avoir que des pierres, si ce n'est peut-être à la surface, pour niveler. Après avoir creusé et déblayé à une profondeur de 2 mètres environ, nous touchons au fond, qui est formé par la roche naturelle, granit schistoïde fortement désagrégé. Ce sol est très inégal. Il ne semble pas qu'on l'ait aplani avant la construction du monument.

« La crypte est grossièrement rectangulaire allongée. Elle mesure 3^m environ de long sur $1^m 65$ de large. Les pierres debout de la muraille, dont les deux plus grandes sont en micaschiste du pays, et les autres en granit, reposent simplement sur le sol, sans aucune fondation.

« Plusieurs de ces pierres, trois ou quatre, manquent à l'appel, et des trous, que leur absence a laissés, s'éboule, à mesure que nous creusons, une quantité de pierres provenant du galgal qui entoure le dolmen. Ils permettent de bien voir et juger la construction du tumulus. Autour des dolmens, et entre eux, cette construction est exclusivement en pierres sèches. Sur la face du S. O. la pierre debout qui manque est couchée sur le sol, au pied du trou qu'elle a fait en tombant.

« L'aspect général de cette crypte, au contraire de celui de sa voisine, fait naître un sentiment semblable à celui qu'on éprouve d'un monument abandonné. Nous y avons trouvé de rares débris de poterie, dont un fond entier (peut-être de creuset), des silex, des débris de molettes et des scories de fer. Entre les tables, on avait rencontré précédemment un culot de très bon fer réduit de son *minerai*, qui était sans doute du ciment ferrugineux provenant des poudingues qui forment le fond, sur le gneiss, des alluvions primitives de la presqu'île... »

De tout cela il y a d'importantes conclusions à tirer.

Le fait qui doit d'abord frapper l'attention est le remplissage intérieur et tout intentionnel des deux monuments. C'est une disposition étrange et *nouvelle*.

« ... Les deux tables du petit dolmen, brisées mais exactement à leur place primitive, prouvent que cet accident est arrivé depuis la mise en place du remplissage, et qu'il n'a pas été fouillé depuis cette époque.

« La disposition signalée, d'un rapport central de la table N.O du grand dolmen, prouve aussi que la chambre n'a été voûtée qu'après remplissage intérieur, et que, depuis ce moment, tout y est resté intact. D'ailleurs, la construction de l'allée, que, malgré toutes les précautions, on n'a pu fouiller sans la détruire en partie, suffit pour exclure toute idée de recherches antérieures.

« Les deux dolmens de la Prière étaient donc vierges de toute violation, depuis l'époque où l'on a mis en place leur singulier remplissage.

« De plus, les diverses couches charbonneuses, accompagnées de débris de poteries, sont nettes, distinctes, souvent larges et longues ; mais toujours peu épaisses. Elles portent bien les caractères de l'immobilité. Personne n'est venu les remuer, les mêler, les bouleverser depuis le jour où elles ont été recouvertes de nouvelles terres, sur lesquelles se sont allumés de nouveaux feux. La disposition de ces foyers, étagés depuis le sol jusqu'à 50 ou 60 c/m des tables, indique nettement que le remplissage n'a pas été l'œuvre d'un jour ; qu'il a dû exiger plutôt un long espace de temps.

« Il n'y a pas un ossement : que pourraient vouloir dire ces couches de charbon et de roches noircies ou rougies par le feu, si nous n'y voyions les restes des bûchers où l'on brûlait les cadavres ? Le corps réduit en cendre, le feu éteint, on recouvrait le tout d'une couche pierreuse et terreuse, et sur ce nouveau sol on incinérait un autre corps. Les nombreux débris de poteries, tant celtiques que romaines, trouvés dans le monument ne seraient pas des urnes, mais bien des vases ayant peut-être appartenu aux morts et qu'on brisait sur leurs tombeaux, ou la vaisselle destinée aux repas funéraires et qu'on détruisait de la même manière après la cérémonie. Les écailles d'huîtres, de coquillages, les noyaux de cerises et de pêches, trouvés à différentes profondeurs viendraient corroborer cette deuxième hypothèse.

« Le dolmen de la Prière serait donc un cimetière, ou le caveau funéraire d'une famille.

« A quelle date auraient eu lieu ces incinérations ? Le mélange des débris celtiques et romains semble indiquer qu'elles dateraient de l'époque gallo-romaine, mais des premières années de la conquête. Le tumulus de la Prière date-t-il lui-même de la période gallo-romaine, ou les gallo-romains se sont-ils servis d'un monument antérieur, probablement celtique ou vénète ? Beaucoup de raisons peuvent être apportées à l'appui de l'une et l'autre opinion.

« Des dolmens ont été construits pendant les premiers temps de la conquête. On ne pouvait oublier si vite le mode de sépulture antique et vénéré.

« D'autre part, la parfaite conservation du fragile échafaudage de la maçonnerie des côtés de la grande allée et la position tout à fait instable des pierres de recouvrement rendent difficile d'admettre qu'on ait pu rétablir les parties écroulées. Ce retrait des voûtes était indispensable, si nous supposons le cas d'un dolmen celtique antérieur, pour opérer les incinérations que nous croyons avoir constatées, et pour mettre en place le remplissage intérieur.

« Une des tables de la grande chambre, que nous avons trouvée supportée par un tain placé au milieu de la crypte, n'a pu servir alors que celle-ci était vide. Elle est moins longue que la chambre n'est large. S'il y en avait une autre, que serait-elle devenue ? Une table plus grande n'aurait pas gêné les nouveaux venus.

« Tout ceci semblerait donc indiquer que le grand dolmen a été construit par ceux qui ont fait usage de ce mode d'incinération par couches, et que nous avons là un tombeau d'un genre nouveau, mais parfaitement vierge de toute profanation. Le seuil trouvé dans la grande allée serait la limite du lieu consacré aux funèbres cérémonies. En dehors de lui, plus de charbon, plus de pierres calcinées ; donc, plus d'incinérations. Devenant un lieu vulgaire, on ne l'a pas recouvert.

« Il n'en est pas ainsi du petit dolmen.

« Ici, le remplissage est composé exclusivement de pierres jetées sans ordre. Pas de couches charbonneuses. Peu ou point de poteries, si ce n'est au fond un petit fragment de vase en terre noire. Est-il celtique ou romain ?...

Des silex taillés, des débris de mollettes ; tout cela a un caractère anté-gallo-romain. Trois pierres debout de la muraille manquent ; l'une d'elles, peut-être deux, ont été trouvées couchées au pied du trou creusé par leur chute. Il est bien évident que ces pierres sont tombées avant qu'il n'y eût un remplissage intérieur ; tout, dans ce dolmen, porte le cachet de la ruine et de l'abandon. On serait porté à croire que les Gallo-Romains, violant un tombeau antérieur pour le faire servir à leur propre sépulture, n'auraient fait usage que du dolmen intact, et auraient rempli et recouvert le petit pour empêcher sa ruine complète, et peut-être par un sentiment de respect après coup.

« Une autre remarque, un autre fait, viennent appuyer l'opinion de l'existence antérieure et toute celtique de notre double monument. Le grand nombre de silex bruts ou taillés, le morceau de celtæ, le polissoir, les fragments de poterie celtique ne seraient-ils pas les restes de l'ancien tombeau ? Leur présence est-elle naturelle dans une sépulture gallo-romaine ?

« Enfin, comment expliquer la partie non couverte de l'allée, partie rejetée, comme nous l'avons vu, par les brûleurs de cadavres, si ceux-ci avaient eux-mêmes construit le monument ? Ils ont trouvé le dolmen ainsi fait anciennement et ils ont utilisé seulement la partie voûtée, la seule où les restes des morts fussent à l'abri des causes destructives extérieures... »

Tout bien considéré, l'hypothèse d'une existence antérieure doit donc être la véritable.

La construction générale du tumulus de Dissignac et de ses deux dolmens à galerie intérieure se présente, du reste, avec tous les caractères qu'on remarque dans les plus beaux tumulus du Morbihan; lesquels, lorsqu'on les a fouillés avec la certitude qu'ils n'avaient pas été violés, (c'est-à-dire lorsque le cône du tumulus était absolument intact autour d'eux) ont toujours été trouvés sans autre remplissage intérieur qu'une simple couche de terreau, d'un pied au plus d'épaisseur, avec des armes ou des ossements. Or, le système de construction de ces tumulus est absolument le même qu'ici ; et je noterai, en passant, que la grande chambre de Dissignac me paraît être l'un des plus beaux types que l'on ait encore rencontrés, et comme dimension intérieure, surtout en profondeur, et comme disposition des deux rangs d'assises qui surmontent les supports inférieurs ; ces deux rangs s'avançant en encorbellement, l'un au-dessus de l'autre, forment une espèce de voûte dans le système primitif de celle du trésor d'Atrée, pour arriver à supporter une dalle de recouvrement, de diamètre inférieur au diamètre intérieur de la chambre : en plusieurs points, le vide entre les supports et les dalles de recouvrement est rempli avec une simple maçonnerie à pierres sèches de gros galets de la côte ; c'est absolument la disposition qu'on rencontre dans plusieurs des galeries et des chambres que M. Galles a fouillées jadis dans les environs de Vannes, et dont il a reproduit maint dessin dans le *Bulletin de la Société polymathique du Morbihan*.

Cette similitude complète, dans la construction, avec les beaux types de la grande époque des tumulus à ossements et à belles armes en pierre polie, m'engage donc à reporter jusque là la construction primitive du tumulus et des galeries de Dissignac : on eût adopté un autre mode de construction plus économique, et probablement en petits matériaux, comme ceux des puits funéraires, s'il devait dater de l'époque des incinérations à lits superposés.

Donc, la sépulture primitive de quelque grand chef des peuplades celtiques ou gauloises a été violée, mais à quelle époque ? Je ne crois pas que ce soit à une époque moderne, et voici quelles raisons me portent à le supposer :

On a remarqué ces énormes pierres situées au milieu de la grande chambre, et qui semblaient des supports, lorsqu'on en découvrit le sommet ; elles étaient au nombre de deux, mais elles ne descendaient pas jusqu'au sol de la chambre ; elles reposaient directement sur les pierrailles de remplissage de la partie inférieure.

Or, je mets en fait qu'il eût été impossible de les introduire dans cette situation par l'intérieur des galeries ; les ayant vues en place avant qu'on ne fût obligé de les débiter en petits morceaux pour les enlever, je déclare que cette opération très dangereuse eût nécessité des appareils très dispendieux, et que, fût-elle possible comme appareils, leurs dimensions, autant qu'il m'en souvient, ne leur auraient pas permis de traverser plusieurs passages étroits des galeries. Une seule conclusion est possible à la suite de cette observation, c'est qu'il a fallu, pour les introduire en cette position, enlever les deux énormes dalles de recouvrement de la grande galerie, et les remettre ensuite en place, car on les a trouvées juxtaposées, comme si elles n'avaient jamais été touchées.

D'autre part, des fouilleurs relativement modernes, qui eussent violé les dolmens de Dissignac, soit pour y chercher un trésor, soit dans tout autre but, ne se seraient certainement pas donné la peine, après leur fouille, de remettre en place ces deux énormes dalles ; de plus, ils n'auraient pas rempli méthodiquement la chambre et la galerie par assises presque régulières jusqu'à saturation complète ; ils y eussent jeté pêle-mêle les débris de leur fouille. J'en conclus que la première sépulture celtique a été fouillée à une époque très ancienne, et qu'on l'a conservée ensuite dans le but de la faire servir à un usage particulier, qui ne peut être qu'un usage funéraire.

Je pense donc que le grand dolmen de Dissignac, ayant été ouvert à l'époque gallo-romaine, à la suite de guerres ou d'invasions, et probablement par l'armée de César lui-même, après la défaite de la flotte des Vénètes dans la baie du Croisic, a servi aux populations gallo-romaines de lieu de sépultures par incinérations successives ; et que, lorsque tout le monument a été rempli de cette sorte, on l'a fermé religieusement avec tout le soin possible, en replaçant exactement toutes les dalles de recouvrement, telles que nous les avons trouvées au mois de septembre 1873.

5. — *Trois mégalithes* aux *Pierres Allaire*, nom de village qui a été remplacé par celui des Quatre-Vents (route de Saint-Nazaire à Guérande).

6. — Restes d'un *tumulus a deux galeries, à Trégouët*, en face de celui de Dissignac : la route de Guérande passe entre les deux.

7. — *Tumulus du Pez, près Béac*. On remarque, entre les villages du Pez et de Béac, les restes d'un tumulus, à la surface duquel on voyait encore, au commencement de l'année 1877, percer les sommets de neuf grosses pierres ; d'autres débris formaient les clôtures des champs voisins. Une fouille a été exécutée en août 1877, par M. Thubé, substitut à Saint-Brieuc, avec l'aide du poste de douanes de Saint-Marc. On a reconnu que des fouilles anciennes avaient dû enlever tout ce qui pouvait être intéressant. On n'a rien trouvé ; mais il est certain qu'il y avait là un tumulus à deux galeries conjuguées, comme à Dissignac. Il faut remarquer que les noms des villages voisins, le Pez et Béac, renferment le radical celtique Pé ou Bé, qui veut dire tombeau. Ces noms sont toujours un indice précieux. — A trois kilomètres O.-N.-O. de Saint-Nazaire, se trouve, sur la route de Guérande, un autre hameau et un moulin qui

porte le nom *du Pé*, et qui se trouvent situés sur une éminence d'où l'on domine tout le pays environnant. J'ai la conviction qu'un tumulus a jadis existé en ce point.

8. — *Nécropole du Moulin de la Motte*, près du manoir de Beauregard. Sur une éminence qui domine tous les environs et en particulier la Brière, on remarque une série de six tumulus de différentes dimensions, les uns intacts, les autres dégarnis ; l'un de ces derniers présente une chambre avec galerie de dimensions moyennes. Je me suis entendu avec le propriétaire pour fouiller cette nécropole dès que cela sera possible.

9. — *Dolmen à galerie*, à moitié enfoui, et qu'il faudrait fouiller, dans l'île de Cuneix, en Brière.

10. — Débris de *dolmens à Siril et à Marsain*. Cette dernière localité devint le siège d'une baronnie qui, unie avec la vicomté de Saint-Nazaire, posséda la juridiction principale du pays.

11. — Les anciens du pays se rappellent avoir vu des *débris d'allées couvertes*, aujourd'hui complètement disparus à l'Estang, et près de la vieille chapelle de Toutes-Aides.

12. — *Menhir* du Grand-Pré, à 2 k. 500 de Saint-Nazaire, à droite de la route de Guérande, signalé par M. de Lisle.

13. — *Menhir* d'Aiguillon, signalé par Bizeul, à 5 kil. de Saint-Nazaire, entre le phare d'Aiguillon et le village Crépelet sur le bord de la mer. Il a disparu.

14. — *Cromlec'h* signalé près de Saint-Marc, par l'ancienne *Revue des Provinces de l'Ouest*. Il a disparu.

15. — Grosse pierre avec un *moule de hache en bronze*, au moulin de Prézégat, sur une éminence au bord de la Brière. — Cette pierre a été observée, il y a quelques

années, par M. Muterse, de Guérande ; mais lorsque je suis allé la voir, le meunier venait de la démolir pour bâtir un appentis avec les moëllons qu'il en avait débités. — Il y aurait lieu d'examiner si tous les noms qui contiennent le radical Préz ou Brez, n'indiquent pas d'anciens ateliers de bronze.

16. — Une vingtaine de *haches en pierre polie*, faisant, pour la plupart, partie de mes collections et trouvées les unes dans un champ, au hameau d'Avrillac, les autres dans une carrière au Sabot d'or, et sur divers points du territoire. (Collections Kerviler et de Lisle).

17. — 3 *statères d'or* gaulois anépigraphes, au cheval androcéphale, deux avec une roue à 6 rayons (collection Parenteau), un avec le *sus gallicus* (sanglier) et la bécasse (collection Kerviler).

18. — Atelier de *fondeur de bronze*, haches, débris d'épée, etc., trouvé, en 1885, à Congrigou, près la plage Sainte-Marguerite (collection Mercier).

19. — *Monnaies romaines* trouvées au pied du dolmen de Saint-Nazaire, à l'entrée de la rue Ville-ès-Martin, et au Pez, près Béac. Les premières, en or, ont été trouvées vers la fin du siècle dernier, mais on ne sait ce qu'elles sont devenues. Je possède une partie des autres dans mon cabinet.

20. — *Briques romaines*, aux pointes avancées en Loire, de Méans, de Ville-ès-Martin, de Lève, de Saint-Marc (le château), et de Chémoulin.

Parmi ces débris de céramique romaine, il faut signaler un grand nombre de vases légers en terre cuite ressemblant à de petits bateaux, trouvés en 1851 à la Rougeole, près le phare du Commerce, par M. Mahaud. M. Léon Maître en parle dans ses *Villes disparues* de la Loire-Inférieure, et fait remarquer qu'on a trouvé un dépôt analogue à Saillé, près Guérande ; que M. du

Chatellier en a aussi découvert sur les bords de l'Odet, à Plouhinec, à Ploubannalec, etc., et que M. de Closmadeuc en a rencontré sur le littoral du Morbihan.

21. — *Substructions romaines*, au prieuré de Saint-Nazaire, actuellement place Marceau ; à Porcé, à Saint-Sébastien, etc. Il n'en reste pas assez de traces pour qu'on puisse en bien définir la destination : mais l'attribution romaine n'est pas contestable.

22. — *Voies romaines* de Saint-Marc à Marsain et Ust ; — de Pornichet à Ville-ès-Martin, Saint-Nazaire et Méans ; — de Méans et Saint-Nazaire à Guérande et Piriac. — Il y a des noms de lieux très significatifs le long de ces voies, tels que *Hentleix*-Rohan, *Hentleix*-Pommeraye, La Fin, le Grand-Chemin, le Pont-Avé, le Pont-d'Y, le Grand et le Petit-Verdun. — M. de Barmon, dans un mémoire fort original sur la campagne de César dans ces parages, y ajoute ceux du Petit et du Grand *Gavy* ou *Gavid*, dont l'étymologie procéderait de l'adjectif latin *gavidus*.

Parmi les noms de lieux anciens, il en est un qui m'intrigue d'une façon toute particulière. Dans un aveu de la seigneurie de Boisjollan, daté du siècle dernier, je trouve mention des écluses du *Port Ségouran*, situées au bas du vallon actuel de *Porcé* qui débouche en Bonne Anse, entre le phare du Commerce et le phare d'Aiguillon, et où abondent les débris romains : c'est près de là que M. Mahaud a découvert, en 1851, les poteries bizarres dont je parlais tout à l'heure. Or on a beaucoup disserté sur l'emplacement du *Portus Secor* que Ptolémée place aux environs de l'embouchure de la Loire, et qu'on attribue généralement à la rive gauche, sans être d'accord sur le lieu précis : les uns disent à *Corsept* près Paimbœuf, les autres à Pornic, etc. L'analogie de ces deux noms du *Portus Secor* et du *Port Ségouran*, devenu aujourd'hui *Porcé* est frappante, et sans me prononcer autrement sur l'emplacement du port de Ptolémée, je crois devoir signaler spécialement cette analogie aux archéologues locaux.

II. — Commune de Saint-André-des-Eaux.

1. — *Débris d'un tumulus à deux galeries*, près de l'antique manoir d'Ust, sur un promontoire qui s'avance dans la Brière.

2. — *Débris d'un dolmen*, dont on a fait des moëllons, en 1875, près du Chastelier, sur le promontoire de la Chaussée neuve, très avancé en Brière.

3. — *Débris de deux dolmens*, à 30 mètres l'un de l'autre, près du moulin de Couëlcas.

4. — *Menhir* brisé, en 1867, à trois kilomètres au nord du bourg de Saint-André, sur le bord de la route de Saint-Lyphard, et connu jadis sous le nom de la *Pierre Gergo*. Il figure encore sur la carte cadastrale de Tollenare dressée en 1854.

5. — *Quatre menhirs* en ligne, sur des hauteurs, à 500 mètres de distance l'un de l'autre, de la Ville-ès-Blais à Avrillac.

6. — *Cromlech*, à moitié enfoui dans la tourbe, en Brière, au-dessous de la Chaussée neuve.

7. — Une *médaille gauloise* anépigraphique, en or, que je possède dans mon cabinet, et que j'ai signalée ci-dessus à l'article Saint-Nazaire, vient peut-être des environs du hameau de Marsac, mais il m'a été impossible d'en connaître la provenance exacte. La tête de Bel est, comme je l'ai dit, accompagnée d'un sanglier dans les cheveux et d'une bécasse sous le cou. A l'envers, un génie ailé est foulé aux pieds du cheval au galop. C'est,

je crois, le type qu'on est convenu d'attribuer aux Vénètes, si des types particuliers peuvent être réellement attribués à chacune des diverses peuplades armoricaines.

8. — Plusieurs *ateliers de silex* travaillés, à Kerven, à Avrillac, à Saudun, à Rosé, au Bois de l'Isle, etc., grattoirs, flèches en silex, etc., signalés par M. de Lisle.

9. — Une quinzaine de *haches en pierre polie*, dont l'une en jadéite verte, la plupart en diorite, trouvées à Ust, à Kerpoisson, etc. (Collections Kerviler et de Lisle).

10. — *Substructions romaines* et briques, au Moulin Basclos, et dans les fondations de la nouvelle église du bourg.

11. — *Retranchements et puits funéraire* gallo-romain, au hameau des Bois.

12. — *Voies romaines* de Saint-Lyphard à Pornichet; de Méans à Clis, et de Saint-André à la Brière, avec les noms de lieux caractéristiques du *Chastelier* et du Port de la *Chaussée*.

III. — Commune de Saint-Lyphard.

1. — *Allée couverte du Crugo*, en très gros blocs : il y en a sept un peu en désordre, avec des traces de cupules et de bassins.

2. — Belle *allée couverte de Kerboury*, dans l'île de la Motte : elle est trop connue pour qu'il soit nécessaire de la décrire ici. — A cinquante mètres au sud-ouest, on remarque une sorte de cromlec'h sur un galgal, qui pourrait bien être le reste d'une seconde chambre funéraire. — Des haches en pierre polie ont été trouvées dans les environs.

3. — Magnifique *dolmen et restes d'allée couverte de Kerlo* (Voir, à son sujet, les communications de M. Martin,

dans les mémoires de la *Société archéologique de Nantes*.)

4. — *Deux menhirs*, l'un debout en quartz, l'autre renversé, en granit, à Kercabuz, sur la gauche de la route de Guérande à Saint-Lyphard.

5. — *Tumulus* de la Brouse au Bodin avec restes de deux galeries parallèles, et *cromlec'h de huit pierres*, à 300 mètres de là, au-dessous du château de Crévy, au bord de la Brière.

6. — *Menhir converti en croix*, au moulin de Croix-Longue, sur la voie romaine de Saint-Lyphard à Saint-André. Il a été enlevé, il y a peu de temps, et transporté au carrefour de Keralio.

7. — *La pierre fondue*, menhir aujourd'hui démoli, qui se trouvait encore, il y a quelques années, au Clos-d'Oranges, promontoire avancé en Brière, en tête d'un alignement d'une dizaine d'autres. C'est lui qui figure dans la légende de Saint-Lyphard, quand le saint essaya son épée sur la pierre avant de tuer le dragon qui réclamait sa fille. La carte cadastrale de M. de Tollenare, publiée en 1855, indique, au même endroit, 3 *dolmens*, mais il n'en reste plus trace.

8. — *Les Grands-Fossés*, redoute vénète en terre, de près d'un kilomètre de longueur, et composée d'un fossé de 8 mètres de large, avec un talus de 5 mètres de hauteur, qui barre complètement l'isthme de la presqu'île guérandaise, entre la Brière d'un côté, et le fond de la baie de Mesquer de l'autre. Elle est appuyée, à l'ouest, sur une fortification en blocs énormes, près du Pigeon-Blanc. La partie qui se trouvait située entre la route de Saint-Lyphard à Herbignac et La Brière a été nivelée et détruite, il y a quelques années, pour construire un chemin d'accès charretier entre le bourg et les marais ; mais la section comprise entre la route

d'Herbignac et le Pigeon-Blanc est encore fort imposante et bien conservée.

9. — Sorte de *Carneillou*, réunion de gros blocs, entre le Pont-d'Os et les Grands-Fossés, où la tradition du pays rapporte qu'il y a eu une grande bataille contre les Anglais. L'Anglais est certainement ici dans le sens de l'étranger, de l'ennemi[1]. J'ai tout lieu de croire qu'il y a eu là un combat sanglant entre les Vénètes et les Romains.

10. — *Allée couverte* près Crouly, signalée par Bizeul dans la *Revue des Provinces de l'Ouest*, en 1855 (2ᵉ année) avec des détails beaucoup trop romantiques. Mais il ne l'avait pas vu lui-même ; et M. de Lisle n'en a retrouvé en 1882 qu'une pierre sillonnée de rigoles et percée de nombreux bassins.

11. — *Menhir* de la Pierre-au-Moine, en Brière.

12. — Restes d'un tumulus, d'un *dolmen et allée couverte*, sur l'îlot de Bréca, dans la Brière. M. de Lisle les a fouillés en février 1882, mais il a reconnu que tout avait été violé depuis longtemps.

13. — Un grand nombre de *haches en pierre polie*, trouvées sur le territoire de la commune, a été recueilli par M. Blanchard, membre de la Société archéologique de la Loire-Inférieure, autrefois percepteur à Herbignac, aujourd'hui retraité à Nantes. Il en possédait au moins 15 de tout échantillon. Depuis, M. de Lisle en a récolté 24 autres, parmi lesquelles celles de la découverte du clos de la Rèze, en 1879, posées soigneusement deux à deux en équerre sur champ, et dans un lit de cailloux.

14. — *Hache et bout de lance en bronze*, et grains de

[1] Voici un phénomène curieux d'une déformation de tradition populaire. J'interrogeais, en juillet 1890, un paysan voisin des Grands-Fossés. Il n'était déjà plus question d'Anglais. Pour lui, c'étaient les *Bleus* qui avaient mis le village à feu et à sang.

collier en schiste, recouverts d'une feuille *d'or*, appartenant à M. Martin, et trouvés dans la tourbe, auprès de l'îlot appelé Le Bois de l'Ile. — Autre hache en bronze de la collection Blanchard.

15. — Un *statère d'or* trouvé dans la tourbière, en 1858 : un génie debout, les bras étendus, sous un cheval androcéphale (collection Parenteau).

16. — *Voies romaines*, très nettement caractérisées, d'Herbignac à Pornichet et à Clis, s'embranchant au Pont-d'Os, avec un retranchement dominant la fourche. Une autre voie va de Saint-Lyphard à Piriac.

IV. — COMMUNE DE GUÉRANDE.

1. — *Restes d'une allée couverte*, à Sandun : il y a huit pierres debout, en rectangle allongé, sur un monticule de granit très élevé qui domine tout le pays. — A deux cents mètres au nord, on remarque deux immenses pierres dans un champ, menhir ou shiels.

2. — *Menhir et pierre de sacrifice* (?) de la Madeleine. Voir la description qu'en a donnée M. Martin dans le *Bulletin de la Société archéologique de Nantes*.

3. — Cinq *menhirs* à Bissin, Lévéra, Clis, La Messagerie et entre Congor et Garcan. L'un d'eux s'appelle *la pierre beurrée*.

4. — Restes de *dolmens* et d'allées couvertes, à Trévedais, Careil, Tromartin, Coëtpean, Drienno, Le Mené, le Clos-Fontaine, près Quéraquen, et entre la Connerie et Kerjacob. — Il y aurait quelques fouilles à exécuter sur l'emplacement de tous ces groupes de débris, quoiqu'ils soient en fort triste état.

5. — *Grand tumulus* de Brandu, qui n'a pas été fouillé. — MM. de Kersabiec et Desjardins fixent en

ce point le *Portus Duorum Corvorum*. Je suis tout disposé à le croire, en le plaçant au port actuel de Lérat, tout voisin.

6. — Exploitation de *meules de moulin* antiques en granit, sur les pointes de rocher de Cramaguen et de la Place, près Guérande, et de Trévaly, près Clis. Les premières ont été décrites par M. le docteur Foulon, dans le *Bulletin de la Société archéologique de Nantes*.

7. — *Fortifications en gros blocs* de rochers, à Kerné, et au Pégrido, près la Madeleine, sortes d'immenses jetées d'une centaine de mètres de longueur sur dix de large, flanquées sur les parois par des alignements de pierres debout. Elles ont été bien décrites par M. de Lisle, dans sa statistique archéologique de la Loire-Inférieure.

8. — *Haches* en pierre polie (celts) et grand marteau en pierre, trouvés au Bas et au Haut-Moral, appartenant à M. Méresse, de Saint-Nazaire. — MM. Muterso et Martin, de Guérande, possèdent un grand nombre de haches en pierre polie, trouvées en divers points sur le territoire de la commune, en particulier à Careil. M. de Lisle en cite, de plus, onze de sa collection.

9. — La tradition veut qu'il y ait eu des *dolmens* à Lessac, à Saillé, à Lauvergnac et à la Boulle. En ces deux derniers points, quelques débris mégalitiques semblent le justifier.

10. — Coins et *haches en plomb* découverts à Saint-Nom, et signalés par M. de Lisle dans la *Revue archéologique* de décembre 1881.

11. — *Statère gaulois en or* trouvé à Griguenic (collection de Kerarden, mme Le Lièvre).

12. — Ardoise avec *caractères phéniciens cursifs* trouvée dans le marais salant et appartenant à M. le lieutenant de vaisseau Martin.

13. — Remarquer les *noms de lieux* caractéristiques de Brézéan, Kervenel, Kerbenel, Kaërwen, Le Réker et Kerroué.

14. — *Nombreuses substructions romaines*, tout le long du flanc et du pied des collines guérandaises, entre Clis et Careil. Dans toute cette région, sur une étendue de près de 5 kilomètres, on ne trouve que briques romaines, murs, substructions, ciment, pavés, marbres sculptés, puits funéraires, etc... Le coteau de Clis est, en particulier, très important et je reproduirai ici une note que j'ai publiée en 1875 dans le *Bulletin de la Société archéologique de Nantes*, sur une découverte faite en ces parages.

« Messieurs, averti par M. Muterse, de Guérande, au commencement du mois d'avril, qu'un maraîcher venait de découvrir, en défonçant son verger, de nombreuses substructions qui paraissaient indiquer les débris d'une villa gallo-romaine, je profitai d'une tournée de service à la Turballe, pour visiter en détail les lieux de la découverte avec l'infatigable archéologue qui m'avait annoncé la bonne nouvelle. Nul, mieux que M. Muterse, ne connaît la topographie celtique, gauloise et gallo-romaine de toute la presqu'île guérandaise, et c'est lui qui a donné le goût de cette étude à son neveu, M. A. Marlin, l'un des plus ardents au travail parmi nos nouveaux confrères. Avec ses notes et avec celles de M. le docteur Foulon, convenablement discutées, on pourrait retracer tous les établissements antiques si nombreux dans la presqu'île ; et c'est ce que je tenterai avec eux quelque jour, puisque les hasards de la vie administrative m'ont confiné dans cette presqu'île si intéressante[1]. Aujourd'hui je ne veux vous entretenir que des traces dernièrement rencontrées et des modi-

---

[1] Le présent travail est la réalisation de cette promesse.

fications qu'une étude plus approfondie m'a conduit à apporter, pour ce qui concerne la région de Guérande, à la carte du réseau des voies romaines en Armorique, que j'ai publiée, en 1873, dans les *Mémoires de l'Association Bretonne.*

« A peu près exactement à mi-coteau de la pente assez rapide qui descend du village de Clis aux salines des Maisons-Brûlées et de Griguenic, se trouve un chemin horizontal qui longe la colline. Ce chemin est limité au nord par une magnifique muraille gallo-romaine en petit appareil régulier, de deux mètres environ de hauteur sur près de cent mètres de longueur, avec deux arrachements de larges contreforts de 2^{m}50 d'épaisseur, qui passent sous le chemin. C'est la muraille gallo-romaine intacte la plus importante que j'ai rencontrée dans nos pays, et déjà plusieurs archéologues, frappés de sa remarquable conservation, en avaient signalé l'existence, mais sans lui assigner d'usage déterminé ; elle était connue de MM. Foulon, Muterse, Desmars, Martin, de tous ceux qui ont exploré cette région, et l'on se demandait si elle n'avait pas servi de muraille fortifiée à l'antique *Grannona in littore saxonico*, signalée comme cantonnement de la première cohorte de la Nouvelle Armorique, par la *Notitia dignitatum*. On sait que plusieurs champs, au pied de la colline, sont littéralement rougis par des débris de briques romaines ; qu'une hutte de douaniers, au bord de la route salicole, est entièrement construite avec des tuiles à rebords, et que les substructions d'une villa ont été déjà rencontrées dans un des champs les plus voisins des salines. Enfin, c'est dans les murs du vieux manoir de Griguenic, à quelques pas de là, que se trouvent incrustés les petits fragments de bas-reliefs en marbre si artistiques et si délicats, qui ont soulevé déjà plusieurs discussions dans vos séances. Il y a donc en ce point tout un concours de faits positifs tendant à faire reconnaître une sérieuse occupation gallo-romaine, et il pouvait y avoir quelque apparence de raison à soutenir que la forte muraille du chemin à mi-coteau était un mur de défense; mais il me paraît bien démontré aujourd'hui que ce n'était que le mur de soutènement, luxueusement construit d'une terrasse qui limitait les jardins d'une villa importante, peut-être de la résidence du chef de la première cohorte saxonne.

« Cette muraille, en effet, supporte encore aujourd'hui une terrasse à très faible pente qui constitue le jardin du maraîcher inventeur des substructions. Or, le sol de ce jardin, sur deux hectares environ, est jonché de briques romaines, et depuis plus de cinq ou six ans, le propriétaire prétend rencontrer des substructions dans tous les sens, en défonçant ses carrés. Ce qu'il y a de certain, c'est que, indépendamment de ces briques et des fragments d'enduits rouges et verts en ciment stuqué qu'il nous a présentés, il a déblayé pour nous les dernières substructions découvertes qu'il n'avait pas encore démolies, mais seulement recouvertes de terre. A 60 mètres environ de la muraille de la terrasse précédente, nous avons rencontré un mur de fondation parallèle à cette muraille, et s'étendant encore sur près de cinquante mètres de longueur. Au centre, nous avons déblayé une autre substruction en demi-cercle, venant s'appuyer sur la première, et mesurant 6 mètres de diamètre extérieur. En dedans de ce demi-cercle, il y avait un amoncellement de fragments de briques à rebords, de débris de ciment et de stuc, de poteries noires et rouges, mais sans aucun caractère particulier. Cette pièce en demi-cercle se retrouve dans presque toutes les villas gallo-romaines dont on a retrouvé les substructions en Bretagne. A gauche et parallèlement au mur sur lequel elle s'appuie, nous avons rencontré un second mur, à 80 centimètres de distance du premier, disposé de manière à former un petit couloir dans lequel on a relevé de nombreux fragments d'enduit stuqué rouge et vert. Ce couloir, à 20 mètres de distance du demi-cercle, se retournait à angle droit et en avant, comme pour former une aile, et nous n'avons pu le suivre plus loin.

« Plusieurs paysans qui assistaient à ces fouilles, malheureusement trop incomplètes, nous ont assuré que dans les jardins contigus, on rencontre des substructions analogues, et qu'eux-mêmes en ont démoli un grand nombre, depuis plusieurs années, pour les besoins de leurs exploitations.

« En résumé, il y a là incontestablement les débris d'une villa importante dont une fouille suivie et complète, aidée sur place de tous les renseignements que pourraient fournir les maraîchers voisins, donnerait le plan et la distribution ; mais un pareil travail n'est pas à la portée de la bourse d'un simple mortel, et les résultats qu'on est en droit d'espérer méritent que la Société Archéologique fasse un léger sacrifice en vue de les obtenir : ce n'est, du reste, qu'après la récolte qu'il sera possible de songer à pratiquer de nouvelles fouilles en ce point.

« Il serait d'autant plus important de pouvoir reconnaître avec précision cet établissement, que toutes les probabilités tendent à y placer la principale station gallo-romaine de la presqu'île guérandaise. J'ai marqué par des points rouges, sur une carte jointe à cette note, tous les lieux où des objets de provenance gallo-romaine ont été rencontrés dans la région. On remarquera qu'ils se concentrent tout particulièrement aux abords de Clis : je signalerai spécialement à votre attention les deux camps romains, que m'a signalés M. Muterse et qui ne sont guère contestables. Le premier domine la fameuse redoute gauloise des Grands-Fossés, figurée en violet, qui coupait d'un bout à l'autre l'isthme séparant le traict de Mesquer et les étangs de Pompas de la Grande-Brière, isolant ainsi complètement la presqu'île guérandaise. Le second est situé dans un lieu appelé Boule ou Poul, au centre du grand promontoire de Piriac : après la conquête, il commandait tout le pays. Enfin, personne n'ignore l'importance des lignes défensives de Penchâteau, signalées, pour la première fois, par M. le docteur Foulon, et que j'ai visitées dernièrement avec lui ; elles sont adossées à un tumulus dont il serait fort curieux de connaître l'intérieur ; il est même très probable qu'un camp romain étendit, après la conquête, sa plate-forme prétorienne au pied même de ce tumulus, sentinelle avancée de ce promontoire sauvage qu'alors l'eau entourait de toutes parts : car il est bien certain qu'à l'époque gallo-romaine, le Croisic, Batz et le Pouliguen, n'étaient pas réunis au continent et que la plus grande partie des salines n'existait pas. Les apports de sable, depuis les temps historiques, ont seuls fermé, dans les deux sens, ce qu'on appelle aujourd'hui le traict du Croisic.... »

15. — *Briques* et *débris romains* divers, à Kervenet, au Gurino, près Kerné ; à Beaulieu, Saillé, Tesson, Bissin, La Madelaine, Saint-Nom. En ce dernier point, on a trouvé des fragments de jolis vases en verre irrisé, et une magnifique bague en or, qui appartiennent à M. Méresse, de Saint-Nazaire.

16. — *Puits funéraire* gallo-romain du Yosquet, près des Maisons-Brûlées sous Clis, décrit par M. Martin dans les *Mémoires de la Société archéologique de Nantes.*

17. — *Tour à signaux* gallo-romaine de Trévedais, décrite par M. le docteur Foulon dans les mêmes mémoires ; mais M. de Lisle ne lui croit pas cette ancienne origine.

18. — Nombreuses *monnaies romaines en or* trouvées aux environs de Guérande, en particulier, un Tibère (collection de la Morandais), un Constantin et un Constance ; et *monnaies de bronze* au musée de Nantes et aux collections Méresse, Kerviler, Foulon, Maître, etc.

19. — *Voies romaines,* de Clis à Piriac, à Saint-Molf, à Saint-Lyphard et à Saint-Nazaire, sur lesquelles on trouve les noms caractéristiques de Le Grand-Chemin et le Pavé de Beaulieu. Un fragment de voie, parfaitement conservé, se trouve à mi-coteau des collines de Guérande, entre Trévely, au-delà de Clis, et Quéniquen, sur deux kilomètres : il est en partie pavé, en partie empierré avec un mélange de pierres et de briques formant un véritable béton marqué de rouge. La voie est dans une situation admirable et domine, sur son parcours, toute la région des marais salants et la baie du Croisic. M. Léon Maître a contesté récemment cette voie, mais je l'ai parcourue jadis avec M. Martin, et M. Maître qui vient quinze ans après nous, n'a sans doute plus retrouvé qu'un sol transformé par les agents du service vicinal.

V. — COMMUNE DE MESQUER.

1. — *Menhir* de Milon, signalé par le *Dictionnaire de la Commission de topographie des Gaules.*

2. — Collection d'une quarantaine de *huches en pierre polie,* trouvées sur le territoire de la commune en divers points, et appartenant à M. Hocquart, de Mesquer. Elles ont figuré, au mois de septembre 1877, à l'exposition rétrospective, installée à Savenay, à l'occasion du congrès de l'*Association bretonne.*

3. — La tradition indique les restes d'une *allée couverte*

à *Kerallemen*, et ce nom de lieu semble aussi l'indiquer, de même qu'à la Motte-Alleman, près de Beauregard (moulin de la Motte), en Saint-Nazaire. Je traduis exactement ce nom par *Ker-al-men*, ou en français, la *Ville-ès-Pierres*, nom de lieu, qu'on retrouve aussi dans la commune de Saint-Nazaire.

4. — Il y aurait une recherche à faire à la borderie *des Buttes*, à 200 mètres au sud de Mesquer[1].

5. — Voies romaines de Merkel à Lérat et à Clis, avec le nom de lieu de Kerguillolé, ou Ker-Gui-Osté : — *Ker-Vixæ-Hostilis* (? ...)

VI. — COMMUNE DE SAINT-MOLF.

1. — *Fortifications en gros blocs*, à Trébrézan.

2. — *Butte* de 5 mètres de hauteur à Binguet.

3. — Remarquer les noms significatifs de *Trébrézan*, où doit avoir existé une bronzerie, et *La Motte*, métairie, à 3 kilomètres au sud-est du bourg. — Il y aurait lieu d'exécuter des fouilles en ces points.

4. — *Anciens retranchements* en terre à Kervenet et à Kerbiquet.

4. — *Voies romaines*, de Piriac à Saint-Lyphard, et de Guérande à Trébrézan. Nous retrouvons encore sur leur passage le nom de Kerguillolé ou Ker-gui-osté, qu doit indiquer une voie militaire.

VII. — COMMUNE DE PIRIAC.

1. — *Débris de dolmens*, à Kervaudoué, à Kertrellant et à Bolomel.

---

[1] En face de Merkel, se trouve, en Assérac, de l'autre côté de la baie, le promontoire caractéristique de Penbé, cap du tombeau.

2. — *Pierres gravées* du Meniscoul, couvertes de capsules, de fleurons et de croix, décrites par M. Martin dans les *Mémoires de la Société archéologique de Nantes*.

3. — *Puits funéraires*, à Piriac ; il y aurait à y pratiquer des fouilles.

4. — *Haches en pierre* trouvées près de Saint-Sébastien et du Meniscoul (collection de Lisle).

5. — *Voies romaines*, de Piriac à Saint-Lyphard et à Clis, et de Lérat à Merkel.

6. — Remarquer le nom de Piriac, anciennement Pen-Keriac ou Pen-Kaëriac, que M. Jégou traduit par *Caput Caesareum* ou cap romain : mais je crois qu'il convient d'y voir un souvenir d'*Aula Quiriaca*.

7. — Remarquer aussi la légende d'une ville anciennement engloutie entre Piriac et l'île Dumet, et noter que les rochers de la pointe de Piriac se nomment rochers de *Castelli*.

VIII. — COMMUNE D'ESCOUBLAC.

1. — *Débris de dolmen*, à la Grée-Guillaumé, et à Kerquesso.

2. — Antique *tour à signaux*, ou amer, à Nérac.

3. — Atelier de *silex travaillés* à Kerquesso, signalé par M. de Lisle.

4. — Il y aurait lieu de faire une reconnaissance, que nous n'avons pas encore eu le loisir d'exécuter, aux lieux dits : *La Bosse de la Ville-Joie* et la *Motte-Penneraie*, à 3 kilomètres E. S.-E. et O. S.-O. du bourg. — Le nom de *bosse*, dans ce pays, indique presque toujours l'existence d'un tumulus.

5. — Une trentaine de *haches en pierre polie* recueillies par M. Martin, instituteur à Escoublac.

6. — *Poteries samiennes*, et importantes substructions de villas gallo-romaines, récemment découvertes à Pornichet (rive droite, — la rive gauche dépend de la commune de Saint-Nazaire).

7. — *Puits funéraires* à fouiller, à Cuy.

8. — *Restes de villas romaines*, à Mésoré, à la Ville-Mouée et à Kerquesso. M. Léon Maître signale, près du moulin de la Falaise, un lieu dit *Le Boulevard* qui rappelle un retranchement enseveli sous les sables.

9. — *Voies romaines* de Pornichet à Herbignac et à Clis. Cette dernière entre sous les sables où elle disparait aujourd'hui, au village de la Ville-Halgan.

10. — L'ancien village d'Escoublac est enseveli sous les dunes, à 2 kilomètres du bourg actuel. — Il est bon de remarquer que l'étymologie, jusqu'ici adoptée, du nom de cette commune, traduit par *Episcopi lacus* ou *locus*, n'est guère soutenable. Il faut peut-être la rechercher, avec plus de succès, dans le nom d'homme *Le Scouble*, très commun dans la région, et qui serait un nom de clan, souvenir de l'une des anciennes tribus armoricaines.

IV — Les Marais salants et les Îles Guérandaises.

Tous les atterrissements qui ont formé les marais salants de Guérande et qui ont réuni à la terre ferme les anciennes îles de Saillé, du Croisic et de Batz, sont de formation moderne ; on les voit se développer tous les jours : la baie intérieure du Croisic se rétrécit de plus en plus, et les salines les plus rapprochées du rivage actuel ne datent que du siècle dernier : les atterrissements nouveaux prennent le nom de *baules* : lorsqu'ils sont suffisamment avancés, on les endigue, et on obtient ainsi de nouveaux réservoirs pour l'exploitation du sel. Plusieurs points de l'intérieur ont conservé le nom de *baule*, qui leur avait été anciennement donné, et témoignent ainsi de la marche progressive des alluvions dans les époques modernes. Mais j'ai obtenu une preuve palpable de l'importance extraordinaire de ces atterrissements dans les derniers siècles ; les marais salants qui occupent aujourd'hui une bande de deux kilomètres de largeur, au pied du cirque des collines guérandaises, formaient une bande d'à peine deux cents mètres de largeur au moment de l'occupation romaine, et l'on peut affirmer, par conséquent, que les grands rochers, à aspect de falaises rongées par la mer, qui se trouvent au pied des collines, étaient en effet baignés par la mer aux époques celtiques ou gauloises. J'ai pu déterminer cette largeur des salines au moment de la chute de l'Empire romain, en pratiquant des sondages méthodiques dans le marais. J'ai reconnu, en effet, avec M. Marlin, sur l'indication d'un paludier du village des Maisons-Brûlées, que toutes les salines romaines étaient bétonnées et dallées. Les dalles sont des briques à rebords posées sur le béton, avec les rebords par dessous, de manière à faire bien corps avec lui. De cette façon, on avait une aire beaucoup plus propre que la simple vase pour ramasser le sel ; et, ce qui est beaucoup plus important, l'eau sur cette aire étant plus chauffée, on obtenait plus de sel. Ces dallages se trouvent aujourd'ui dans les œillets, sous une couche de vase, dont l'épaisseur varie de 5 à 10 centimètres, suivant les salines. Il est probable qu'après les violentes commotions qui suivirent la chute de l'Empire romain, les salines ne furent plus exploitées ; les œillets romains se recouvrirent de vases, et, lorsqu'on reprit l'exploitation, on n'avait plus le souvenir du dallage. Il y a quelques années, plusieurs industriels eurent l'idée, sans connaître le procédé romain, de daller un certain nombre de salines pour obtenir une meilleure exploitation ; mais ils reculèrent devant la dépense énorme que nécessitait cette opération ; ce qui donne, une fois de plus, raison à ce proverbe populaire, qu'il n'y a rien de nouveau sous le soleil. Les Romains avaient des esclaves, et ne s'inquiétaient guère de la dépense.

M. Léon Maître, dans l'une des dernières livraisons de ses *Villes disparues*, a contesté nos observations et affirmé qu'il n'avait pas retrouvé de salines dallées. C'est possible, mais je ferai remarquer qu'il vient quinze ans après nous, et que les choses ont eu le temps de changer depuis cette époque. J'ai encore, dans mon cabinet, plusieurs des dalles formées de briques à rebords que nous avions trouvées parfaitement en place, avec les rebords par-dessous et noyées dans le béton pour former scellement. Il ne pouvait y avoir aucune erreur sur leur destination.

Une autre découverte qui confirme les précédentes conclusions a été celle des débris d'une gabarre gallo-romaine, dans un ancien étier, aujourd'hui complètement disparu sous la vase et sous une saline en exploitation, à 200 mètres de la terre ferme ; le groupe des salines voisines s'appelle encore le *Loc*, ce qui prouve que là devait être le port d'embarquement. Avec l'autorisation de la propriétaire, nous avons, M. Martin et moi, fouillé la saline en grand, et nous avons retiré tous les débris du bateau, en particulier des membrures en chêne, disposées à clins à l'extérieur : les couples sont composés de trois pièces, et nous ont fait conclure que cette gabarre devait contenir une quarantaine de tonneaux, et avoir environ 15 mètres de longueur : elle était pointue de l'avant et de l'arrière, et elle avait au moins 3 mètres 50 de largeur et autant de profondeur; les chevilles et gournables sont en bois blanc, avec une cale de chêne ; le vaigrage intérieur était retenu avec des clous en fer, à section carrée; ce qui prouve bien son origine gallo-romaine, ce sont des briques à rebords, trouvées pêle-mêle avec les débris, sous 1 mètre de vase en moyenne. Une série de petits pieux, plantés debout et en ligne, semblait même indiquer qu'il y avait, en ce point, une estacade de débarquement ou d'embarquement, au bord de l'étier.

Je dois ajouter que c'est dans ces parages et un peu plus près de la terre ferme, que M. Martin a recueilli une petite ardoise sur laquelle sont gravés des caractères qui ont une forte ressemblance avec du sidonien cursif : telle a été, du moins à première vue, l'opinion de M. de Saulcy.

Quant aux îles mêmes, Batz et le Croisic, il n'y a pas grand chose à en dire, et les restes anciens y sont rares. Au Croisic, je citerai seulement le grand menhir situé sur l'éminence qui domine l'océan ; à Batz, le menhir qui s'élève au-dessus du petit port de Saint-Michel ; et au Pouliguen démembré de Batz, l'oppidum de la pointe de Penchâteau dont j'ai déjà parlé.

X. — La Grande-Brière.

Il convient de compléter cette statistique par quelques mots sur la Grande-Brière mottière, qui borne à l'est la presqu'île Guérandaise, comme les marais salants la bornent à l'ouest.

Cette Grande-Brière fut jadis un golfe parsemé d'îles, encore appelées de ce nom, quoique la plupart soient aujourd'hui entourées de prairies et de pâturages : et ce golfe se déversait en Loire par la baie de Penhouët, sous le dolmen de Saint-Nazaire. J'avais d'abord pensé que le niveau des alluvions devait être à peu près le même dans le grand golfe et dans la baie de Penhouët ; mais j'ai bientôt reconnu mon erreur. Un certain courant existait toujours aux environs de l'embouchure en Loire, beaucoup plus considérable que dans l'intérieur du golfe. Il en résulta que les eaux vaseuses précipitèrent leurs dépôts beaucoup plus vite au fond de la Brière qu'à l'embouchure, en sorte qu'à l'époque romaine en particulier, la tourbière devait exister déjà dans une partie du golfe, vers le fond et entre les nombreuses îles de l'ouest, quoiqu'à Penhouët le niveau de l'alluvion fût établi à plus d'un mètre au-dessous des basses mers.

J'ai fait exécuter de nombreux sondages dans divers points de la Brière : d'après ces sondages, d'après les coupes des fondations d'anciens ouvrages exécutés pour le service vicinal ou pour le syndicat des marais, et d'après des renseignements oraux recueillis de différentes sources, je suis arrivé à cette conclusion que l'épaisseur de tourbe qui recouvre toute cette immense étendue de la Brière est peu considérable : elle ne varie guère qu'entre 1^m,50 ou 2 mètres. Par dessous, on rencontre, suivant les points, de la vase très argileuse, ou du sable graveleux, jusqu'à des profonedurs très variables, car le rocher inférieur est très inégal. Cette couche de tourbe contient, à sa partie supérieure, d'immenses troncs d'arbres, presque tous de chêne, complètement noyés dans la masse, et qui ont pris, avec une teinte noire, une dureté de fibre extraordinaire. Contrairement à ce qui a été dit et souvent imprimé, ces troncs d'arbre ne sont pas tous couchés dans la même direction : le pêle-mêle est absolu ; nous en avons plusieurs fois observé qui sont groupés en triangles, ou en polygones de toutes formes. Un grand nombre de ces troncs d'arbre possèdent encore leur souche, témoignant ainsi qu'ils ont été arrachés en grand : d'autres au contraire ont été brisés au ras du tronc, et la souche reste encore à quelque distance, debout et plantée dans l'ancien sol tourbeux où elle se développa jadis. Cet aspect très caractéristique de la Brière, qui se manifeste surtout au moment du tourbage, pendant le mois d'août, indique par conséquent que tout ce sol marécageux a été couvert, à une ancienne époque, par une immense forêt dont nous retrouvons encore aujourd'hui toutes les traces. Des arbres avaient poussé sur le sol qui commençait à se raffermir, mais les racines ayant atteint les parties inférieures de la couche de tourbe, qui sont très humides, l'eau dut détremper davantage ce sol marécageux ; le poids des arbres qui grandissaient devint considérable, et un jour de violente tempête, comme il s'en déchaîne encore quelquefois dans ces parages, la forêt ayant été enveloppée dans une sorte de cyclone, n'eut pas assez de résistance pour combattre les efforts violents qui se transmettaient dans les racines, et tous les arbres furent renversés sur place. Le désert s'étendit de nouveau au lieu de cette forêt qui n'avait duré qu'un siècle ou deux, les branches et les feuilles se mêlèrent aux débris de la tourbière inférieure : les irruptions des inondations régulières achevèrent de tout niveler : la tourbe se reforma compacte sur le marécage, et depuis ce temps la situation est la même.

Mais à quelle époque faut-il faire remonter la formation de la grande couche tourbeuse et le cataclysme qui détruisit la forêt supérieure ? La tradition semble indiquer que cette destruction eut lieu vers le VIIIe ou le IXe siècle de notre ère : mais aucun document positif ne peut nous préciser de date certaine. Ce qu'il y a d'incontestable, c'est qu'à diverses reprises des objets archéologiques ont été trouvés *sous* la couche de tourbe. Je citerai, en particulier, un marteau en pierre, percé d'un trou pour recevoir un manche en bois, et qui vient des abords de l'Île du Fresny en Montoir ; (ce marteau fait partie des collections de mon cabinet,) des épées, des poignards et des haches en bronze, trouvés dans les fondations de l'écluse de Rozé, du pont de la Guesne et dans le creusement du canal de la Chapelle-des-Marais : (ces objets font partie de diverses collections, notamment de celles de M. l'abbé Godefroid et de M. le baron de Girardot.)

Par conséquent le commencement de la formation de la tourbe n'est pas antérieur à la date de l'introduction du bronze dans ces parages, c'est-à-dire au VIII* ou IX* siècle avant notre ère : et nous pouvons dire que cette formation de la tourbe correspond presque exactement, comme durée, à l'époque de l'âge du bronze en Armorique, car nous connaissons aussi plusieurs objets de bronze recueillis dans la tourbière même, près du *Bois de l'Île*, en Saint-André-des-Eaux. Ce sont une pointe de lance et une hachette qui appartiennent à M. Martin, de Guérande, et qui ont été trouvées en même temps qu'un collier formé de grains schisteux recouverts d'une mince feuille d'or : ces derniers ressemblent à de gros grains de chapelet oblongs : un seul a pu être conservé, le paysan qui trouva le collier en tourbant ayant donné les autres à ses enfants pour jouer, et par conséquent pour les perdre. M. Martin est l'heureux possesseur de ce précieux débris. Nous citerons enfin, comme provenant aussi de la couche de tourbe, le magnifique torques en or qui appartient au musée de Saint-Germain et qui fut trouvé sur le territoire des marais de Crossac, vers 1860.

De cet ensemble de faits, il me paraît résulter que la couche de tourbe a dû se former pendant les dix premiers siècles, au plus, avant notre ère. Je ne connais aucun objet romain provenant de la tourbe : la couche inférieure devait être déjà complète au moment de leur conquête. Quant à la forêt, il m'est, pour le moment, impossible de décider quelle fut exactement l'époque de sa croissance et celle de sa destruction : je ne puis donner pour limites que le temps qui s'écoula depuis les environs du commencement de notre ère jusqu'à l'époque des premiers documents écrits qui nous restent de notre histoire. Ce qu'il y a de certain, c'est que, dans le *Cartulaire de Redon* et dans nos vieux légendaires, on trouve quantité de passages attestant que des monticules, faisant aujourd'hui partie du continent aux environs de Besné et de Pontchâteau, étaient alors des îles auxquelles on n'accédait qu'en barque : ces points sont aujourd'hui éloignés de plus de 10 kilomètres de la rive de la Loire, et on les comptait alors très positivement parmi les îles de la Loire. Pour trancher d'une manière définitive cette question qui intéresse d'une façon toute spéciale l'histoire des premiers siècles de notre ère, de nombreuses fouilles seraient nécessaires dans ces parages; et, d'après les renseignements que nous avons pris dans le pays, nous avons la conviction qu'elles seraient très fructueuses.

Il faut ajouter que presque tous les monticules en saillie au-dessus de la Brière, les îles, comme on les appelle encore aujourd'hui, étaient munis de monuments mégalithiques. J'en ai constaté un très grand nombre, en compagnie de M. Martin, l'infatigable explorateur des environs de Guérande : nous avons fouillé, en particulier, un tumulus à galerie découronné, dans l'île de Breca et un cromlec'h au-dessous de la Chaussée-Neuve : mais les gens du pays nous avaient depuis longtemps précédés pour extraire des pierres, et nous n'avons pu que constater l'existence des monuments, de même que celle d'une grande chambre couverte dans l'île de Cuneix, du menhir de la Pierre-au-Moine et de plusieurs cromlec'hs en plein marais[1].

Enfin, tout autour de la Brière, les promontoires du continent sont très riches en débris mégalithiques. Je citerai spécialement — en Donges, (outre le menhir de la Vache et le dolmen enfoui dans les fossés du chemin de fer, près de la gare de Donges, situés en dehors du périmètre direct de la Brière), trois monuments en ligne sur la pointe du Bois-Joubert ; un tumulus sans galerie qui a fourni des cendres et des fragments de poteries à dessins ; les restes d'un grand dolmen à galerie, dont une pierre de table mesure 3m30 sur 1m20 et sur 0m80 ; et une immense pierre de 5 mètres de long, 2 mètres de large et 1m40 d'épaisseur, à surface supérieure inclinée, sur laquelle on remarque des restes de lignes régulières de capsules demi-sphériques ; puis, à quelque distance, six autres menhirs et tumuli décrits par M. de Lisle ; 34 haches en pierre recueillies par le même archéologue ; une épingle en bronze de 21 centimètres, avec plaque creusée pour enchasser une pierre, du même type que celle de Penhouët, trouvée aux abords de l'île d'Er ; deux épées de bronze (collection Transon et musée de Nantes) ; des poignards et rasoirs en bronze trouvés à l'est de la Guesne, etc., — en Montoir, le dolmen d'Herbin ; une hache-marteau trouvée au Fresny, et qui fait partie de ma collection ; une épée de bronze qui figurait en 1789 dans le cabinet de M. de la Pommeraye ; un poignard, une hache et divers autres objets de bronze trouvés à Trignac et qui appartiennent à M. l'abbé Godefroid ; — en Besné, le dolmen de l'Ile de Saint-Friard ; 27 haches en pierre polie recueillies par M. de Lisle ; des haches de bronze trouvées, en particulier, près du village du Gros-Chemin ; et de nom-

[1] On doit regretter, en particulier, la disparition d'une sorte de cromlec'h avec pierre centrale que les travaux du chemin de fer du Croisic ont démoli en 1877, sur le versant nord de la petite île d'Herbin, près Méans.

breuses exploitations d'anciennes meules à bras, sur les sommets des environs ; — en Crossac, le dolmen à galerie, voisin du bourg, sous lequel une vieille femme a demeuré pendant plusieurs années ; les dolmens de Pierre-Levée et des Rochettes ; une vingtaine de haches en pierre recueillies par M. de Lisle ; des épées de bronze, haches et anneaux trouvés dans les fondations du pont de la Guesne en 1842, et déposés au musée de Nantes, au nombre de 54 objets ; deux autres épées de bronze (collections de Lisle et Ollivaud) ; et deux bracelets gaulois en or, dont l'un fut acheté par l'empereur Napoléon III pour le musée de Saint-Germain ; — en Saint-Joachim, les allées couvertes de la Butte-aux-Gorzeaux et de la Butte-aux-Biches ; et une épée de bronze trouvée au Bru ; — en la Chapelle-des-Marais, 3 statères d'or avec des emblèmes divers sous le cheval androcéphale, et une trouvaille d'un millier de pièces romaines qui appartiennent au musée de Nantes ; — en Sainte-Reine, la Roche-aux-Fées ; le dolmen de la Vallée, 8 haches en pierre polie recueillies par M. de Lisle ; 19 haches en bronze et une épée trouvée à Cuziac ; — en Herbignac, l'allée couverte de Riholo, les alignements d'Arbourg ; 8 haches en pierre polie (collections Blanchard, du Bois-Chevalier et de Lisle) ; une hache en bronze (collection Blanchard) ; 2 statères d'or avec la roue à 4 rayons (collection Chomard de Kerdavy) ; 4 monnaies d'or romaines (collections Tourgouillet et de Kersauson) etc. ; puis nous arrivons au littoral de la presqu'île guérandaise à Saint-Lyphard.

Cette rapide énumération suffit pour démontrer quelle fut, aux époques celtique, gauloise et gallo-romaine, l'importance de toute la région qui environnait la Grande-Brière, et l'on ne s'étonne plus d'y voir placer trois stations dont les noms sont parvenus jusqu'à nous : *Corbilon*, *Bricates portus* et *Grannona* ; et peut-être, avec elles, *Portus Secor*.

CHAPITRE SEPTIÈME.

DE QUELQUES POINTS CONTROVERSÉS

DE

GÉOGRAPHIE ARMORICAINE

Au moment de l'invasion romaine[1].

De 1873 à 1884, j'ai publié un grand nombre de mémoires sur divers points controversés de géographie gallo-romaine en Armorique. Je ne crois pas devoir les reproduire ici, car il faudrait y joindre ceux de mes adversaires, et sur plusieurs questions j'ai dû modifier ma manière de voir. Je me bornerai donc à donner le dernier, adressé aux membres du Congrès de l'Association bretonne à Lannion, en septembre 1884. Il me paraît clore le débat et marquer, au moins, un sérieux temps d'arrêt dans cette controverse. Il pourra servir

---

[1] Cette étude a été publiée d'abord dans les mémoires de l'*Association bretonne* pour le Congrès de Lannion en septembre 1884 et tirée à part sous le titre : *Dernières études critiques sur les travaux récents d'ancienne géographie armoricaine.* (Saint-Brieuc. Prud'homme 1885, in-8.)

de jalon pour les discussions futures, si elles recommencent.

Il n'y a aucune raison pour ne pas lui laisser la forme d'allocution aux membres du Congrès. Je conserve donc cette forme, sans y rien modifier.

Messieurs, ne vous effrayez pas, je vous en supplie, si je vous demande de venir faire encore avec moi une courte exploration sur ce vaste champ de bataille de l'ancienne géographie armoricaine, qui a vu se succéder, depuis douze ans, tant de combats. Tour à tour, le Congrès scientifique de France, vos propres Congrès, les séances de la Société Polymathique du Morbihan, celles des Sociétés archéologiques de Quimper et de Nantes, et du Comité des Travaux historiques, la tribune de la Faculté des lettres à la Sorbonne et les salles de l'Institut lui-même, ont été les témoins des principales péripéties de cette lutte magistrale. Naguère on eût pu croire que le combat finirait faute de combattants, quand de nouveaux champions ont surgi; mais la fin de la bataille approche, et je crois vous apporter aujourd'hui le rameau d'olivier qui fera tomber les armes des mains des jouteurs. Cet espoir, du moins, ne sera pas chimérique, si mes contradicteurs sont aussi décidés que moi à sacrifier tout amour-propre d'auteur à la recherche de la vérité.

Depuis le dernier tournoi du congrès de Redon en 1881, c'est-à-dire depuis trois ans, trois érudits qui ne se connaissaient point, et qui étaient partis de directions absolument différentes, ont changé la face de la lutte. M. Blanchard, l'explorateur de la presqu'île guérandaise, en combattant énergiquement à Nantes les théories de M. Orieux; M. Loth, le nouveau professeur de la Faculté des lettres de Rennes, en soutenant pour le doctorat ses deux thèses sur la signification du mot Armorique, du Ier au Ve siècle, et sur l'émigration bretonne au vi° ; enfin M. le sénateur de la Monneraye, notre éminent confrère, en publiant ses études générales sur la géographie de la péninsule armoricaine, ont singulièrement simplifié le débat

Or, tous ces nouveaux jouteurs, et particulièrement M de la Monneraye, m'ont fait l'honneur de me prendre spécialement à partie, comme le champion des nouvelles théories soutenues sur ce sujet. C'est un cartel en règle, et je dois y répondre, sous peine de m'avouer battu sur tous les points.

J'accepte d'autant plus volontiers ce cartel, que je me crois obligé, dès l'abord, d'adresser des remerciements très sincères à M. de la Monneraye pour s'être décidé à publier enfin ses études, et au bureau de notre Section archéologique pour les avoir fait imprimer *in extenso*, aux lieu et place du *Bulletin du Congrès de Quimperlé* absent, bien que les premières pages seules en aient été lues au Congrès de Châteaubriant. C'est, en effet, le travail le plus considérable qui ait été entrepris d'ensemble sur notre vieille géographie, depuis ceux de MM. Longnon, Burgault, Desjardins, et de votre serviteur. M. de la Monneraye a donc pu profiter, dans sa discussion, de toute la controverse acquise, et si je ne puis adopter la totalité de ses conclusions, je tiens à déclarer, tout de suite, qu'il m'a persuadé sur plusieurs points, et que, sur d'autres, il m'a fourni lui-même des armes très précieuses pour le combattre. Il me rend quelque part cette justice que j'ai déjà abandonné avec bonne grâce plusieurs de mes opinions, et il estime l'espoir qu'avec mon ardent amour de l'étude et ma parfaite sincérité, j'en abandonnerai encore quelques autres. Je dois, de mon côté, lui témoigner, dès le début, toute ma gratitude pour la rare courtoisie de ses attaques. Il y a plaisir à lutter avec un tel adversaire, et il y a profit en même temps, car l'espoir de M. de la Monneraye va se trouver, en partie, réalisé. Je ne demande en somme qu'à être convaincu, et je crois que, sur bien des points importants, nous ne tarderons pas à être d'accord : mais si je me dispose à faire plus d'un pas du côté de l'honorable sénateur, je ne désespère pas qu'il n'en fasse aussi du mien : lui-même en fournira l'occasion.

Avant tout, il importe de bien préciser le terrain sur lequel nous allons marcher. Je veux, en effet, me borner, pour le moment, à établir la géographie de notre péninsule *au moment de l'invasion romaine*, et si je suis obligé de parler incidemment de la situation des lieux à une autre époque, ce ne sera que pour arriver, par déduction, à celle qui fait l'objet de cette étude. Or, il faut se mettre en garde contre la tentation de se servir simultanément de documents qui sont échelonnés à 800 ans de date, depuis Strabon jusqu'au IXe siècle. J'ai eu ce tort quelquefois, car on y est inconsciemment entraîné. Cependant la géographie politique a plus d'une fois changé pendant ce temps, et nous ne devrons accepter de renseignements que s'ils se rapportent bien à l'époque à étudier. Que dirait-on, dans mille ans d'ici, d'un érudit qui placerait l'Alsace en Allemagne au XVIIIe siècle, en déclarant qu'elle y était au commencement du XVIIe ?... Je crains que M. de la Monneraye n'ait pas toujours eu cette préoccupation présente, et qu'il n'ait parfois confondu des périodes distinctes : mais, pour tout le reste de sa méthode, je suis d'accord avec lui, et je vais le suivre pas à pas dans ses conclusions.

Prenant pour guide principal la géographie de Ptolémée, M. de la Monneraye examine d'abord, avec grand soin, dans quelles limites on peut lui accorder confiance, et remarquant avec raison que les moyens de détermination exacte des longitudes faisaient défaut aux anciens, il déclare que les indications de latitude sont les seules sur lesquelles on puisse baser une discussion sérieuse. Appliquant alors cette méthode, il consacre plusieurs chapitres préliminaires, avant la détermination des limites des cités, à préciser la position des points particuliers qu'on rencontre épars dans la géographie. J'aurais préféré le système inverse, car il me semble que, pour plusieurs points, la connaissance du nom de la peuplade est un élément de détermination, mais les arguments de cette nature sont de peu de valeur pour M. de la Monneraye ; je réserverai donc quelques points au passage, pour les fixer définitivement, après la détermination des *Civitates*.

I. — FIXATION DE QUELQUES POINTS GÉOGRAPHIQUES DE BRETAGNE.

Comme je viens de le dire, c'est par l'application des latitudes que procède M. de la Monneraye : mais ce ne sont là que des éléments relatifs, et il faut un point de départ fixe, bien certain, pour soustraire et ajouter ensuite par-dessus ou par-dessous. Le lieu initial choisi est *Portus Saliocanus*, établi à Porsliogan. Comme j'ai toujours été d'avis de cette identification, j'accepte le point de départ ; mais il me semble que M. de la Monneraye eût plus sagement agi en choisissant un lieu qui n'eût jamais fait l'objet de contestation. Toute sa thèse étant basée sur cette première détermination, il importait que celle-ci fût au-dessus de toute discussion ; et il eût été bon de réfuter, au moins, les objections des contradicteurs. Peut-être eût-il été préférable de prendre *Condate*, par exemple, que tout le monde a toujours identifié avec Rennes : mais Condate joue de malheur ;

nous verrons tout à l'heure que Ptolémée ou ses premiers copistes ont fait une interversion entre Condate et Condivicnum. — Il y a encore l'embouchure de la Loire, *Ligeris fluvii ostia*, dont la latitude est donnée par Ptolémée : mais cette embouchure est fort large, et l'on ne sait pas si le géographe a déterminé le milieu de l'embouchure, la pointe de rive gauche ou la pointe de rive droite, ce qui peut donner plusieurs minutes de différence. A ce propos, je remarquerai que M. de la Monneraye affirme plusieurs fois que le grand chenal de la Loire serre la rive gauche de beaucoup plus près que la droite ; je ne sais pas ce qui se passait du temps de Ptolémée, mais actuellement c'est tout le contraire qu'on observe, de Saint-Nazaire à l'embouchure. Le chenal est presque à l'accore de la rive droite ; or, la différence des latitudes indiquées par Ptolémée, entre la Loire et *Portus Saliocanus*, correspond à la pointe de rive gauche, et non à la pointe de rive droite. Il y a donc dans tout cela des incertitudes manifestes, et bien que l'application des latitudes soit la méthode la plus sûre, elle n'est pas absolument certaine ; on n'obtient qu'une approximation d'un degré plus ou moins élevé.

Quoiqu'il en soit, partons, avec M. de la Monneraye, de *Portus Saliocanus* identifié avec Porsliogan, et suivons son itinéraire. (Voy. la carte ci-annexée.)

1° *Titus fluvius* est le Trieux. — D'accord.

2° *Argenis fluvius* est l'Arguenon. — D'accord.

3° *Promontorium Gobœum* est la Pointe-du-Raz. — Je l'ai admis dans mon dernier mémoire du Congrès de Redon ; et voy. ci-dessus le chapitre des *Vénètes*.

4° *Dariorigum*. Ici nous nous arrêterons un instant. Au début de son mémoire, M. de la Monneraye soutient une thèse fort originale, celle de la distinction entre le *Dariorigum* de Ptolémée, qu'il place à Locmariaker, parce que la différence des latitudes prises de *Saliocan* paraît bien convenir, et le *Dartoritum* de la carte de Peutinger, qu'il place à Vannes, parce que les distances marquées aux itinéraires s'appliquent à ce point. Or, c'est Vannes qui est devenu le *Veneti* du v⁰ siècle. Il en résulterait que la capitale des Vénètes, qui se trouvait être Locmariaker du temps de Ptolémée, aurait été transférée à Vannes un peu plus tard. Il semblait pourtant plus probable que le chef-lieu avait dû être changé par César immédiatement après le bouleversement de la conquête, et que, la ruine de la flotte Vénète ayant été consommée, on avait pu facilement transférer aussitôt le chef-lieu d'une ville maritime à une ville de l'intérieur. Mais, avec une sincérité fort honorable, M. de la Monneraye a fait remarquer, à la fin de son ouvrage, dans une note intitulée *Une rectification nécessaire*, que son calcul de la différence des latitudes n'était pas tout à fait exact, et que, d'après de nouveaux renseignements authentiques, cette différence s'applique mieux à Vannes qu'à Locmariaker. Il en résulte que *Dariorigum* et *Dartoritum* ne sont qu'un seul et même point qu'on doit identifier avec Vannes ; mais je suis tout à fait d'accord avec M. de la Monneraye, pour affirmer que la capitale des Vénètes, avant l'arrivée de César, était une ville maritime qui ne pouvait occuper l'emplacement de Vannes actuel. Il ne faudrait cependant pas conclure absolument de la présence des ruines romaines de Locmariaker que là fut cette capitale primitive dont le nom reste à fixer. Les Romains y ont eu un établissement considérable, cela est hors de doute ; mais ont-ils choisi l'emplacement même de la capitale avant César? c'est ce qu'il faudrait démontrer. En le déclarant sans autre preuve, on risque de confondre des époques différentes, car les exigences de la stratégie des Romains n'étaient pas les mêmes que celle de la constitution des peuplades gauloises. Locmariaker, établissement romain, reste donc pour le moment réservé, comme ville gauloise antérieure.

5° *Erii fluvii ostia*. On a balancé pour l'emplacement du fleuve *Erius*, entre l'Aulne et la Vilaine, et, tout compte fait, je m'étais décidé, avec la majorité des critiques, pour cette dernière rivière. Avec Gosselin, M. de la Monneraye identifie l'Erius avec l'Auray, 1° parce que la latitude de son embouchure est la même que celle de *Dariorigum* (qu'il plaçait d'abord à Locmariaker), 2° parce que l'analogie de nom s'aperçoit encore entre Erius et Auray, 3° parce qu'enfin il semble difficile d'admettre que Ptolémée n'ait pas fait mention de l'embouchure du Morbihan qui, d'après la configuration des lieux à cette époque, était celle de l'Auray, le golfe actuel n'existant pas encore. Tout cela est fort plausible, mais il n'y a que des probalités et pas de certitude. La première raison n'est plus suffisante avec *Dariorigum* à Vannes ; il faudrait, pour que la latitude fût exacte, remonter vers le Blavet, mais il est vrai que l'inexactitude est encore plus grande à la Vilaine. Pour la seconde raison, on voit bien quelque analogie entre Erius et Alré, mais il faudrait établir l'identité. Enfin, quant à la troisième, l'embouchure de la Vilaine est et était plus importante, comme rivière, que celle de l'Auray. La question me semble donc indécise jusqu'à ce qu'on ait démontré l'identité de nom d'Erius et d'Alré ; je ne suis pas assez versé dans le vieux breton pour en risquer moi-même la recherche, mais si M. de la Villemarqué s'en porte garant, je me rendrai aussitôt au sentiment de M. de la Monneraye qui aura eu raison de reprendre le sentiment de Gosselin.

6° *Vindana portus*. Ici M. de la Monneraye remonte à Audierne ou à Plovan, sans préciser davantage, suivant qu'on porte Gobœum jusqu'à la pointe du Raz, ou seulement jusqu'au vieux cap Gobestan, près Audierne. Ce ne peut être Locmariaker, dit-il, car les latitudes s'y opposent, et la seule raison qui y ait porté les érudits vient de la préoccupation fondée sur la ressemblance des noms *Vindana, Venetia*. N'en déplaise à M. de la Monneraye, le radical *Vind* de Vindana est suffisamment caractéristique pour qu'on traduise *Vindana portus* par *Port Venète*. Je lui offre donc ce dilemne ; ou bien les Venètes étaient limités à l'ouest par l'Ellé, comme vous le soutiendrez plus loin, et alors *Vindana portus* ne peut être que Locmariaker, Ptolémée s'étant trompé dans ses latitudes ; ou bien les Venètes s'étendaient jusqu'à la pointe du Raz, et alors on peut placer à Audierne ou à Plovan un port venète s'accordant avec les latitudes de Ptolémée. J'avais placé *Vindana portus* à Locmariaker, parce qu'il était vraisemblable que les Romains y eussent établi leur ville sur un ancien et important oppidum gaulois, mais on n'a pour cela que des vraisemblances, et si l'on m'accorde que les Venètes atteignaient la pointe du Raz, je placerai volontiers *Vindana portus* à Audierne. C'est une condition *sine qua non*.

7° *Brivates portus*. Après une discussion fort complète de la question, M. de la Monneraye écarte Gesocribate (Brest), soutenu par M. Le Men ; Brivet (village situé au fond des marais de Saint-Gildas-des-Bois, en amont de Pontchâteau, aux sources du Brivet) soutenu par M. Ramé ; Saint-Lyphard (en Brière) soutenu par M. Desjardins ; Saint-Nazaire soutenu par moi... ; et remarquant judicieusement que le radical *Briv* signifie *Pont*, il propose Pontchâteau sur le Brivet, dont la latitude se rapporte presque exactement avec celle qu'indique Ptolémée au-dessus de l'embouchure de la Loire. C'est là une véritable trouvaille ; et puisque Besné était encore une ile, avec chenal navigable, à l'époque des

Normands, je placerais d'autant plus volontiers *Brivates portus* un peu en aval de Pontchâteau, que j'y connais, au pied du côteau de Brignand, des substructions romaines importantes, si Pontchâteau n'était pas si éloigné de l'embouchure de la Loire ; mais il me semble difficile d'appeler port maritime, un port situé si loin de la mer. M. Léon Maître a soutenu récemment que l'attribution de Brivates devait être donnée au trait du Croisic où se trouve un lieu dit le *Bas-Brévin*. Il y avait là certainement un port, et un port maritime. Je laisse la question un peu indécise, mais je persiste à pencher pour l'attribution à Saint-Nazaire.

8° *Vorganium et Vorgium*. Faut-il distinguer ces deux vocables, ou faut-il les identifier ? M. de la Monneraye, qui distinguerait volontiers entre *Dariorigum* et *Dartoritum*, réunit, au contraire, *Vorganium* et *Vorgium* à Carhaix, par la rencontre géométrique de deux lignes tracées sur le terrain, l'une, la latitude indiquée pour *Vorganium* par Ptolémée, l'autre, la voie de *Sulim* à *Vorgium* indiquée par la carte de Peutinger. Il est certain que, philologiquement, les deux lettres *an* ont pu naturellement s'évanouir de *Vorganium* pour donner *Vorgium*. M. Loth, qui a discuté la question, en convient. Mais suffit-il de cette possibilité pour annihiler la borne de Kerscao ? et pour admettre un déplacement de la capitale des Ossismes opéré déjà du temps de Ptolémée ?... Car il n'est pas admissible que la capitale d'une peuplade aussi maritime n'ait pas été, avant la conquête, un port de mer ; et, du reste, *Vorgan* me paraît identique à *Morgan* qui signifie riverain de la mer, par adoucissement fort commun de l'*m* initial en *v*, de même que *Vorgium* est identique à *Borgium* qui signifie simplement lieu fortifié, par adoucissement analogue et aussi fort commun, du *v* initial en *b*. Il ne suffit pas non plus, pour démontrer que *Vorganium*, capitale des

Ossismes, était bien Carhaix, d'insister sur l'importance des ruines romaines qu'on rencontre dans cette localité. Les Romains firent de Carhaix une ville importante, c'est incontestable, mais qui nous dit que, si l'Océan nous restituait tout ce qu'il a envahi, on ne trouverait pas des ruines romaines plus importantes dans la baie de l'Abervrac'h, où aboutissait une voie magistrale conduisant au port d'embarquement direct pour la Bretagne ?

C'est là qu'une ancienne tradition plaçait (sur la rive droite, en Plouguerneau) la ville florissante de Tolente (*Toul-hent*, c'est-à-dire le trou ou *la baie* du chemin ou de *la voie*), détruite par un cataclysme d'autant mieux justifié que les îles de la baie appelées aujourd'hui Vrac'h, Lesent (*Lez-hent*), etc., ont dû être réunies jadis au continent. C'est là que M. Le Men a découvert l'oppidum gaulois de *Castell Ac'h*, dont le nom rappelle celui de l'ancien *Pagus Ac'hmensis* ou *Axmensis* de l'archidiaconé de Léon. Je n'ajouterai pas que M. Le Men voit dans cet *Axmensis* une dégénérescence d'*Ocxmensis* ou *Oximensis*, rappelant le souvenir des Ossismiens ; mais je rappellerai que cette baie de l'Abervrac'h est encore l'un des meilleurs ports de refuge de notre côte occidentale, et que le havre, aujourd'hui situé sur la rive gauche en Landeda, est fort apprécié par nos marins. Voici comment s'exprime à son sujet le grand recueil des *Ports maritimes de la France*, publié par le Ministère des travaux publics :

« Sa situation à l'entrée de la Manche en fait l'un des plus importants parmi les ports de relâche du Finistère... La vaste rade qui précède le port peut recevoir une très grande quantité de navires ; le mouillage y est sûr, et la profondeur d'eau, tant en rade que dans le port, n'est pas inférieure à 10 mètres aux environs du chenal. Les vents dont la persistance est généralement reconnue sont de l'E. au N. O. : pendant leur durée la mer est très belle dans la rade. Les vents de l'Océan produisent, quand ils sont violents, une agitation assez prononcée, mais elle n'est jamais dangereuse pour les navires qui ont toujours la possibilité de remonter la rivière à toute heure de marée, en fuyant vent arrière jusqu'à Paluden... L'importance de l'Abervrac'h, comme port de relâche, remonte à une époque assez reculée. Un fort, battant le grand chenal et la rade, construit sur l'île Cézon, à l'extrémité de la pointe Armorique, témoigne de la protection que le gouvernement accordait aux navires qui y relâchaient, antérieurement même à l'exécution des travaux entrepris pour en faciliter l'entrée... Actuellement 300 barques s'y livrent, chaque année, à la pêche du poisson et du goëmon : elles sont montées par 900 hommes[1]. » J'en conclus que l'importance de cette situation privilégiée devait être, même au temps des Ossismiens, bien supérieure à celle de Carhaix, et qu'il est tout naturel qu'ils y aient placé leur capitale.

Carhaix fut certainement *Vorgium* qui ne peut plus être placé à Concarneau, la borne de Maël-Carhaix l'a suffisamment démontré : mais je ne crois pas qu'il faille supprimer l'inscription de la borne de Kerscao, sous prétexte que la latitude indiquée par Ptolémée pour *Vorganium* conduit un peu au-dessous de Porsliogan, tandis que l'Abervrac'h est au-dessus. M. de la Monneraye avoue, du reste, en note, que certains manuscrits donnent à *Port us Saliocanus* une latitude qui reporterait l'*Vorganium* au nord, au lieu de le placer au sud. Lorsque les différences varient dans ces limites, l'approximation doit céder le pas aux faits matériels, et par conséquent, tant qu'on n'aura pas démontré la fausseté de l'inscription de Kerscao, rien ne prévaudra contre elle. Il en résulte,

---

[1] *Ports maritimes de France*, t. III, (1878). pp. 769 à 775.

malgré l'originalité de la démonstration géométrique de M. de la Monneraye, que *Vorganium* et *Vorgium* doivent être jusqu'à nouvel ordre séparés. *Vorganium* reste dans la baie de l'Abervrac'h, sans doute à l'endroit même où se trouve aujourd'hui l'île Vrac'h, et *Vorgium* à Carhaix.

9° *Sulim*. — Castennec, dit M. de la Monneraye. Je conteste encore. — *Sulim* ne pouvait se placer qu'à Hennebont, dans l'hypothèse de Vorgium à Concarneau. Vorgium restant définitivement à Carhaix, on peut hésiter entre Hennebont et Castennec, mais il ne suffit pas de dire qu'on a trouvé à Castennec de nombreux débris romains et que la position était très forte, pour y placer *Sulim*. La carte de Peutinger l'indique sur une *voie magistrale*, allant de Nantes à Gesocribate par Vannes et Vorgium, donc par Vannes et Carhaix. Or, prenez une carte des voies romaines connues, et dites-moi s'il est possible d'admettre la direction par Castennec, avec un véritable rebroussement en pointe, à Vannes, et un changement de direction presque à angle droit à Plaudren! La voie de Vannes à Carhaix par Castennec est évidemment obtenue par les fragments de deux voies tout à fait étrangères à celle de la carte de Peutinger. Castennec correspond à la distance à vol d'oiseau, mais Hennebont aussi; et ce qui est nécessaire, c'est un tracé naturel. Hennebont seul le donne. Je suis donc obligé, avec Walckenaër et l'ancienne commission de topographie des Gaules, de maintenir *Sulim* à Hennebont. Castennec restera un camp important; cela lui suffit.

10° *Condate* et *Condivicnum*. Au sujet de ces deux points, M. de la Monneraye soutient une thèse nouvelle et originale. Tous les critiques ont été déroutés par les indications de Ptolémée à leur sujet; il semblerait, si on le suit à la lettre, que les Rhedones soient placés au bord de la Loire, et les Namnètes auprès d'Avranches ; mais tout s'arrange, si l'on suppose une interversion, et si l'on admet que Ptolémée a dit des Rhedones ce qu'il voulait dire des Namnètes et de leur capitale, et réciproquement. La latitude indiquée pour *Condivicnum* (50° 0') s'applique en effet fort bien à Rennes ; mais celle indiquée pour *Condate* (47°20') tombe beaucoup au-dessous de Nantes. M. de la Monneraye propose de la corriger en 48°20' ; mais ce ne serait pas encore suffisant. En effet, calculons d'après la méthode indiquée. Si on conserve 47°20', la différence entre Saliocan et le prétendu *Condate* sera, d'après Ptolémée, de 2/17 (50° 15' — 47°20) = 2° 05 ; et la latitude de Porsliogan étant, en supputation actuelle, de 48° 20', il faudra chercher *Condivicnum*, le prétendu *Condate*, sur le parallèle 48° 20' — 2° 05 = 46° 15, qui tombe fort au sud de la Loire. Il y a là une impossibilité. Si l'on corrige 47° 20' en 48°20', il faut chercher *Condivicnum* sur le parallèle :

$$48°\,20' - \frac{2}{7}(50°\,15' - 48°\,20) = 46°\,58'.$$

Cela tombe encore au sud de la Loire. Je pense donc que la correction proposée par M. de la Monneraye n'est pas suffisante : il faut augmenter de 2 degrés, au lieu d'un, la latitude du prétendu *Condate*, qui deviendrait 49°20', et il faudra chercher *Condivicnum* sur le parallèle :

$$48°\,20' - \frac{2}{7}(50°\,15 - 49°\,20) = 47°\,40'.$$

Cela tombe au-dessus de Nantes, et, à très peu près, sur la latitude de *Candé-sur-Erdre*, où j'ai placé avec M. de Kersabiec, *Condivicnum*. M. de la Monneraye me fournit ainsi un argument nouveau pour la thèse qui voit dans Nantes actuel un simple port des Namnètes au moment de la conquête, port qui prit plus tard assez d'importance pour devenir la capitale. 49° 20' conduit en effet beaucoup plus près de Candé que 48°20' ne conduit de Nantes. J'ajoute que la grande ligne des Mardelles fortifiées, que j'ai décrite au Congrès de Châteaubriant, se dirige exactement sur Candé, et j'en conclus qu'il faut admettre, avec M. de la Monneraye, que Ptolémée a interverti les Rhedones et les Namnètes, et qu'il faut écrire devant *Condate* = *Rennes* la latitude 50° 0'. et devant *Condivicnum* = *Candé* la latitude 49° 20'.

11°. *Corisopitum* = Quimper, sans difficulté. Quant aux lectures Corisopitum, Corisolitum, etc., de la *Notitia*, je renvoie un peu plus loin, au chapitre des Civitates. Il est aussi hors de doute que la ville romaine était située à Locmaria et s'appelait, sous les Romains, *Civitas Aquilonia*, dérivée du vent *aquilon* et non de l'*aigle*, comme le fait très justement remarquer M. Loth. C'est là, du reste, un nom romain; ce n'est pas un nom gaulois. La question de savoir si le nom de *Corisopitum* a précédé ou seulement suivi *Aquilonia*, ne peut se traiter qu'avec celle des Civitates. Dans le premier cas, l'ancien nom aurait reparu après l'occupation romaine, et aurait été alors employé concurremment avec le nom jadis imposé par les conquérants.

12°. *Gesocribate*. Cette station ne peut être placée que sur deux points : au cap Saint-Mathieu, ou en tête de la baie de l'Abervrac'h; on arrive très vite, par élimination, à écarter toutes les autres suppositions. M. de la Monneraye y parvient aussi, mais comme il a déjà identifié *Vorganium* avec *Vorgium* à Carhaix, et qu'il faut bien un nom pour la station importante qui exista certainement dans l'anse de l'Abervrac'h, il abandonne Brest qui n'a pris d'importance que depuis trois siècles, et porte *Gesocribate* à l'Abervrac'h. Mais sa discussion me semble très incomplète, et voici comment je l'établis, à mon tour.

M. Le Men a consacré un mémoire très étendu, publié dans le *Bulletin de la Société archéologique du Finistère*, en 1878, pour démontrer que le nom de Brest, écrit *Bresta* dès le XIIe siècle, est identique à *Cresta*, par une mutation de consonne fort habituelle dans les dialectes bretons, et que par conséquent il dérive de *Gesocribates* (Port du promontoire) par une transformation très naturelle de *Cribates* en *Cresta*. Ce mémoire est très habilement présenté : mais il ne nous offre, en somme, que des possibilités ; et de ce que *Brest* peut, à la rigueur, provenir de *Cribates*, il ne s'ensuit pas que cela soit en effet arrivé pour le cas spécial qui nous occupe. M. Le Men cite, dans son étude, une foule d'autres noms de lieux, *Brest*, *Breston*, *Kerbrest*, répandus non seulement en Armorique, mais dans tout le reste de la France, à côté de noms de lieux, *Crib* et *Crest*, encore conservés : il n'y a donc pas obligation de provenance.

Or, la distance de 45 lieues gauloises, indiquée sur la table de Peutinger entre *Vorgium* et *Gesocribate*, ne s'applique pas du tout à Brest qui est beaucoup trop rapproché. Cela pouvait être quand on plaçait *Vorgium* à Concarneau ou à Quimper, mais depuis que la lecture de la borne de Maël-Carhaix a permis de fixer définitivement l'emplacement de *Vorgium* à Carhaix, cela n'est plus possible Elle est même trop faible pour l'Abervrac'h (*Vorganium*) où M. de la Monneraye place *Gesocribate*, parce que, pour lui, *Vorganium* et *Vorgium* sont identiques. Mais elle s'appliquerait fort bien à un port situé près du cap Saint-Mathieu, le *Finis Terræ* des anciens documents. Et voici où la question se serre. *Geso-Cribate* peut se traduire exactement par

Port Finistère. Pour *Geso* il n'y a aucun doute : ce mot dérive du celtique Gwëz ou Gouez (pluriel *gwezo*), qui signifie eau courante, ruisseau, port, et que Tatien traduisait jadis très exactement par *fretum*. *Crib*, en gallois, signifie la pointe de toute chose, crête, promontoire extrême : ajoutez *bed*, le monde, et vous avez : Port du bout du monde, ou *Port Finistère*. Je serais donc, au premier abord, assez disposé à croire avec M. Moët de la Forte Maison (note au *Dict. d'Ogée*, II, 335) qu'il faut chercher *Gesocribate* au cap Saint-Mathieu.

La seule difficulté, c'est que cela tombe précisément sur Portz Liogan qui se trouve à un mille à peine, au nord de la pointe extrême de Saint-Mathieu ; et je ne vois pas trop comment le *Gesocribate* du premier siècle se serait transformé en *Portus Saliocanus* au second. Le P. Le Pelletier, remarquant sans doute que le mot *liou* veut dire couleur, traduit *Portus Liocanus* par *port de couleur blanche et brillante*, et l'on peut avoir une certaine confirmation de cette manière d'interpréter le texte, en remarquant que la plage voisine (de l'autre côté du Conquet, qui peut aussi bien être pris, par extension, pour *Portus Saliocanus*, attendu que le port y est excellent et que la presqu'île de Kermorvan qui l'abrite renferme un oppidum gaulois bien caractérisé) s'appelle *Plage des Blancs Sablons*. Mais cela n'a aucun rapport avec le promontoire ou la pointe extrême représentée par *crib*. On ne peut donc admettre *Gesocribate* sur ce point, qu'à la condition de supposer une substitution de nom vers la fin du premier siècle, puisque celui de Portz Liogan est encore porté de nos jours par la rade foraine du cap Saint-Mathieu, tandis que l'autre ne serait conservé que dans l'appellation *Fine terre* donné au cap dans les documents du Moyen Age.

M. de la Monneraye n'a pas songé à cette solution ; mais il conteste l'attribution de *Gesocribate* à Brest, en disant que Brest fut simplement jadis un poste fortifié, et pas même une ville, puisqu'au XIV° siècle ce n'était pas encore une paroisse et que ce port faisait partie de Lambézellec. Or, il place *Gesocribate* à l'Abervrac'h. Mais, pourrait-on lui répondre de la même façon, les restes gaulois ou gallo-romains qu'on rencontre à l'embouchure de la rivière de l'Abervrac'h sont exactement dans la même situation que ceux de Brest, et n'ont pas donné lieu davantage, bien qu'ils soient plus importants qu'eux, à des sièges de paroisse. Celle de la rive droite était Plouguerneau et celle de la rive gauche était Landéda. Ah ! qu'il faut prendre garde, dans toutes nos discussions, à ne pas fournir des armes contre nous !

Cependant la thèse soutenue par M. de la Monneraye mérite considération, parce que la baie de l'Abervrac'h se trouve exactement dans la direction générale de la grande voie transversale de l'Armorique figurée sur la table de Peutinger, et qui, venant de Vannes à *Vorgium* (Carhaix), s'arrête sur cette table à Gesocribate, tandis qu'il faut supposer un retour presqu'à angle droit, pour aboutir au cap Saint-Mathieu, en faisant le tour de la baie de Brest. Ce qui inquiète M. de la Monneraye, c'est de voir que la distance de 45 lieues gauloises, à partir de Carhaix, dépasse l'Abervrac'h et aboutisse en mer. Comme l'Océan ronge beaucoup nos côtes, j'ai eu l'idée de faire quelques recherches sur les cartes marines, pour reconnaître si le nom de quelque écueil ou basse ne rappellerait pas celui d'un lieu jadis continental. Quelle n'a pas été ma suprise en lisant dans le *Pilote des côtes de la Manche*, publié par le dépôt des cartes et plans de la marine, qu'à l'ouest de l'île *Cézon* et de la rive gauche de la baie de l'Abervrac'h, se trouve un écueil connu sous le nom de *Basse Cribinoc*! La solution cherchée ne serait-elle pas sous-marine ?... et ce rapprochement des deux noms *Cézon, Cribinoc*, par rapport à *Geso, Cribate*, n'est-il pas de nature à attirer fortement l'attention ?

Il résulte de tout ceci que *Gesocribate*, le Port du Promontoire ou de la crête, ne peut être placé qu'aux abords du cap Saint-Mathieu, ou aux abords de la pointe des Anges, extrémité rive gauche de la baie de l'Abervrac'h. Dans ce dernier cas, ce port eût fait face à *Vorganium* situé sur la rive gauche, de même qu'à l'entrée du golfe du Morbihan Locmariaker, faisant face à Port-Navalo, dont l'origine est certainement gallo-romaine.

Je pencherais volontiers pour cette dernière solution, mais je laisse la question indécise.

13° *Fanum Martis Curiosolitarum*. — Corseul et le Haut-Bécherel. — Nous sommes d'accord.

14° *Reginea*. — Erquy. — D'accord.

15° *Duretie*. — Rieux, dit M. de la Monneraye. — Je crois devoir maintenir le Gué de l'Isle, ainsi que l'a démontré M. le docteur de Closmadeuc. En effet, la carte de Peutinger place *Duretie* sur la grande voie magistrale de Nantes à *Gesocribate* par Vannes. Or, de Nantes à Vannes, cette voie allait directement par Pontchâteau, le *Brivates* de M. de la Monneraye qui ne récusera pas ici le sentiment de M. de Robien. Ce tracé coupe la Vilaine au Gué de l'Isle où l'on trouve encore, des deux côtés, des tronçons de voie très nets. Rieux est situé sur la voie de Vannes à Angers, avec embranchement sur Nantes à Blain ; et cette voie, dans le système Castennec de M. de la Monneraye, donnerait à Vannes un rebroussement tellement aigu qu'il devient *invraisemblable*. La grande voie de Nantes à Gesocribate doit être cherchée en direction normale et non en zigzags.

16° *Sipia*. — Visseiche. — Aucune difficulé.

17° *Grannona*. — Guérande ou *Clis* sous Guérande.

Je suis d'accord sur ce point avec M. de la Monneraye ; j'ai constaté, à Clis, des établissements romains considérables, et je regrette que M. Loth persiste à identifier *Grannona* avec *Grannonum* à Port-en-Bessin, en Normandie. Outre les débris gallo-romains de Clis, on y trouve un clos portant encore le nom de *Château-Grannon*. Je n'imagine pas que ce soit un antiquaire qui l'ait ainsi baptisé ; et M. Léon Maître, dans sa dernière livraison des *Villes disparues de la Loire-Inférieure*, a bien montré qu'il fallait maintenir l'attribution de Guérande.

18° *Blabia*. — Port-Louis. Je suis heureux de constater ici mon accord avec M. de la Monneraye pour identifier *Blabia* et *Blavet*, et je regrette que M. Loth ait maintenu, avec Walckenaër, *Blabia* à Blaye. Je sais qu'il ne suffit pas d'avoir constaté au Port-Louis des débris romains considérables et des voies romaines y aboutissant ; mais la discussion du texte de la *Notice* y conduit aussi. Du reste, il n'y a pas d'apparence que le nom de cette station fût connu au moment de la conquête : elle est probablement de date postérieure ; mais la position même est stratégique et commande l'entrée de la rivière.

19° *Venetum*. — C'est l'ancien *Dartoritum* et le Vannes actuel. Sans difficulté.

20° *Osismii*. — M. de la Monneraye place ici le Penpoul de Saint-Pol-de-Léon, par dérivation de *Legio Ossismorum* : mais ce n'est là qu'une simple hypothèse qui ne vaut pas contre la règle de désigner à la fin de l'occupation romaine, le nom des chefs-lieux de civitates par celui de la peuplade. Si donc M. de la Monneraye maintient *Vorganium* à Carhaix, capitale au temps de Ptolémée, c'est là qu'il doit placer aussi *Osismii* ; car il n'y a pas d'apparence que le chef-lieu ait été déplacé. Comme pour Vannes et Rennes, le nom seul a changé. Si le chef-lieu des Namnètes a dû descendre à Nantes, c'est que le port de la Loire avait pris une importance exceptionnelle. La même chose ne pourrait avoir eu lieu, chez les Ossismiens, que pour Gesocribate = Brest, où j'ai autrefois placé *Osismii*, mais avec hésitation. Toute réflexion faite, j'estime qu'il convient donc, à moins d'une destruction anticipée de *Vorganium* par la mer, qu'il faudrait démontrer, de placer *Osismii*, comme le fait M. Loth, à l'Abervrac'h. Il est vrai que le *pagus Leonensis* a gardé son nom romain, malgré l'émigration bretonne, mais ce n'est pas une raison suffisante pour placer aux environs de Saint-Pol même, le siège de la capitale des Ossismes et du commandement militaire au Ve siècle. Il y a eu là des établissements romains, ce n'est pas contestable, mais ceux qu'on rencontre du côté de l'Abervrac'h sont plus importants, et jusqu'à présentation de faits matériels contraires, il y a lieu d'y maintenir *Osismii*.

21° *Mannatias*. — M. de la Monneraye place cette station à Coz-Guéodet près de Lannion, et M. Loth voit dans ce nom une mauvaise lecture pour Nantes. Je crois, avec M. de la Monneraye, que l'ordre de citation implique situation sur la côte du nord. Il est d'ailleurs certain qu'une ancienne ville romaine existait à Coz-Guéodet, où aboutissent des voies importantes. Je suis donc très porté à maintenir l'attribution : mais j'exprime le vœu que le Congrès profite de la proximité des lieux pour examiner les environs de *Plou-manac'h*, où je ne connais pas de moines, ni de légendes monastiques, à moins qu'il ne s'agisse de l'antique oratoire de Saint-Guirec, situé dans ces parages. En tout cas, l'étrange aspect de cette côte vaut, à lui seul, une excursion.

22° *Aletum.* = Saint-Servan. — Aucune difficulté.

Nous arrivons maintenant à l'importante question de la détermination des limites des cités, et je diviserai cette étude en deux sections distinctes, pour examiner d'abord la question des Curiosolites et des Diablintes, ensuite celle des Venètes. Elles résolues, tout le reste n'est plus qu'une simple conséquence.

II. — Curiosolites et Diablintes.

Arrivé au moment d'étudier la détermination des limites des cités de la presqu'île armoricaine, M. de la Monneraye écarte, d'un simple trait de plume, les *Lexobii*, les *Biducesii*, les *Ambiliates*, les *Diablintes* et les *Samnites*, et se contente de discuter les trois questions des *Namnètes*, des *Venètes* et des *Ossismiens*. Pour les trois premiers peuples, il n'y a rien à dire : pour les *Samnites*, leur étude se confond en somme avec celle des *Namnètes* ; mais pour les *Diablintes*, je ne crois pas qu'il suffise de renvoyer simplement aux derniers mémoires de M. de la Borderie, car si M. Loth n'avait pas publié, en 1883, sa thèse sur l'*Emigration bretonne*, je soutiendrais probablement encore le système de M. Longnon. Je demande donc la permission d'exposer ici les motifs qui me décident à l'abandonner : on me pardonnera bien ces quelques pages, puisqu'elles doivent, sur ce point, consommer ma défaite.

Lorsque je soutenais, en 1881, mes positions contre M. de la Borderie au sujet des Curiosolites et des Diablintes, je partais de ce principe posé par M. Longnon, que les cités gallo-romaines ayant, à très peu près, gardé leurs situations respectives après l'émigration bretonne, il y avait imprudence à ne pas faire concorder autant que possible le tableau de la distribution administrative gallo-romaine, connu par la *Noticia provinciarum* du Ve siècle, avec celui de la distribution des diocèses de la métropole de Tours au IXe. Cela ne pouvait avoir lieu qu'à une condition, c'est que l'émigration bretonne se fût faite, comme l'avait soutenu M. de la Borderie, et, comme on paraissait généralement l'admettre, par séries d'émigrations lentement échelonnées, s'assimilant successivement et sans secousse les populations indigènes, respectant même leurs divisions administratives, jusqu'au moment où, leur prépondérance s'accusant enfin, les dénominations bretonnes prissent le pas sur les dénominations romaines. Mais, je le répète, cela se passait, pour ainsi dire, régulièrement, et permettait aux gens de l'intérieur de pouvoir appeler Ossismien, par exemple, le territoire du Léonais, quoiqu'il fût progressivement envahi par des Domnoniens. Il y avait simplement superposition lente de Bretons à Gallo-Romains sur des territoires bien déterminés. — Ceci étant accepté, je ne trouvais pas de moyen plausible de sortir de la concordance du tableau civil et du tableau religieux; et puisqu'il était absolument certain qu'on avait un évêché Corisopite à Quimper, il fallait y retrouver une cité Corisopite, et par conséquent combler la lacune de concordance en plaçant les Diablintes, au VI° siècle, chez les Curiosolites; ce qui ne pouvait se faire que s'ils en étaient précédemment les voisins directs, sans passer par-dessus les Rhedones. Le procédé paraissait mathématiquement rigoureux, et si nous avons péché, c'est par excès de logique.

Mais la thèse nouvelle de M. Loth, aujourd'hui professeur à la faculté des lettres de Rennes, a complètement modifié les bases de la concordance, et m'a démontré que, si l'on peut appliquer la superposition approximative des cités anciennes aux trois évêchés d'origine gallo-romaine, cela devient impossible pour ceux d'origine bretonne. Il y a eu bouleversement, et dans cet état de choses les Gallo-Romains doivent céder la place aux Bretons. A la suite de M. Longnon, j'avais attribué trop de persistance à l'organisation romaine. Il faut décidément en rabattre.

Voici, en quelques mots, la thèse de M. Loth, appuyée sur des documents originaux, parmi lesquels ceux de l'ordre philologique jouent un rôle capital : les gloses bretonnes anciennes et les vies des saints d'origine bretonne en ont fourni les principaux.

Or, on constate qu'au V⁰ siècle, la péninsule armoricaine, comme le reste du *Tractus armoricanus,* est un pays complètement romanisé. Les garnisons y sont nombreuses, les villes florissantes : des villas somptueuses sont bâties de tous côtés ; un admirable réseau de voies de toutes classes enlace le sol. Depuis quatre siècles, l'occupation a fait son œuvre : les conquérants ont imposé leur civilisation ; le christianisme, après avoir recueilli le sang de ses martyrs, s'affirme par trois évêchés : à Vannes, à Nantes et à Rennes ; le pays, en un mot, n'a rien conservé de celtique ; les vieux noms des chefs-lieux de cités ont eux-mêmes disparu. On dit *Veneti* et non plus *Dariorigum*, *Rhedones* et non plus *Condate*. Des inscriptions latines s'étalent au fronton des temples, couvrent les bornes milliaires, et se dressent jusqu'au haut des montagnes d'Arrhé. Le pays est tout entier romain.

Au milieu du VI⁰ siècle, nom, langue, mœurs, tout est changé radicalement. Le pays s'appelle Bretagne et non plus Armorique, une langue celtique y résonne. « Ce n'est pas une lente infiltration d'étrangers, c'est une inondation. Au V⁰ siècle, il n'est pas question de Bretons ; au milieu du VI⁰, ils sont maîtres de la plus grande partie de la péninsule. Plus de Curiosolites ni d'Ossismes. Au nord, du Couesnon jusqu'à l'Elorn, des Bretons *Domnonii ;* au sud des Domnonii jusqu'à l'Ellé, des Bretons *Cornovii ;* à l'est des Cornovii, sur la rive gauche de l'Ellé, une population guerrière, n'ayant d'autre nom que celui de *Bretons*, dont les flots battent déjà la ville de Vannes, et dont l'avant-garde, franchissant la Vilaine, se glisse le long de la mer jusqu'à la Loire, et s'établit solidement dans le pays de Guérande, imposant au pays de Vannes le nom de leur plus illustre chef, le nom de *Bro-Waroch*, le pays de Waroch,... » nom que le Vannetais a gardé jusqu'à la Révolution sous la forme Broërec. Je ne suivrai pas M. Loth dans sa monographie minutieuse de cette population nouvelle : mais ce que j'en retiens, c'est qu'elle ne respire que guerre et pillage ; c'est qu'elle s'inquiète peu de l'état du pays avant elle, s'installe où cela lui plaît et commande en maîtresse impitoyable. Ils ont avec eux des moines et de saintes gens ; mais ceux-ci usent leur vie à prêcher la paix et la douceur, sans obtenir grand succès. Il y a, dans toute la région occupée par eux, transformation violente, sans aucun respect de l'organisation antérieure.

Il en résulte que, lorsque les Bretons eurent à constituer leurs évêchés, ils le firent d'après leurs divisions politiques personnelles, et même avec une sorte de parti pris de s'affranchir de toute sujétion romaine puisque Dol fut établi en archevêché par antagonisme, vis-à-vis la métropole de Tours. C'est donc par simple assimilation et souvenir rétrospectif, que la division ecclésiastique de la province de Tours cite, au IX° siècle, un évêché Ossismien, parce que celui de Saint-Pol-de-Léon était établi sur une partie de l'ancien territoire des Ossismes. Il devient, par conséquent, téméraire de chercher un rapprochement immédiat entre les divisions de la *Noticia provinciarum* du V° siècle et celles de la métropole de Tours au IX°. Les évêchés de Quimper, de Saint-Pol, de Tréguier, de Saint-Brieuc, de Saint-Malo et de Dol ont été pris et découpés en bloc sur tout le territoire des Ossismes et des Curiosolites et sur les portions de territoire des Venètes et des Rhedones, que les Bretons avaient en outre envahies. Voilà seulement ce qui est certain : mais il n'y a plus à identifier le groupe des trois civitates *Diablintum, Osismorum* et *Coriosopotum* ou *Corisolitum* avec le groupe des trois évêchés *Aletensis, Oximensis* et *Corisopitensis*. Or, c'était cette préoccupation qui faisait choisir la lecture Coriosopotum parmi les nombreuses variantes de la notice, au lieu de Corisolitum. Je reconnais donc, bien que *Coriosopotum* ait la priorité de date des manuscrits, qu'il vaut mieux lire *Corisolitum* dans la notice, pour ne pas supprimer les Curiosolites au V° siècle. M. Loth démontre, du reste, que Corseul était encore important à cette époque. Mais cela ne prouve pas qu'Alet ait fait partie de leur territoire. La Rance est une frontière tellement naturelle, qu'elle a dû séparer de tout temps les Curiosolites des Rhedones ; et les *Martenses* ont pu tenir garnison à Alet, chez une peuplade autre que celle qui possédait *Fanum Martis*.

D'un autre côté, César range formellement les Diablintes parmi les nations maritimes. Si donc nous reportons leur capitale à Jublains, il faut leur trouver une portion de territoire accédant à la mer. Pour cela, une solution est possible : c'est de maintenir les Rhedones entre la Rance et le Couesnon, et de donner aux Diablintes la pointe du Mont Saint-Michel, entre le Couesnon et la Selune. M. de la Monneraye fait avancer les Rhedones jusqu'à la Selune, mais il ne remarque pas que, dans ce système, les Diablintes maritimes n'ont pas d'accès au rivage de la mer, puisque les Abrincatui commencent immédiatement au delà.

Conclusion.

Si nous parcourons les peuplades armoricaines du nord de la presqu'île, en allant de l'est à l'ouest, nous trouvons d'abord les *Diablintes* (capitale Jublains), de la

Sélune au Couesnon, puis les *Rhedones* (capitale Condate-Rennes) du Couesnon à la Rance, puis les *Curiosolites* (capitale Corseul) de la Rance au Trieux, puis les *Ossismiens* (capitale Vorganium-l'Abervrac'h), du Trieux à l'extrémité du Finistère.

Passons au sud.

III. — Les Venètes.

J'avais étendu le territoire des Venètes de la pointe du Raz à la Loire. M. de la Monneraye le restreint, sans réserve d'époque ; je ne répéterai pas ici les arguments que j'ai donnés ci-dessus, dans mon chapitre sur *les Venètes, César et Brivates Portus*. J'y renvoie donc tout naturellement. Il en résulte qu'on doit attribuer aux Venètes, au moment de l'occupation romaine, tout le littoral sud-armoricain, de la pointe du Raz à l'embouchure de la Loire.

Le cercle est donc bien complet, et il ne reste plus, pour les Namnètes, que la région comprise, dans l'intérieur, entre la Loire, le sillon de Bretagne, à Savenay, et la grande ligne des Mardelles, jusqu'au pays des Andes.

CHAPITRE HUITIÈME

RÉSEAU DES VOIES ROMAINES

DANS LA PRESQU'ILE ARMORICAINE [1]

Les archéologues qui, jusqu'à présent, se sont occupés d'étudier le réseau des voies romaines dans la presqu'île armoricaine, l'ont fait surtout au point de vue analytique : ils ont considéré séparément chacun des centres d'agglomération considérable, ou ce qu'ils ont cru tel, et ont cherché à grouper, autour de chacun de ces centres, une sorte d'étoile de voies romaines, en lui donnant le plus de branches possibles, et sans se préoccuper de l'ensemble général. M. Bizeul avait cependant jeté des bases sérieuses d'étude générale du réseau ; mais il sortit ensuite de la méthode synthétique, en rapportant presque toutes les voies à cinq centres principaux, Blain, Rennes, Vannes, Corseul et Carhaix, selon la méthode analytique et convergente.

Nous croyons devoir suivre une marche toute différente : les travaux de MM. de la Monneraye, Cayot-Delandre, Bizeul, de Courcy, de Blois, Halléguen, Toulemouche, Geslin de Bourgogne, Gaultier du Mottay, Desmars, de Closmadeuc, Foulon, Fouquet et de bien

[1] Cette étude a été publiée pour la première fois dans les *Mémoires de l'Assoc. bret.*, congrès de Quimper en 1873 ; j'ai dû lui faire subir quelques remaniements.

d'autres, ont fait déjà suffisamment connaître les détails du parcours de nos voies principales, et nous ne trouverons que peu de lacunes à combler dans l'ensemble de leurs recherches, encore moins de voies nouvelles à signaler, quoiqu'il y en ait une fort importante qu'on nous semble avoir oubliée : nous n'étudierons pas non plus ici le mode de constructions de ces voies ; M. Gaultier du Mottay, dans le meilleur ouvrage qui ait encore été publié sur les voies romaines de notre pays, (*Voies du département des Côtes-du-Nord*), a donné, sur ce sujet, tous les renseignements désirables, et nous nous contenterons, en notre qualité d'ingénieur des Ponts et Chaussées de l'époque moderne, d'exprimer hautement notre admiration pour le génie constructeur des Romains devant l'étendue et la perfection de leur réseau, et devant leurs moyens puissants d'exécution, pour n'avoir pas hésité à construire des chaussées bétonnées dans un pays où le calcaire, et par conséquent la chaux, est à l'état embryonnaire. Ce que nous voulons tenter, ici, c'est un essai de synthèse rationnelle du réseau des voies romaines dans la presqu'île, tel qu'il dut être conçu pas les conquérants. Pour cela, nous diviserons le réseau des voies romaines en trois catégories principales, qui correspondent assez bien aux trois grandes catégories qui divisent nos routes actuelles, en nationales, départementales et vicinales. Cette division, du reste, n'est pas arbitraire, car Horatius Siculus **Flaccus** qui écrivait sous Domitien, c'est-à-dire vers la fin du Ier siècle, disait : « Viarum omnium non est una et eadem conditio. Nam sunt viæ publicæ regales quæ publice muniuntur : sunt et vicinales viæ quæ de publicis divertunt in agros : hæ muniuntur per agros... » Trois siècles après, le réseau s'était accru encore dans bien d'autres proportions.

La première catégorie comprendra les voies stratégiques proprement dites, celles que les Romains appelaient *viæ militares* ou *consulares* : elles correspondent à nos routes nationales, et furent pourvues, dès l'origine, de stations de relais (*mutationes*) et de séjour (*mansiones*). En dehors des mules et des autres bêtes de somme, vingt chevaux dans chaque mutation et quarante chevaux dans chaque mansion devaient être constamment à la disposition des commissaires impériaux et courriers, au moyens desquels les communications étaient rendues permanentes entre la métropole et les diverses villes, sièges d'administrations locales. Les mansions devaient, en outre, être pourvues de vivres et d'approvisionnements en quantité suffisante, afin de pourvoir au séjour somptueux que pouvaient y faire les hauts fonctionnaires de l'empire et leur suite... Ces explications étaient nécessaires pour rendre compte du nombre considérable de ruines romaines assez importantes qu'on rencontre le long de nos voies : les mutations étaient en général espacées de 12 à 20 kilomètres, et les mansions de 50 à 100 kilomètres.

La seconde catégorie comprendra les voies destinées à relier entre eux les points importants des différentes *civitates* voisines, et correspond assez bien à nos routes départementales : sur ces routes, les mutations et les mansions n'étaient pas aussi nécessaires, car elles croisaient les routes stratégiques en des points où l'on avait soin d'en ménager.

Enfin, la troisième catégorie, *viæ vicinales*, était destinée à faire communiquer les points divers du territoire avec les routes des deux premières catégories, ou simplement à desservir des intérêts agricoles.

Partant de cette division qu'on ne peut accuser d'arbitraire, il devient très facile de classer les voies romaines de la presqu'île ; et pour introduire plus d'ordre dans notre description, nous donnerons aux différentes routes des numéros, comme on le fait aujourd'hui, en les désignant, de plus, par leurs points de départ et d'arrivée. Voici d'abord la nomenclature complète du réseau : nous donnerons ensuite quelques détails sur le tracé de chacune, et sur les travaux divers qui leur ont été consacrés. (Voir la *carte des voies*).

1° — *Routes stratégiques ou militaires.*

Pour les déterminer, il faut considérer surtout les relations du centre de la Gaule et de la métropole, Tours, avec l'extrémité de la presqu'île ; puis, le chemin le plus court de la capitale de l'empire à la presqu'île, et les nécessités de défense stratégique de la côte. Cela nous amène à nommer les voies suivantes :

Route n° 1. — *De Nantes à Vorganium*, avec embranchement sur *Gesocribate*.

Cette route a dû être la première construite dans la presqu'île qu'elle traverse en diagonale de part en part, et c'est elle qui figure sur la carte de Peutinger, venant de l'Aquitaine, comme la route la plus directe et la plus courte de Marseille au point d'embarquement pour la Grande-Bretagne. Elle traversait la Loire aux ponts de Nantes et passait par *Dariorigum* (Vannes), *Sulim* (Hennebont) et *Vorgium* (Carhaix). La carte de Peutinger la termine à *Gesocribate*, et je crois qu'elle se bifurquait au-dessus de Carhaix pour aboutir des deux côtés de la baie de l'Abervrac'h, d'un côté sur la rive droite, à *Vorganium*, de l'autre sur la rive gauche, à *Gesocribate*, à moins que ce dernier port ne se trouve aux environs de la pointe du cap Saint-Mathieu, auquel cas, il faudrait attribuer à la voie l'un des deux fragments qui ont été constatés de Landerneau au cap, l'un passant par Brest et l'autre un peu au-dessus.

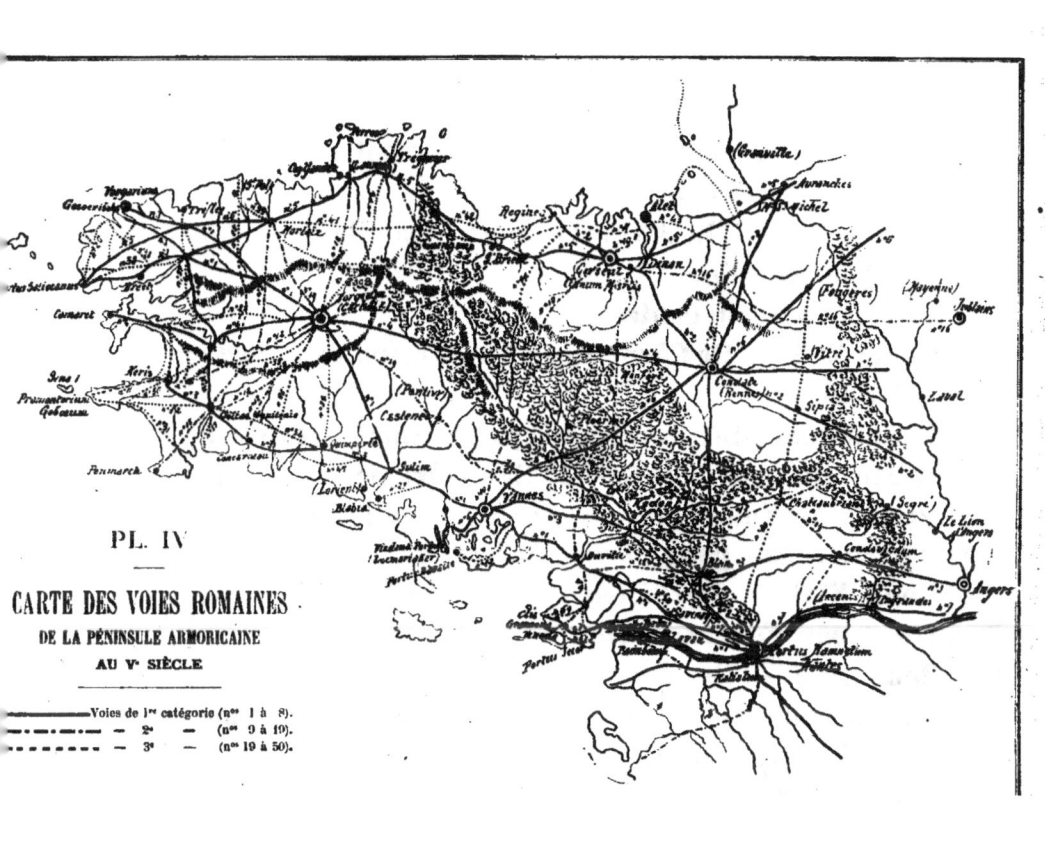

PL. IV

CARTE DES VOIES ROMAINES
DE LA PÉNINSULE ARMORICAINE
AU Ve SIÈCLE

Voies de 1re catégorie (n°s 1 à 8).
— 2e — (n°s 9 à 19).
— 3e — (n°s 19 à 50).

Route n° 2. — *De Tours à Reginea* (Erquy) vers le nord de la côte, avec embranchement sur *Alet*.

C'est la seconde route armoricaine figurant sur la carte de Peutinger. De Tours (*Cæsarodunum*), elle arrivait à *Condate* (Rennes), d'où elle se dirigeait sur *Fanum Martis*, temple situé à une demi-lieue de Corseul, pour arriver sur le littoral nord, à Erquy.

Route n° 3. — De *Tours à Vorganium*, par Angers, Blain, Vannes, et *Civitas aquilonia* (Quimper), avec embranchement sur *Keris* (Douarnenez).

C'est la grande voie enveloppante du littoral sud-ouest : et elle a quelque analogie avec notre ligne de chemin de fer actuelle.

Route N° 4. — Du *Mans à Camaret*, par Rennes, Carhaix et Châteaulin.

C'est la route du centre.

Route N° 5. — De *Cherbourg à Vorganium et à Portus Saliocanus*.

C'est la route du littoral nord, par Avranches, Corseul, Lamballe, le fond de la baie de Saint-Brieuc, La Roche-Derrien, Coz-Yaudet et Morlaix, avec embranchement sur Landerneau pour *Portus Saliocanus*.

Route N° 6. — De *Lizieux à Locmariaker* (*Vindana portus?*) par Fougères, Rennes et Vannes.

Route N° 7. — De *Tours à Grannona* (Clis-Guérande).

C'est la route de la Loire, jusqu'à la pointe de Piriac.

Route N° 8. — De *Nantes à Cherbourg*, par Blain, Rennes et Avranches, en partie mentionnée dans l'*Itinéraire d'Antonin*, sous le nom de *Condate à Cosedia*.

2° — *Routes de seconde catégorie, de civitas à civitas.*

Il est naturel qu'elles soient presque toutes transversales. Nous en reconnaissons dix, à savoir :

Route N° 9. — D'*Alet* (Saint-Servan) à *Grannona* (Clis-Guérande) par Dinan, Saint-Méen, Guer et Durétie, avec embranchement sur Rieux.

Route N° 10. — D'*Alet à Vannes*, par Corseul et la Trinité-Porhoët.

Route N° 11. — D'*Alet au Promontoire Gobée* (Pointe-du-Raz) par Iffiniac, Quintin, Carhaix et Douarnenez, avec embranchement sur Audierne (*Vindana Portus?*)

C'est celle qui, dans le département des Côtes-du-Nord, s'appelle *chemin Noë*.

Route N° 12. — De *Perros* (ou de Coz-Yaudet près Lannion) *à Concarneau* par Carhaix, avec embranchement sur *Civitas aquilonia* (Quimper).

Route N° 13. — De *Morlaix à Penmarc'h*, par La Feuillée, Quimper et Pont-l'Abbé.

Route N° 14. — De *Coz-Yaudet à Nantes* par La Roche-Derrien, Guingamp, Lanfain, La Trinité et Rieux.

Nous croyons être le premier à la signaler ; elle est indispensable au réseau, et nous l'avons suffisamment jalonnée par des fragments caractéristiques.

Route N° 15. — De *Coz-Yaudet à Angers*, s'embranchant sur la précédente au-dessous de Ploërmel, et se dirigeant sur Angers, par Guer, Bain, Châteaubriant et Candé.

Route N° 16. — De *Corseul à Jublains* par Combourg, Vieux-Vy et Vandel.

Route N° 17. — Du *Mans à l'embouchure de la Loire*, par Châteaubriant et Blain jusqu'au port actuel de Lavau près Donges.

Route N° 18. — De *Durétie à Angers*, par Blain et Candé.

3° *Routes de troisième catégorie. Viæ vicinales.*

Je n'indique ici que celles qui ont été bien reconnues, mais je suis convaincu qu'il en existe beaucoup d'autres.

Route N° 19. — De *Morlaix à Vannes, par Carhaix et Castennec.*
— N° 20. — De *Nantes à Châteaubriant.*
— N° 21. — De *Rennes au Mont Saint-Michel.*
— N° 22. — De *Vannes à Port-Navalo.*
— N° 23. — De *Vannes à Blabia* (le Port-Louis).
— N° 24. — De *Carhaix à Plougrescant et Penvenan.*
— N° 25. — De *Roscoff à Quimper,* avec embranchement sur Morlaix.
— N° 26. — De *Vorganium* (L'Abervrac'h) à *Portus Saliocanus,* (Le Conquet), avec embranchement sur les petits ports de la côte.
— N° 27. — De *Carhaix à la pointe de Dinan.*
— N° 28. — De *Keris* (Douarnenez) *à Landévenec.*
— N° 29. — De *Keris à Camaret, le Fret et Keromen.*
— N° 30. — De *Châteaulin à Audierne par Cast, Plounevez-Porsay et Douarnenez.*
— N° 31. — De *Pont-l'Abbé au promontoire Gobée* (Pointe du Raz).
— N° 32. — Du *promontoire Gobée à Sulim* (Hennebont), par *Civitas Aquilonia* (Quimper).
Route N° 33. — De *Civitas Aquilonia à Benodet.*
— N° 34. — De *Carhaix à Quimperlé.*
— N° 35. — De *Carhaix à Douarnenez,* par Saint-Gouazec.
— N° 36 — De *Carhaix à Riec,* par Randouallec et Scaër.
— N° 37 — Du *Faou à Tréflez,* par Landerneau et Kerilien, avec embranchement sur la Roche-Maurice.
— N° 38. — De *Landerneau à Portus Saliocanus*

(Le Conquet) par Lambezellec, avec embranchement sur Porzmoguer et Saint-Pabu.
— N° 39. — Jonction des routes 3 et 6, entre *Le Moustoir et Sérent*.
— N° 40. — De *Quintin à Morlaix*.
— N° 41. — De *Morlaix à Ifhniac*.
— N° 42. — De *Coz-Yaudet à Erquy* par la côte.
— N° 43. — D'*Alet* (Saint-Servan) à *Avranches*.
— N° 44. — De *Reginea* (Erquy) *à Vannes*, avec embranchement sur Carhaix.
— N° 45. — De *Pont-Aven à Pont-Scorff* par *Vindilis* (Guidel).
— N° 46. — De *Duretie à Brivates Portus* (Saint-Nazaire).
— N° 47. — De *Grannona* (Clis-Guérande) à *Brivates* par le littoral.
— N° 48. — De *Grannona à Pontchâteau*.
— N° 49. — De *Saint-Lyphard à la Pointe de Piriac*.
— N° 50. — De *Savenay à Nantes* par le sillon de Bretagne.

Telle est, selon nous, la seule manière rationnelle de pouvoir se rendre un compte exact du réseau des voies romaines dans la presqu'île armoricaine proprement dite. Entrons maintenant dans le détail de chacune d'elles.

Route N° 1. — *Route de Nantes à Vorganium avec embranchement sur Gesocribate.*

Cette route est ainsi décrite au nord de la Loire par la carte de Peutinger : « *Portus Nannetum*; XXIX *Duretie*;

XX *Dariorigum*; XX *Sulim*; XXIV *Vorgium*; XLV *Gesocribate*. » Sur ce tracé deux points sont rigoureusement certains : *Portus Nannetum*, Nantes, et *Dariorigum* Vannes ; et la distance totale de ces deux points XXIX + XX lieues gauloises, donne en chiffre rond 108 kilomètres, ce qui correspond assez bien à la distance comptée sur la route de poste actuelle, laquelle est de 107 kilomètres. *Duretie* ou *Drerie* doit donc se trouver dans les environs de la Roche-Bernard : un calcul analogue nous permettra de placer assez exactement *Sulim* à Hennebont, *Vorgium* à Carhaix, et *Gesocribate* à l'Abervrac'h (rive gauche), ou aux environs du cap Saint-Mathieu. Cette route a du être la première exécutée après la conquête : elle partait du point le plus directement accessible par l'Aquitaine, et quoique la table de Peutinger la termine à Brest, disais-je lorsqu'on identifiait *Gesocribate* avec ce port, nous pensons qu'elle se prolongeait inévitablement, d'un côté jusqu'à *Vorganium*, de l'autre jusqu'à *Portus Saliocanus*, Si la carte de Peutinger n'indique pas ces prolongements, ajoutais-je, c'est qu'au IVe siècle, lorsque les tables Théodosiennes furent composées, Brest était devenu le point important du pays, le chef-lieu de la résidence de la garnison des Maures Ossismiens : *Vorganium* était déchu, et *Portus Saliocanus* n'avait pas l'importance de Brest : mais avant la complète décadence de *Vorganium*, pendant le premier et le deuxième siècle de l'occupation, une voie stratégique a certainement existé jusqu'au chef-lieu des Ossismiens à l'Abervrac'h, de même que la voie de Brest devait se continuer jusqu'à l'extrémité du littoral. Nous allons voir que tout cela s'accorde très bien avec la fixation de *Gesocribate*, soit à la pointe rive gauche de l'Abervrac'h, soit aux abords du cap Saint-Mathieu, comme il a été dit au chapitre précédent.

Étudions la voie complète par sections. De Nantes à

Vannes, il y a un point difficile à franchir, c'est le passage de la Vilaine : pendant longtemps on n'a pas connu l'endroit précis du passage, et généralement on le plaçait à la Roche-Bernard, point qui se trouve admis dans la carte de la commission de topographie des Gaules. M. de Closmadeuc a montré, dans un mémoire fort clair inséré, en 1866, dans le *Bulletin de la Société polymathique du Morbihan*, qu'un double passage existait au Gué de l'Isle et à Noy, à quelques cents mètres de distance l'un de l'autre, entre les communes d'Arzal et de Férel, au point précis qu'avait jadis indiqué le président de Robieu, à 4 kilomètres en aval de la Roche-Bernard ; le point nous parait donc acquis. Quant à l'étymologie de la station de *Duretia* que M. Closmadeuc lit *Dureria*, et qu'il dérive de *Dour-Herius*, ce qui serait exact si la Vilaine était bien le fluvius *Herius* de Ptolémée, nous ne nous prononcerons pas sur une question si délicate, car M. Le Men prétend que le fluvius *Herius* pourrait bien être l'Aulne, qui s'appelle encore l'Hierre dans le haut de son cours, et M. de la Monneraye l'identifie avec l'*Alré*, ou rivière d'Auray.

Quoiqu'il en soit, la première section de la voie s'étendait bien de Nantes au Gué de l'Isle. On admet généralement que, de Nantes, la voie suivait la route nationale actuelle, jusqu'un peu au delà de Pontchâteau, et qu'elle s'en détachait près de l'auberge de Bellevue, à partir du quel point, M. de Closmadeuc l'a décrite fort exactement jusqu'à la Vilaine. M. Bizeul ne retrouvant pas sa trace sur la route actuelle, avait même prétendu que cette voie n'existait point, et que la route de Nantes à *Dariorigum* passait par Blain et Rieux, qu'il appelait *Durerie* : on constate, en effet, une voie passant par ces points ; mais elle n'est point directe, elle est composée de plusieurs tronçons très disparates, et les distances ne concordent en aucune façon avec celles de la carte de

Peutinger : le parti pris de tout rapporter à Blain, dans cette région, a pu seul égarer ainsi M. Bizeul. Pour notre compte, nous pensons que la voie ne suivait pas exactement, de Nantes à Bellevue, la route nationale actuelle. A première vue, la route actuelle nous a paru s'éloigner un peu trop de la crête du sillon de Bretagne qui domine tout le pays des Brières : de plus, on rencontre très peu de noms romains sur son parcours, (une seule fois, *Le Chatellier*), tandis qu'en se rapprochant de la crête du sillon, on découvre un grand nombre de villages qui doivent incontestablement leur nom à des établissements remontant au delà du moyen âge : nous pensons que la voie passait par la *Haie-Eder* en Missillac, *la Haie* et *la Chaussée* en Crossac, etc. *La Chaussée* en Saint-Etienne de Mont-Luc, *Les Haies* en Couëron... pour arriver à Nantes par ce qu'on appelle encore le *Pont de César*, sur la Chésine, ou se raccorder avec la route actuelle au camp de Sautron.

De *Duretie* à Vannes, la route a été trop bien décrite par Cayot-Delandre pour qu'il soit nécessaire de revenir sur ce tracé qui passait près de Noyal-Muzillac, Surzur et Noyalo. On sait que, sur son parcours, on a trouvé une borne milliaire dite de Lescorno, dédiée à Victorinus, et conservée au musée de Vannes.

A partir de Vannes, la voie se dirigeait, comme nous l'avons dit, sur Hennebont qui doit être le *Sulim* de la carte de Peutinger. Pendant longtemps, confondant *Vorgium* et *Vorganium*, et croyant que *Vorganium* était Carhaix, on a soutenu qu'il fallait, au contraire, prendre la direction fort contournée de Plaudren et Saint-Nicodème pour arriver à Carhaix, et l'on trouvait, au passage du Blavet en face Saint-Nicolas-des-Eaux, au village de Castennec, quelques ruines romaines qu'on décorait du nom de *Sulim* : c'est de là que vient la Vénus de Quinipily. Mais comment ne remarquait-on pas que ce n'est point une voie directe de Vannes à Carhaix, et qu'elle se compose de deux tronçons tellement distincts qu'ils se coupent à angle presque droit, près de Plaudren. Or, il y a eu bien certainement une voie directe de Vannes à Carhaix par Hennebont. Nous sommes donc amenés, de toute façon, à placer *Sulim* à Hennebont, et c'est aussi l'avis de l'ancienne Commission de topographie des Gaules ; les distances conviennent parfaitement : la carte de Peutinger marque 20 lieues gauloises, ce qui correspond à 44 kilomètres et demi ; or la distance réelle est de 46 kilomètres par la route de poste qui passe par Auray, et, à vol d'oiseau, de 41 kilomètres. Aussi ai-je peine à comprendre pourquoi M. de la Monneraye maintient *Sulim* à Castennec, sous prétexte qu'il y a, près de là, un nom de lieu dit *Kersulan* : mais il suffit de jeter les yeux sur une carte à grande échelle pour constater que la voie de Carhaix à Castennec prolongée ne peut faire partie de celle qui nous occupe : il y aurait un véritable point de rebroussement à Vannes, et tant qu'on n'aura pas découvert un tronçon de voie directe de Vannes à Castennec, je me refuserai à placer *Sulim* en ce dernier point. Suivant la description détaillée donnée par Cayot-Delandre, de Vannes à Landévant la voie était plus directe que la route actuelle, elle évitait Auray et passait près du bourg actuel de Sainte-Anne, atteignait Landévant sous Brech, et Landaul. De Landévant, un embranchement se dirigeait sur Port-Louis (Blavet, ***Blabia*** ?) par Nostang et Sainte-Hélène ; et la voie principale atteignait Hennebont probablement sous la route actuelle.

A partir d'Hennebont (*Sulim*), quelques archéologues, avec M. Halleguen et la Commission de topographie des Gaules, dirigent la voie sur Quimper qu'ils appellent ***Vorgium***, par Pont-Scorff, Quimperlé, et la route actuelle de Bannalec à Rospordem : mais les distances de la carte de Peutinger ne s'appliquent plus, car elle marque XXIV lieues gauloises, c'est-à-dire 53 kilomètres, de *Sulim* à *Vorgium*, et il y en a 70 d'Hennebont à Quimper.

D'un autre côté, la lecture définitive de la borne milliaire de Maël-Carhaix a permis à M. Le Men, en 1874, de fixer définitivement l'emplacement de *Vorgium* à Carhaix : et les distances réelles vers ce point concordent bien avec les indications de la carte de Peutinger. Il faut donc abandonner la direction de Quimper et prendre celle de Carhaix, centre gallo-romain important, où les débris de cette époque abondent et où l'on rencontre le nœud de voies de tout ordre s'étendant sur treize directions différentes. Le nom de *Vorgium* dériverait du radical *Borg* (lieu fortifié), par mutation de la consonne initiale. Or, Carhaix est encore appelé *Castellum* dans les anciens documents du moyen âge, et son nom des anciennes chartes, *Carelum*, aussi bien que son nom actuel, en breton *Karaës* ou *Karés*, peut s'entendre aussi de lieu fortifié. Le *Borg* ou *Burg* de Carhaix est donc bien l'ancien *Vorgium* de la table de Peutinger.

Le tronçon de *Sulim* à Carhaix devait suivre, à très peu près, la route actuelle par Plouay, le Faouët et Gourin ; mais on ne le connait, avec un peu d'exactitude, qu'à son arrivée vers Carhaix, où M. Bizeul l'a parcouru (voy. sa brochure sur *les voies romaines sortant de Carhaix.*)

La section de *Vorgium* (Carhaix) à *Vorganium* (baie de l'Abervrac'h) sur le littoral de l'Océan, par Huelgoat, la Feuillée, Lampaul, Landivisiau, Bodilis, Kerilien en Plounéventer, (*l'Occismor* de Kerdanet) le Folgoat et Kernilis, est bien connue par les travaux de MM. de Courcy, Kerdanet et Bizeul. M. Le Men, dans son troisième article sur *Vorganium*, au journal *Le Finistère* du 15 mars 1873, l'a minutieusement décrite dans sa partie supérieure, avec ses deux petits embranchements entre Kernilis et la pointe de Plouguerneau, dont l'un aboutit à l'oppidum gaulois, encore existant de Castell-Ac'h, en face du fort de Cézon et du port actuel de l'Abervrac'h. C'est sur cette section, à Kerscao, près Kernilis. que se trouvait la borne milliaire dédiée à Ti. Claudius, fils de Drusus, aujourd'hui déposée au musée de Quimper, et qui a servi à fixer l'emplacement définitif de *Vorganium*.

Je n'insisterai pas ici sur l'étymologie *Aber-Voray* qu'on a voulu chercher jadis dans l'Aber-Vrac'h pour y retrouver le nom de Vorganium, mais je rappellerai que toute la côte de cette baie est couverte de débris romains ; qu'une tradition constante, dont on retrouve la trace dans nos vieux historiens, place non loin de l'île de *Hent*, île *Venant* de la carte d'état-major, *Lezhent* des cartes marines, (nom caractéristique, puisqu'il signifie *île où aboutit la voie romaine*) les ruines ensevelies sous le sable d'une ville et d'un port jadis opulent ; sans doute la célèbre *Tolente*, ou *Toul-hent*, la Tyr armoricaine célébrée par Souvestre, dont les vaisseaux commerçaient avec l'île de Bretagne.

M. Flagelle qui a parcouru plusieurs fois cette ligne, de Carhaix à son extrémité, m'en donne le tracé suivant minutieusement exact :

« Carhaix, — route actuelle jusqu'à la Haie, — Huelgoat, — Rouguellon, — La feuillée, — La route actuelle pendant 800^m, — Roc Tredudon (368^m d'altitude). — Meil ar Manac'h à 1200^m sud de Plounéour-Menez, — Chapelle de Loc Eguiner, — Créc'har Bleiz en Guimiliau, — 300^m N. de Lampaul, — Moules de Pont-Croas en Landivisiau. — Traverse la nouvelle route Nationale N° 12 à 1 kil. au sud ouest de Landivisiau, et l'ancienne près de Pen-ar-Parc, — Mouster Paul en Bodilis. — Kerilien en Plouneventer. — Le Vieux châtel en Saint-Méen, — Saint Méen, — Chapelle Jésus en Trégarantec, — La Croix rouge au Folgoat. — Route Départementale de Lesneven à Lannilis sur 2 kil., — Sud de Kerradennec en Saint-Frégant, — Sud du château de Penhoat, — Borne de Kerscao au nord de Kerscao en Kernilis, — A 350ᵐ à l'ouest de Croas Prem, bifurcation.

1° Branche de gauche, servant de chemin vicinal, passe au Groannec-Coz. — Chapelle de Groannec, — A 400ᵐ nord du vieux château de Coat Quénan, — Sud du bourg de Plouguerneau. — Kerferré bihan, — Lanvaon, — Nord de Castelandour, — Saint Cava en Plouguerneau, — vis-à-vis le fort Cézon en Landeda.

2° Branche de droite, passant à Anteren en Plouguerneau (*Anter Hent* : mi-chemin), à la chapelle Sainte-Anne, — au nord du bourg de Plouguerneau — et à Ty-Bec ar fourn, près de la mer.

Reste l'embranchement de *Gesocribate*.

M. de la Monneraye, pensant que la grande voie des tables de Peutinger représente la principale artère bretonne, celle qui reliait la Gaule méridionale à la Grande-Bretagne, estime qu'elle devait nécessairement aboutir, sur ces tables, à un port sur l'Océan ; et comme elle est limitée à *Gesocribate*, il donne ce nom au havre de l'Abervrac'h, en face duquel nous avons placé l'*organium*, et il identifie l'*organium* et l'*orgium* à Carhaix.

J'ai expliqué, dans le chapitre précédent, comment la position de *Gesocribate* ne pouvait être cherchée qu'au cap Saint-Mathieu, près de Porsliogan, ou à la pointe extrême de la rive gauche de l'Abervrac'h, aujourd'hui appelée pointe Sainte-Marguerite en Landéda, et dans la direction de la basse sous-marine appelée encore Basse-*Cribinoc*, en face de l'*organium*, située sur la rive gauche. J'ai laissé la solution indécise entre ces deux indications, mais en penchant volontiers pour celle de l'Abervrac'h.

Or deux voies, sorties du tronc commun de Carhaix à Vorganium et s'en détachant à Commana, près La Feuillée, en premier rameau unique, partent ensuite de Landerneau pour aboutir, l'une au Conquet, l'autre à la pointe Sainte-Marguerite, qui sont bien, toutes les deux, des pointes dominant les deux ports extrêmes d'Armorique. Je les ai donc indiquées toutes deux sur ma carte, comme embranchements de la voie n° 1.

Le tronçon commun de la Feuillée à Landerneau a été longuement décrit par M. Bizeul, dans son étude sur les voies sortant de Carhaix.

Au delà, l'embranchement de Landerneau au Conquet par Saint-Divy, Guipavas, Brest et St-Pierre-Quilbignon, a été d'abord signalé par M. de Courcy au congrès de l'Association bretonne, à Quimper en 1847, puis décrit par M. Halleguen : il y a même une autre voie évitant Brest et se dirigeant directement de Saint-Divy sur Le Conquet, avec embranchement sur Portz-Moguer : mais nous la décrirons au n° 38.

L'embranchement de Landerneau à la pointe de Sainte-Marguerite par Le Drennec n'a pas été décrit d'une manière détaillée, mais d'après les notes de M. Flagelle qui l'a parcouru, il passait au sud de Locbrévalaire, au nord de Lannilis, et se terminait un peu à l'ouest de l'abbaye des Anges, à la pointe de Sainte-Marguerite en Landéda.

Route n° 2. — *De Tours à Reginea, vers le nord de la côte, avec embranchement sur Alet.*

Elle est ainsi mentionnée sur la carte de Peutinger : *Cæsarodunum* (Tours); XXVIII, *Robrica* (Longué, dans le Maine-et-Loire?); XVII, *Juliomagum* (Angers); XVI, *Combaristum* (Combrée, en Maine-et-Loire); XVI, *Sipia*; XVI, *Condate*; XXV, *Fanum Martis*; XIII, *Reginea*.

Nous n'avons pas à nous occuper de la portion de la voie en dehors de notre presqu'île : mais il y a, sur sa direction, deux point fixes au sujet desquels on ne peut soulever de contestation : c'est *Juliomagum* et *Condate*, Angers et Rennes. La voie arrivait donc à Rennes dans la direction d'Angers : M. Toulmouche a décrit cette voie dans son ouvrage sur Rennes à l'époque gallo-romaine ; et quoique ses conclusions aient été vigoureusement combattues par M. Marteville, on peut admettre ses directions générales. On est d'accord pour placer *Sipia* à Visseiche, bourg situé, en effet, à 34 kilomètres de Rennes. La voie passait par Châteaugiron, Piré, La Guerche et Craon.

De Rennes, la voie atteignait *Fanum Martis* en XXV lieues gauloises, c'est-à-dire en 56 kilomètres. Après les fouilles si intéressantes faites au monument du du Haut-Bécherel, près Corseul, par M. le président Fornier, fouilles qui lui ont valu une médaille d'or de la part de la vaillante Société d'Emulation des Côtes-du-Nord, il n'y a plus à douter que le monument du Haut-Bécherel ne soit le temple de Mars, le *Fanum Martis* consacré par la légion de Martensium, cantonnée à Alet : au reste, les distances correspondent assez exactement, car il y a précisément de 55 à 56 kilomètres, de Rennes à Corseul, en suivant la voie minutieusement décrite par M. Gaultier du Mottay dans son travail sur les voies romaines des Côtes-du-Nord. Il ne peut y avoir d'hésitation que pour les abords de Condate, entre Rennes et Gévezé : là, les traces sont perdues, et les uns font passer la voie par Pacé, les autres par la route actuelle ; nous préférons la route actuelle.

A partir de *Fanum Martis*, la route atteignait *Reginea* en XIII lieues gauloises, soit de 28 à 29 kilomètres : une seule situation peut convenir à *Reginea*, tête de ligne dans cette direction, c'est Erquy, où l'on a trouvé quantité de débris romains. La description de M. Gaultier du Mottay dans toute cette partie est fort bien faite, et ne laisse plus rien à glaner.

Il en est de même de sa description de l'embranchement d'Alet, qui, se détachant à Lehon, remontait la rive droite de la Rance par Pleudihen, Châteauneuf et Saint-Jouan des Guérets.

Route N° 3. — *De Tours à Vorganium, par Angers, Blain, Vannes et civitas Aquilonia (Quimper), avec embranchement sur Kéris (Douarnenez).*

Les routes n° 1 et 2 que nous venons de décrire sont les seules qui figurent, pour la presqu'île, sur la carte de Peutinger : tout ce qui suivra désormais est donc uniquement dérivé de la méthode rationnelle que nous avons cru devoir adopter pour la classification des voies romaines.

D'Angers à Vannes, cette route est composée des deux tronçons que M. Bizeul a minutieusement décrits, en appelant le premier voie de Blain à Angers, et le second voie de Blain à Vannes : la description de la section d'Angers à Blain a paru dans les Mémoires de la *Société académique de Nantes* en 1844, et celle de Blain à Vannes, par le passage de la Vilaine à Rieux, dans l'*Annuaire du Morbihan* de 1841. Il n'y a rien à ajouter à ces descriptions. Lorsque M. Bizeul s'est trompé, il ne l'a fait qu'en matière d'attributions. La voie allait donc d'Angers à Vannes par Candé, l'ancien chef-lieu des Namnètes, Saint-Mars-la-Jaille, Bonnœuvre, la Chaussée et le Parc-au-Chevreuil en La Meilleraye, — la Haie-de-Tilly, la Censive et le Souchay en Saffré, — le Grand Chemin en Puceul — Blain — le sud de la forêt du Gâvre, — la Haie-Cochard, en Plessé, — empruntait, pendant plusieurs lieues, la route nationale actuelle d'Angers à Brest ; passait la Vilaine au pied de la butte Saint-Jacques où M. Léon Maitre a fouillé, en 1886, les substructions d'une mansion importante ; puis, remontait sur l'autre rive, à Rieux, où les restes d'un temple ont été en même temps découverts, et suivait, dans une grande partie de son parcours, la route départementale actuelle de Vannes à Redon. C'est sur son trajet que se trouvait, près d'Elven, la fameuse borne milliaire de Saint-Christophe, si heureusement déchiffrée par M. le commandant Mowat. Son parcours, aux approches de Vannes, a été récemment rectifié par M. de Laigue dans un article publié aux *Mémoires de la Société polymathique du Morbihan*, en 1888.

De Vannes à *Sulim* (Hennebont), la voie se confondait ensuite avec le tronçon déjà décrit de la route n° 1, et elle s'en détachait à *Sulim* pour suivre le littoral sud, par Quimperlé, Concarneau et Quimper.

De *Sulim* à Quimperlé, aucun doute ; la voie passait par Pont-Scorff. Pour atteindre ensuite Quimper, il y a une voie directe que nous décrirons plus bas ; mais nous pensons que la grande voie stratégique serrait de plus près le littoral, et ce qu'il y a de sûr, c'est qu'une voie existait de Quimperlé à Quimper par Concarneau. M. Flagelle nous la détermine ainsi de Quimperlé à Pont-Aven : la chapelle de la Madeleine en Hellac, le moulin de Bazorn en Riec, Hernaviner, Pont-Douar et Sainte-Marguerite. De Pont-Aven à Concarneau la voie devait suivre, à très peu près, la route actuelle et l'on peut s'en rapporter, jusqu'à Quimper, à la description donnée par M. de Blois au Congrès de l'Association bretonne, à Quimper, en 1847.

De Quimper à Landerneau, M. Halléguen l'a suivie par Quéménéven, Cast, Chateaulin, Saint-Ségal et le Faou. Entre le Faou et Landerneau, M. Flagelle me signale deux directions, l'une très directe par Irvillac et Saint-Urban ; l'autre en arc par l'Hôpital-Comfront.

Daoulas et Dirinon. Cette dernière appartient vraisemblablement au troisième réseau (voir ci-dessous la route nᵉ 37 du Faou à Tréflez par Landerneau et Kérilien).

A partir de Landerneau, la voie se confond avec le n° 1.

Route n° 4. — *Route* qu'on peut appeler *du centre Bretagne, du Mans à Camaret.*

Cette route se superpose presqu'exactement, dans la plus grande partie de sa longueur, à une route nationale actuelle, ce qui justifierait, au besoin, sa détermination.

La section comprise dans le département de l'Ille-et-Vilaine, passant au-dessous de Vitré et se dirigeant sur Rennes-*Condate* par Châteaubourg, puis sur Montfort, par l'Hermitage, pour aboutir à Saint-Méen sur la limite des deux départements d'Ille-et-Vilaine et des Côtes-du-Nord, a été décrite par MM. Bizeul et Toulmouche : il n'y a guère de doute sur son tracé exact. Quant à la section comprise, dans les Côtes-du-Nord, entre Saint-Méen et Carhaix en passant par Merdrignac, Loudéac, Mur, Gouarec et Rostrenen, elle a été suivie pas à pas par M. Gaultier du Mottay avec le soin scrupuleux que met, à toutes ses recherches, ce consciencieux archéologue.

Les recherches de MM. de Blois, Bizeul et Halléguen nous font connaître, d'une manière précise, la section de Morlaix à Camaret, qui passe par Plouguer, le Penity en Landeleau, le Respidal en Collorec, 400ᵐ au sud du Cloître, 2800ᵐ au nord de Pleyben, la chapelle de Lopars en Châteaulin, Dinéault, 2400ᵐ au sud d'Argol, Crozon et la chaussée de l'anse de Kerloch. C'est la célèbre voie connue sous le nom de *Hent-Ahès.*

Route N° 5. — *De Cherbourg à Vorganium, le long du littoral nord de la presqu'île, avec embranchement sur Landerneau pour Portus Saliocanus.*

Nous n'avons à étudier cette voie que depuis Avranches, l'*Ingena* des anciens géographes : c'est la symétrique de la voie de Nantes à Vorganium sur le littoral sud de la presqu'île.

MM. Bizeul, Toulmouche et Gaultier du Mottay ont décrit la section d'Avranches à Corseul, et ce dernier a précisé fort exactement le point de passage sur la Rance. D'Avranches la voie se dirigeait sur Dol au travers des grèves actuelles du Mont Saint-Michel, dans lesquelles elle disparaît deux fois, mais qui n'étaient pas alors submergées, et sa trace est d'autant plus nettement indiquée, que la voie reposait sur le contrefort qui sépare en deux anses le fond de la baie formée vraisemblablement vers le VIII° ou le IX° siècle. L'abbé Manet dit avoir vu le dos d'âne de la voie dans les grèves : reprenant la terre ferme actuelle à Roz-sur-Couesnon, la voie passait au pied du Mont-Dol, la station préhistorique explorée par M. Sirodot et qui est actuellement le plus ancien monument connu de notre histoire armoricaine : puis, la voie traversait Dol, et l'atelier paléolithique de la Ganterie (si intelligemment fouillé par MM. Micault et Fornier, heureux inventeurs de cette trace importante de la période de la pierre éclatée parmi nous ; voir les *Mém. du Congrès scientifique de Saint-Brieuc* en 1872) ; passait la Vilaine sous Taden, entrait directement à Corseul ; et de ce point M. Gautier du Mottay l'a décrite fort exactement jusqu'au fond de la baie de Saint-Brieuc à Iffiniac, par Bourseul, Pléren, la Poterie et Lamballe.

A partir d'Iffiniac jusqu'à Saint-Brieuc, il existe une

lacune qui n'a pas encore été comblée : mais nous ne pouvons croire que la baie de Saint-Brieuc, que nous avons souvent parcourue et qui est toute entourée de débris romains, parsemés de côté et d'autre dans les communes d'Hillion, Iffiniac, Langueux, Trégueux, Saint-Brieuc, Plérin, Pordic, etc., n'ait pas été contournée ou traversée par une voie non interrompue : la grande forteresse, de Cesson à la pointe du Légué, porte des traces incontestables du séjour des Romains ; on trouve dans les champs voisins, outre des débris de constructions, de magnifiques médailles d'or des Empereurs : le plus beau Dioclétien que nous ayons jamais vu a été ramassé dans un sentier auprès de la tour, sans qu'on se soit donné la peine d'y faire la moindre fouille ; nous ne croyons donc pas devoir imiter la prudente réserve de M. Gaultier du Mottay : et s'il n'existe plus de trace de voie, d'Iffiniac à Saint-Brieuc, c'est qu'elle a disparu sans doute dans les affaissements du fond de la baie ; mais nous avons la conviction qu'elle se détachait de la voie de la côte pour traverser Hillion et la grève d'Iffiniac, et aboutir aux environs de la tour de Cesson d'où elle atteignait Saint-Brieuc.

De Saint-Brieuc à Coz-Yaudet par le Sépulcre, Tregomeur, Lanvollon, Pontrieuc, la Roche-Derrien, Lannion... il n'y a plus de doute : M. Gaultier du Mottay l'a décrite fort exactement, et nous devons nous accuser, pour notre part, de l'avoir en partie démolie, pendant deux kilomètres, entre Trévérec et Quimper-Quézennec, pour faire passer une rectification de route départementale. C'est là que notre suprise fut grande de constater un stratum en béton de chaux, dans un pays de montagne où l'on ne trouve point trace de calcaire.

De Lannion la voie se dirigeait sur Morlaix en traversant la lieue de Grève au point de tangence de l'arc de la route actuelle : entrait dans le département du Finistère à Pont-Menou, pour suivre, pendant près de deux kilomètres, la route départementale n° 2, passait au nord de Garlan, arrivait à Morlaix, puis, longeant pendant 1200 mètres la limite nord de Saint-Sève, elle passait sous le vieux château de Penhoat, traversait Plouvorn, Bois-Riou en Saint-Vougay, Goasfranc en Lanhouarneau[1], et venait rejoindre la route précédente (n° 4) aux environs de Kerilien où M. de Kerdanet a signalé l'existence d'une sorte de ville gallo-romaine, probablement une *mansion* de 1re classe, d'autant plus importante qu'elle se trouvait au confluent de deux des principales voies stratégiques de la presqu'île. De Kerilien, la voie se dirigeait directement sur Portus Saliocanus, en passant, d'après M. Flagelle, par Ploudaniel, Plabennec et Saint-Renan.

Enfin, l'embranchement de Morlaix à Landerneau, pour le Conquet, serrait de très près la route actuelle et passait par Saint-Thégonec, Landivisiau et la Roche-Maurice.

Route N° 6. — *De Locmariaker à Lizieux*.

La première section, de Locmariaker à Vannes, est très connue : MM. Bizeul et Cayot-Delandre et le président de Robien l'ont décrite : très contournée, elle traversait d'abord cette antique baronnie de Kaër qui a donné son nom à Locmariaker, et que M. Jégou, de Lorient, considère comme l'un des plus frappants vestiges de la domination romaine, (Kaër dérivant, selon lui, très naturellement de Caësar par une transformation fréquente de l's en h); puis elle franchissait la rivière d'Auray au confluent du Sal, sur un pont dont il reste

---

[1] M. Flagelle nous indique encore comme points de passage : la limite N. E. de Plougouvert pendant 800 mètres, Tourellou, le sud du château de Kerjean, la Croix-Neuve en Lanhouarneau, etc.

des traces, et passait sous Baden et Arradon, près des nombreuses villas de la côte. Dans un mémoire publié en 1859, dans le *Bulletin de la Société polymathique du Morbihan*, M. le docteur Fouquet a rectifié le tracé de Cayot-Delandre dans les communes d'Arradon et de Vannes, et décrit tous les petits embranchements qui se dirigeaient vers la côte, du Lodo à Pomper, Kérion, etc.

Entre Vannes et Rennes, il y a un peu d'indécision en certains points. Cayot-Delandre décrit la voie d'une façon fort précise de Vannes à Trédion, puis, à partir de ce point, il la confond avec une voie prétendue de Carhaix à Rennes, dont la courbe, en demi cercle complet, paraît peu compatible avec le plus court chemin d'un point à un autre. De Trédion, à Sérent et à Caro, la prétendue voie de Rennes à Carhaix n'est autre chose que la suite d'une véritable voie directe de Vannes à Rennes. L'abbé Guillotin de Corson, dans son étude sur Carentoir (*Bulletin de la Société polymathique de 1868*), dit l'avoir reconnue au château de Mûr et au village de Marsac : il nous semble pourtant que la voie qu'il indique ainsi dans Carentoir serait perpendiculaire à la nôtre et ferait plutôt partie de la voie d'Alet à Guérande que nous décrirons bientôt, sous le N° 9. — Cayot-Delandre prétend la retrouver dans Monteneuf. D'un autre côté M. Toulmouche, décrit, sortant de Rennes, un tronçon de voie de Rennes à Guer qui correspond exactement avec la ligne qui nous occupe, comme direction : c'est pourquoi nous ne mettons pas en doute la ligne continue de Guer à Caro et Missiriac : il y aurait, en ce point, une recherche intéressante à faire pour la retrouver sur le terrain : tous les renseignements publiés jusqu'ici sont fort confus : ce qu'il y a de certain, c'est que tout le pays, entre Caro, Guer et Carentoir, est couvert de débris romains, tuiles, substructions, camps, etc. De Rennes à Fougères par Liffré et Saint-Aubin-du-Cormier, et dans la direction de Lizieux et des provinces de la Belgique, la voie sortant de Rennes a été décrite par M. Toulmouche dans son ouvrage sur Rennes aux époques gauloise et gallo-romaine.

Entre Fougères et la limite du département d'Ille-et-Vilaine, on trouve quelques renseignements sur la voie, dans l'étude que M. Léon Maupillé a consacrée au chemin Chasle dans le *Bulletin de la Société archéologique d'Ille-et-Vilaine* en 1863, mais les renseignements donnés par l'auteur du mémoire sont fort confus, et les points qu'il indique ne semblent guère affecter une direction très régulière. Pierre-Lée en Louvigné, la Vieux-Ville en Landéan, Parigné et Lecousse, combinés avec Lédaré et Ladorée, ne paraissent pas devoir appartenir rigoureusement à une même ligne : du moins, ils peuvent jalonner la direction générale.

Route n° 7. — *De Tours à Grannona (Clis-Guérande) et la pointe de Piriac.*

C'est la voie du littoral, rive droite de la Loire : on ne l'a jamais signalée que par sections incomplètes, mais elle a existé certainement dans toute son intégrité.

A l'est, nous n'avons à nous en occuper que d'Ingrandes à Nantes ; et cette section a été décrite par M. Bizeul, dans les mémoires de la *Société académique de Nantes* en 1837. D'Ingrandes on se rendait à Ancenis, en traversant l'île d'Anetz où l'on a retrouvé ses traces dans les environs du chemin de fer actuel : d'Ancenis elle se dirigeait sur la petite rivière du Hâvre qu'elle traversait au Pont-Noye, servait de limite entre les communes du Couffé et d'Oudon, laissant le clocher de ce dernier bourg à 3 kilomètres au sud : puis, après avoir passé par la Pierre-Blanche, Mauves et Sainte-Luce, elle arrivait à Nantes par la rue Richebourg ; un grand nombre de noms romains sont situés sur son parcours.

Il y a plus d'incertitude entre Nantes et Guérande, quoique nous connaissions exactement plusieurs de ses points, par exemple, le long fragment bien conservé entre Méan et Escoublac, et la portion décrite par M. Bizeul entre Blanche-Couronne et Méan, sous le nom de voie de Blain à Saint-Nazaire. M. Bizeul affirme catégoriquement, dans son dernier ouvrage sur les Namnètes, qu'il ne sortait de Nantes absolument que deux voies romaines sur la rive gauche de la Loire, celles de Blain et d'Angers : nous démontrerons qu'il y en avait au moins quatre. Quant à celle-ci, qui empruntait sans doute la première section de la route numéro 1 de Nantes à Gesocribate, nous pouvons la jalonner, avec quelque certitude, par Saint-Etienne-de-Mont-Luc, la *Chaussée* en Cordemais, le *Haut-Chemin* en Bouée, la Haie de Lavau, les Chaussées de Sem et de Nion, les Six Croix, Montoir, la Croix de Méan, la Missaudière et Escoublac.

A partir de Guérande, la voie se continuait, selon toutes les probabilités, jusqu'à la pointe de Piriac. Dans cet intervalle on rencontre, outre un village appelé le *Grand-Chemin*, beaucoup de noms d'origine romaine et surtout le vaste établissement de Clis, agglomération de ruines gallo-romaines considérables où je place, avec le lieutenant de vaisseau Martin, mon compagnon d'exploration de tout le pays de Guérande, et M. Léon Maître qui vient de publier une étude complète sur cette région, le *Grannona in littore saxonico* de la notice des dignités de l'Empire. Les gens du pays m'ont montré un champ, encore appelé *château Grannon*, aux environs de Clis, et M. Léon Maître a fort bien justifié dans son dernier mémoire de 1889 l'appellation de *littus saxonicum*. Je crois donc qu'il faut y maintenir *Grannona*.

Route N° 8. — *De Nantes à Cherbourg.*

Plusieurs tronçons de cette grande ligne ont été décrits avec un soin minutieux par M. Bizeul : le premier est celui de Nantes à Blain, partant du Pont de Barbin et passant par Notre-Dame-des-Landes et Pont-Losquet. Dans un mémoire publié en 1869 dans le *Bulletin de la Société archéologique de Nantes*, sur les tours télégraphiques gallo-romaines, M. le docteur Foulon a présenté une rectification de tracé à l'arrivée de Nantes, rectification qui nous paraît très plausible. La chaussée de Barbin étant l'œuvre de saint Félix au VI⁰ siècle, et la chaussée de la Verrière, située à plusieurs kilomètres en amont, en face des ruines du château de Barbe-Bleue et près du confluent de la rivière de Gesvres dans l'Erdre, se perdant dans la nuit des âges, M. Foulon pense que la voie de Nantes à Blain n'a du passer l'Erdre que sur la chaussée de la Verrière, submergée lors de la construction de celle de Barbin, et suivre pour y arriver le vieux chemin de Châteaubriant, qui présente tous les caractères d'une voie romaine et le long duquel est située l'une des tours télégraphiques gallo-romaines qui font l'objet spécial de son étude.

De Blain à Rennes, MM. Bizeul et Toulmouche n'ont laissé aucune lacune à combler ; la voie passait par le Gavre, Conquereuil, Pierric, Fougerais, Pléchâtel et Laillé. Cela concorde parfaitement avec la description donnée par l'abbé Guillotin de Corson, dans son Mémoire sur le canton de Bain inséré au t. IV du *Bulletin de la Société Archéologique d'Ille-et-Vilaine en 1866*

Enfin de Rennes vers le département de la Manche, la voie dont il s'agit est probablement une de celles dont il est question dans l'*Itinéraire* d'*Antonin* : malheureusement la mention de l'*Itinéraire* ne peut pas inspirer grande confiance, parce que les distances partielles indiquées entre les différents points intermédiaires ne donnent point le total de la distance cumulée, indiquée en tête de la description : Voici le texte : *Ab Alaunio Condate* (de Valognes à Rennes) M. P. (Millia passuum) LXXVII, (c'est à dire 77) : *Cosedias* (Coutances), XX. *Fanum Martis*, XXXII. *Fines*, XXVII. *Condate*, XXIX. Or le total de $20 + 32 + 27 + 29 = 108$: au lieu de 77 ; et puisque l'itinéraire est faux pour les distances, peut-on lui donner beaucoup plus de créance pour les noms des stations?... Si *Fines* peut se traduire sans difficulté par Feins, bourg en effet situé sur une voie romaine bien reconnue, au nord de *Condate*, (de Rennes au Mont Saint-Michel à 25 kil. de Rennes), *Fanum Martis*, que nous avons établi près de Corseul, est beaucoup trop éloigné à l'ouest pour pouvoir se trouver sur le parcours de la voie : mais nous ne pensons pas qu'une mention sur un itinéraire déjà inexact puisse suffire pour enlever *Fanum Martis* à un point où toutes les probabilités concourent à le placer. Les adversaires de Corseul ont fixé *Fanum Martis* au Mont Dol : cette situation serait encore fort excentrique par rapport à la direction générale indiquée : et de plus les distances ne correspondraient plus.

D'autres rejettent la voie complétement à droite, prétendant, avec quelque raison, que l'itinéraire d'Antonin se compose de 2 tronçons de voies distinctes, l'une de Rennes à Bayeux ou à Lisieux, et l'autre de Valognes au Mans. Feins serait sur la première, aux frontières des Redones et des Abrincatui ou des Arvii, et *Fanum Martis* au point de croisement ; on remarque du reste que *Fines* ne marque peut-être pas un nom de lieu, mais simplement une frontière.

M. Léon Maupillé, dans son étude sur le chemin Chasle, adopte ce système, prend pour première branche la section de voie que nous avons décrite précédemment de Rennes à Lisieux par Fougères, et place *Fines* à Pierre-Lée à 1500 mètres au s-o de Louvigné, et *Fanum Martis* à Montigny en Normandie. Cela peut être exact, mais en ce cas il y avait en Gaule armoricaine deux *Fanum Martis*, ce qui n'a rien que de très plausible.

Quoiqu'il en soit, il existait certainement une voie directe de Rennes à Avranches ; et nous adopterons simplement le tracé reconnu par MM. Bizeul et Toulmouche, traversant Saint-Aubin d'Aubigné, Antrain, et Precey, pour se raccorder à Avranches avec la voie précédemment décrite de Cherbourg à Vorganium par le littoral nord.

Route n° 9. — *D'Alet* (Saint-Servan) *à Grannona* (Guérande) *avec embranchement sur Rieux.*

D'Alet à Saint-Méen, à la limite actuelle des trois départements d'Ille-et-Vilaine, des Côtes-du-Nord et du Morbihan, la voie a été minutieusement décrite par M. Gaultier du Mottay : elle passe par Châteauneuf-en--Bretagne, Pleudihen, Lehon, Saint-Carné, Saint-Maden et Saint-Jouan de l'Isle.

De Saint-Méen vers Guer, la voie a été reconnue, mais d'une manière beaucoup moins complète, par MM. Bizeul et Toulmouche, qui ne sont pas complètement d'accord ; elle passait à l'est de Gaël, puis traversait Paimpont et Saint-Malo-de-Beignon, ou prenait, suivant M. Bizeul (*Alet et les Curiosolites*) une direction plus occidentale de quelques kilomètres.

De Volescamp à 2 kil. de Guer, jusqu'au passage de la Vilaine, probablement à Duretie, (au Gué de l'Isle en Arzal), il y a encore plus d'incertitude. M. Bizeul a jalonné, à l'aide de retranchements, une voie gallo-romaine se dirigeant sur Rieux et passant aux camps de Mur et du Madry en Carentoir, à Sigré près la Gacilly, à Branferé (2 kil. o. de Glenac), puis à la Chaussée en Saint-Vincent-le-Pont : cela est possible comme embranchement, mais nous pensons que le prolongement de la voie de Corseul à Guer devait avoir lieu vers l'embouchure de la Vilaine, pour se raccorder avec un tronçon parfaitement reconnu aussi de Duretie à Guérande. Selon nous, le complément de voie que nous indiquons ici à l'attention des chercheurs devait passer au camp de Mur en Carentoir, en Saint-Martin, en Saint-Gravé, en Rochefort, en Limerzel, à *Henlez* en Péaule. Les fragments de voie que MM. Bizeul et l'abbé de Corson ont reconnus dans Carentoir doivent lui appartenir ; et Cayot-Delandre attribuant à la prétendue voie de Rennes à Carhaix des tronçons observés dans Carentoir et dans Monteneuf nous paraît se contredire formellement, car leur direction générale serait perpendiculaire à la ligne de Rennes à Carhaix ou à Vannes, tandis qu'elle se rapporte assez bien avec la nôtre ; enfin M. le docteur Fouquet a signalé plusieurs fois aux *Bulletins de la Société polymathique du Morbihan*, en particulier en 1887, une région toute couverte de débris romains qui s'étend entre Limerzel, Rochefort et Questembert, et dans cette région une voie courant du nord au sud, qui semble coïncider parfaitement avec notre tracé. Tout concorde donc pour appuyer nos prévisions ; et nous insistons sur la recherche exacte de ce tronçon, car toute la région voisine de la Vilaine n'a encore été explorée sérieusement que dans le sens des voies perpendiculaires à cette rivière, et l'on n'a rien donné de précis sur les voies parallèles.

De Durétie à *Grannona* (Clis-Guérande), la voie est beaucoup mieux connue, et s'il n'en reste aujourd'hui que peu de fragments visibles, on sait, grâce aux travaux de MM. de Closmadeuc, de Kersabiec, Desmars et autres explorateurs intrépides de notre littoral, qu'elle se détachait de la grande voie de Nantes à Gesocribate (n° 1) au-dessous de Férel, et gagnait Guérande par Herbignac et Saint-Lyphard, traversant la célèbre redoute des Grands Fossés, qui fermait la presqu'île guérandaise et que César, selon toutes les probabilités, dut forcer dès l'abord pour attaquer ensuite et successivement les *oppida* qu'elle protégeait; ce tronçon complétait, avec la voie de la Loire qui arrivait à Guérande en suivant le pied des collines d'Escoublac, de Beslon, de Carheil et de Congor, la ceinture du littoral.

Route n° 10. — *D'Alet à Vannes.*

La première section, d'Alet à la Trinité-Porhoët, a été décrite avec les plus grands détails par M. Gaultier du Mottay dans son travail sur les voies romaines des Côtes-du-Nord. Se détachant de la route précédente entre Saint-Servan et Saint-Jouan-des-Guérêts, elle traversait la Rance au-dessous de Pleurtuit et gagnait Corseul par Trigavou et Languenan, puis elle se dirigeait sur Plumieux près la Trinité, en passant par Jugon, Boquien, Lanrenan et Coëtlogon.

On trouve une description fort complète de la section de Plumieux à Vannes, dans Cayot-Delandre qui l'intitule: voie de Vannes à Corseul ; elle passait à l'ouest de Lantillac, traversait Saint-Jean-Brévelay et gagnait Vannes par Le Nédo et la lande de Parcarré.

Route n° 11. — *D'Alet à la pointe du Raz.*

La première section, d'Alet à Carhaix, est décrite avec les plus grands détails dans l'ouvrage déjà souvent cité de M. Gaultier du Mottay. Elle traversait la Rance au même point que la précédente et suivait à peu près le littoral jusqu'à Iffiniac, en passant par le Guildo, Matignon, où quelques auteurs placent le *Mannatias* de la *Notice des dignités*, La Bouillie, Saint-Alban, Planguenoal et Morieux. Entre Iffiniac et Quintin, elle est connue dans le pays sous le nom de *Chemin Noë*, plus exactement *d'Ahès* : puis de Quintin elle se dirige vers Carhaix, en passant sur le faîte de la chaîne, entre le Vieux-Bourg et Saint-Bily, puis longeant Saint-Nicolas-du-Pélem et Maël-Carhaix.

La seconde section, de Carhaix à Douarnenez, jadis annoncée par M. de la Monneraye au congrès de Quimper en 1847, puis décrite par M. Bizeul en 1849 dans son opuscule sur les voies romaines sortant de Carhaix, a été parcourue de nouveau par M. Halleguen qui lui assigne pour points de passages principaux : Castel-Spezet, Trévarez en Saint-Gouazec, Buzit en Lothey, Lestrévet en Briec, le camp de Quillodoaré en Cast, *Kerstral* en Plonévez-Porzay, et le vallon du Riz.

Mais ce tracé est fort contourné ; et nous préférons le rectifier en suivant un parcours beaucoup plus direct par la rive droite de l'Aulne, que décrit ainsi M. Flagelle qui l'a reconnu avec M. Grenot. (Ceci nous conduit à rejeter le tracé de M. Halleguen au 3ᵉ réseau, route n° 35). Donc, partant de Carhaix, par la route de Chauteauneuf, notre route n° 11 la quittait au second pont pour se tenir au nord, passait à Creuc'hmeur en Cléden-Poher, à Coatmeur-Ty-Creis, au sud de la Haie et de la Roche, à Kermorvan, au bourg de Landeleau, à Châteauneuf, à Keryvon-Bourg et au Pont-Pol ; puis traversant le canal, passait par Treveil et Kéraval, et venait rejoindre la voie plus longue indiquée par M. Halléguen. Enfin par Tyffern en Edern, Kerdéver et la Madeleine, elle venait traverser le Steyr au moulin du Château, près de la gare de Quéménéven, et de là, par Kerrest en Plogonnec, Lezinel et le Juch, elle arrivait à Douarnenez.

Enfin de Douarnenez (*Keris*) au promontoire Gobée (la pointe du Raz) on a souvent varié sur le tracé véritable : mais M. Halléguen a fait remarquer justement que d'un tronçon commun qui se détache de Keris au-dessous du château de Grallon et du bourg de Ploaré, se détachent plusieurs branches qui se dirigent vers divers points de la côte : nous prendrons, avec MM. de Blois et Le Men, pour le tronçon principal de ce que nous appelons voie réelle de Carhaix à la pointe du Raz, celle de ces branches la plus rapprochée de la côte sud de la baie de Douarnenez, tellement riche en oppida gaulois que M. Le Men assigne même à la voie une origine gauloise : elle passait au travers des communes de Poullan et Beuzec, un peu au nord du bourg de Goulien, et aboutissait à la pointe du Raz, au village de Troguer.

La voie de Douarnenez à Audierne dont nous parlerons plus loin, faisait, en partie, double emploi avec elle, car elle était reliée à la pointe par un prolongement d'Audierne à Troguer, fragment de la ceinture du littoral.

Route N° 12. — *De Perros à Civitas Aquilonia* (Locmaria de Quimper) *et embranchement sur Concarneau.*

En ne considérant que les deux points les plus importants vers les extrémités de cette ligne, il serait peut-être plus vrai de l'appeler voie de Coz-Yaudet à Civitas Aquilonia ; mais elle s'avançait en ligne droite jusqu'à la pointe de Perros-Guirec, c'est pourquoi nous avons préféré la nommer exactement.

La première section, de Perros à Carhaix, a été décrite point par point par M. Gaultier du Mottay ; elle passait à Lannion, à l'est de Plouaret, de Loquivy-Plougras et de Plourach, et entrait à Carhaix par la route actuelle de Guingamp.

La section de Carhaix à *Civitas Aquilonia*, par Roudouallec et Coray, a été décrite en détail par M. de Blois et par M. Bizeul dans ses études sur les voies partant de Carhaix ; elle passait par Roudouallec et Coray, mais l'embranchement qui, de Coray, se dirigeait sur Concarneau n'est pas connu avec autant d'exactitude : il a été plusieurs fois indiqué par M. Halléguen, et M. Flagelle nous en a adressé une description. Il se détachait à deux kilomètres 1/2 à l'est de Coray, et tombait dans le chemin vicinal actuel de Coray à Rosporden, à 1500 mètres au nord de Tourch. Du bourg de Tourch, il passait à Bois-Jaffray, au Haut-Penfoennec, à l'est de Goulivars, à Ty-Palmer, et traversait la route nationale de Paris à Quimper à 2200 mètres à l'ouest de Rosporden, en suivant, dans une grande partie du parcours, des limites de communes ; enfin traversant Coat-Culoden, elle passait à Coat-Cony en Beuzec-Concq et arrivait à Concarneau par la grande route actuelle.

Route N° 13. — *De Morlaix à Penmarc'h.*

La première section, de Morlaix à *Civitas Aquilonia*, (Locmaria de Quimper) a été plusieurs fois indiquée par MM. de Blois et Halléguen. La Feuillée, Plounevez du Faou, Trédern et Briec en sont les points principaux, et M. Halléguen cite encore comme points intermédiaires, Plounéour-Menez, Loqueffret, *Pont-Paul*, Saint-Thois, Edern, etc., mais M. Flagelle nous a signalé une voie beaucoup plus directe qui passait par Pleyber-Christ, Braspart, Pleyben, la Chapelle-des-Fontaines en Gouézec, et le Penity en Briec, après quoi elle se confond avec la précédente.

De *Civitas Aquilonia* à Penmarc'h, on sait d'après la

description de MM. de Blois et Halléguen que la voie se dirigeait sur le Pont l'Abbé en passant par Plomelin d'où elle jetait un petit embranchement sur la fameuse villa du Perennou : c'est la voie rive droite de la rivière de Quimper,

Route N° 14. — *De Coz-Yaudet à Portus Namnetum* (Nantes).

Personne encore n'a signalé cette ligne que nous regardons comme très importante, dont on connaît positivement quelques tronçons, et dont nous pouvons jalonner les lacunes avec des probabilités voisines de la certitude.

Une parenthèse d'abord en faveur de *Coz-Yaudet*, qu'on a pris longtemps, fort à tort, pour Lexobie. Ne serait-ce point là qu'il faudrait placer le *Mannatias* de la *Notice des dignités de l'Empire ?...* Nous avons déjà remarqué que l'énumération des garnisons du *tractus* armoricain suivait à peu près l'ordre du littoral en marchant de la Loire vers la Seine. Or *Mannatias* s'y trouve cité entre *Ossismi*, qui était situé certainement vers l'extrémité de la presqu'île, et *Alet* qui a précédé certainement Saint-Servan. Il faut donc chercher *Mannatias* sur la côte du nord, et c'est dans cette pensée que plusieurs paléographes l'ont placé à Matignon ; quant à y reconnaître Nantes nous nous y refusons formellement. Mais pourquoi désigner Matignon sous le seul prétexte que la première syllabe est à peu près la même, quand on rencontre, sur la côte nord, un établissement romain considérable, un port important, où la tradition place même le siège de l'évêché qui a précédé Tréguier ? Coz-Yaudet se traduisait littéralement par vieille cité, vieille ville. Qu'est-ce qui s'oppose à ce que le nom de *Mannatias* ait été perdu après une ruine complète par une invasion des pirates saxons ou de la mer, suivant les légendes, et que le nom de vieille cité l'ait remplacé dans la mémoire des générations suivantes? Cela est au contraire très naturel.

Quoi qu'il en soit, de Coz-Yaudet à la Roche-Derrien nous suivrons d'abord la grande voie déjà citée du littoral nord ; mais nous ne pouvions pas appeler notre ligne : voie de la Roche-Derrien à Rieux, car ces deux points extrêmes n'eussent pas été assez importants : c'est pourquoi nous avons pris pour têtes de ligne deux points un peu en arrière des embranchements eux-mêmes. C'est ce qu'on fait encore aujourd'hui dans le classement des routes et chemins.

De la Roche-Derrien à Guingamp la voie est citée par M. Gaultier du Mottay dans son travail sur les Côtes-du-Nord, mais pourquoi s'arrêter à Guingamp, quand en prolongeant le tronçon en ligne droite on tombe précisément au passage de la Vilaine à Rieux, où l'on rencontre un prolongement tout fait sur Nantes?... Or, sur tout le parcours de la lacune entre Guingamp et Rieux, nous trouvons en ligne droite une foule de noms romains dont plusieurs sont significatifs. Nous pensons donc que la voie passait aux villages nommés : *La rue Saint-Neven* en Plumagoar, *La rue Cortès* et *Le Cloître* en Saint-Fiacre, *Le Vieux-Châtel* en Saint-Gildas, *La Ville-Haie* en Fœil, *La Moinerie*, et le *Haut-Roma* en Lanfains, *La Ferrière* en l'Hermitage, etc., puis après avoir passé le bourg-commune de la Ferrière, la voie entrait à la Trinité-Porhoët, d'où elle gagnait Ploërmel par Coussac, Mohon et Taupont.

Entre Ploërmel et Rieux, la voie se trouve située dans ce pays fort riche en débris romains qui n'ont pas été explorés d'une manière assez méthodique et que nous avons signalés plusieurs fois, région située entre Guer, Rochefort et la Vilaine ; suivant toutes les probabilités elle traversait les environs des bourgs de Monterrein, Missiriac, Ruffiac, Saint-Martin, traversait l'Oust en Peillac au lieu qu'on appelle encore dans le pays *passage des Romains*, et venait se raccorder à l'est d'Allaire avec la voie de Tours à Vorganium (n° 3, par Blain), un peu au-dessus de Rieux.

Tel est le projet de tracé que nous livrons aux recherches des archéologues des départements des Côtes-du-Nord et du Morbihan.

De Rieux à Blain, la voie empruntait le tracé déjà décrit de la grande voie de Tours à Vorganium : et de Blain à Nantes, celui de la voie de Nantes à Cherbourg.

Route N° 15. — *De Coz-Yaudet à Angers.*

Cette dénomination nous semble le seul mode de raccord rationnel d'un tronçon depuis longtemps connu et décrit avec quelques détails dans la région limite des départements d'Ille-et-Vilaine et de la Loire-Inférieure par M. Toulmouche, en son ouvrage sur Rennes, et par M. Guillotin de Corson, d'après M. Bizeul, dans son étude sur le canton de Blain. M. Bizeul l'avait appelé voie d'Angers à Carhaix : mais Carhaix n'étant pas une capitale et surtout n'étant pas un port, nous préférons beaucoup placer la tête de ligne à Coz-Yaudet. Carhaix n'a été, selon nous, qu'un centre de croisement de voies, la plus importante des mansions de notre pays. Blain venait ensuite. Quoi qu'il en soit, le tracé en question passe certainement par Blain et Lohéac, traverse la Vilaine au Port-Neuf en Pléchâtel, coupe à angle droit la voie de Rennes à Blain, tronçon de celle que nous avons appelée de Nantes à Cherbourg, et paraît se diriger, dit M. Toulmouche, à l'ouest vers Guer, et à l'est vers Châteaubriant : cette direction générale concorde parfaitement avec la voie que nous proposons d'appeler de Coz-Yaudet à Angers : Elle se raccorderait à la précédente dans les environs de Ploërmel, passerait au-dessous de Guer, puis traversant Lohéac, Bain et Rougé, elle atteindrait Châteaubriant. Entre Châteaubriant et Candé, nous l'avons jalonnée très facilement à l'aide d'une foule de noms romains de villages placés en ligne dans cette direction.

Entre Candé et Angers elle se confondait avec la voie d'Angers à Vannes, (section de celle de Tours à Vorganium).

Route n° 16. — *De Corseul à Jublains.*

MM. Gaultier du Mottay et Toulmouche ont fort bien décrit cette voie qui, se détachant de la grande voie de Tours à Erquy au-dessus de Tressaint, passait par Meillac, Combourg, Saint-Remy-du-Plein, Vieuvy, Saint-Christophe, et qui, à partir de Vandel, suivait à peu près parallèlement, mais plus au sud, la route actuelle de Fougères à Mayenne.

Dans l'arrondissement de Fougères la voie est connue sous le nom de *Chemin-Chasle*, et M. Léon Maupillé qui l'avait déjà décrite avec M. Bertin dans leur *Notice sur la ville et l'arrondissement de Fougères*, publiée en 1846, a donné en 1863, de nombreux détails sur cette section dans le *Bulletin de la Société archéologique d'Ille-et-Vilaine*. La voie traversait à partir de Vandel, les communes de Billé, Javené, La Chapelle-Janson, la Celle en Luitré et Luitré.

Route n° 17. — *Du Mans à l'embouchure de la Loire.*

La voie à laquelle nous donnons ce nom est la réunion de celle que M. Bizeul a appelée de Blain à Châteaubriant, avec une portion de celle qu'il a décrite sous le nom de Blain à Saint-Nazaire.

Pour la première section, M. Bizeul se contente de la jalonner entre le Mans et Châteaubriant, où elle arrivait par Soudan ; mais la description qu'il a publiée dans les *Mémoires de la Société académique de Nantes* est beaucoup plus complète entre Châteaubriant et le point de jonction avec la voie de Rennes à Blain (Cherbourg à Nantes) au Pont-Veix sur le Don, un peu au-dessous de Conquereuil. La voie passait sous Lusanger et Derval: On en retrouve d'importants fragments dans la forêt de ce nom.

De Pont-Veix à Blain, la voie empruntait la voie de Cherbourg à Nantes, déjà décrite.

Enfin, de Blain à la Loire, la voie suivait d'abord le tracé que M. Bizeul a décrit comme allant de Blain à Saint-Nazaire, mais qui serait beaucoup trop courbé et contourné, pour une voie romaine unique. Nous le suivrons donc avec lui par Bouvron jusqu'à la rencontre à angle droit de la route numéro 1, de Nantes à Gesocribate, au-dessous de Savenay : mais à partir de ce point, qu'on ne peut désigner d'une manière absolument précise, parce que tous les vestiges ont disparu, la voie se dirigeait en droite ligne vers la Loire au port actuel de Lavau : les noms de la *Haie de Lavau, la Chaussée, le Haut-Chemin*, conservés encore aux villages intermédiaires, en sont de sûrs garants.

La portion de voie que M. Bizeul continue à décrire par l'abbaye de Blanche-Couronne, la chaussée de Sem, Mean (ou Brivates portus) etc., faisait partie de la voie rive droite de la Loire, déjà décrite, et dont on peut sans crainte affirmer l'existence continue depuis Angers jusqu'à la pointe de Piriac. (Numéro 7, de Tours à Guérande et Piriac).

Route N° 18. — *De Duretie à Angers.*

Nous n'avons à décrire de cette voie qu'un tronçon relativement assez court, qui relie en ligne droite, dans la direction générale indiquée, des sections de voies différentes déjà décrites.

Après avoir passé la Vilaine au Gué de l'Isle, la voie empruntait, pendant quelques kilomètres, la voie N° 1 de Nantes à Gesocribate : elle s'en détachait vers le point appelé Le Mouton Blanc, et de là elle se dirigeait en ligne droite sur Blain, pour se fondre avec la grande voie de Tours à Vorganium. Cette section, du Mouton Blanc à Blain, a été décrite par M. Bizeul dans *l'Annuaire du Morbihan de 1841*, sous le nom de voie de Blain à Noyalo ou à Port-Navalo, points extrêmes assez mal choisis, car Noyalo n'a pas une importance suffisante pour justifier une tête de ligne, et pour aller vers Port-Navalo il y aurait un rebroussement assez aigu. La description de M. Bizeul a été reprise point par point dans le *Bulletin de la Société Polymtatique* en 1867, par M. Desmars : grâce à cette reprise minutieuse, la voie est exactement connue ; mais M. de Closmadeuc, dans le même *bulletin*, a combattu avec raison le nom de voie de Vannes à Angers donné à ce tronçon : il existe en effet une voie de Vannes à Angers aussi directe et adoptée généralement, passant par Rieux et Blain. — La section du Mouton Blanc à Blain n'a sans doute été exécutée que postérieurement, comme ligne secondaire, pour relier à la métropole le port de D.. élie ..'embouchure de la Vilaine sans faire le grand tour de Portus Nannetum.

Route n° 19. — *De Morlaix à Vannes.*

La première section, de Morlaix à Carhaix, a été décrite par M. Bizeul dans son étude sur les *voies sortant de Carhaix* ; elle suivait à peu près la route actuelle passant par le Cloître, Treusquilly et Poullaouen.

De Carhaix au Moustoir, ou plus exactement à Cozilis, sur la voie d'Alet à Vannes (ci-dessus numéro 10), la voie passait le Blavet à la célèbre station de Castennec, d'où provient le Vénus de Quinipily. C'est une des voies classiques les plus anciennement décrites, parce que beaucoup d'auteurs, en plaçant *Sulim* à Castennec, en font un tronçon de la voie numéro 1 de Nantes à Gesocribate. Je n'ai donc pas à revenir sur sa description qu'on trouvera très complète, en particulier dans Cayot-Delandre et dans Bizeul.

Route N° 20. — *De Nantes à Châteaubriant.*

La voie de Nantes à Châteaubriant n'a été signalée qu'incidemment, et sans repères, par M. le docteur Foulon qui la place sur la rive gauche de l'Erdre. Nous avons reconnu en effet l'existence d'une voie très probable de Nantes à Châteaubriant en jalonnant sur la carte les noms romains. *Les Haies, les Pas, les Châtels* et *Châteliers* etc., etc., et les stations où l'on a reconnu des ruines romaines, telles que le Saz, en la Chapelle-sur-Erdre, Sucé, etc ; mais si la voie suivait la rive gauche de l'Erdre au sortir de Nantes, elle traversait cette rivière à la Chaussée de Barbe-Bleue, et se confondait jusque là, avec la voie de Nantes à Cherbourg, par Blain et Rennes : puis ayant traversé la rivière, elle se détachait aussitôt de cette voie, et remontait droit vers le nord en passant par la Gergaudière et le Saz en la Chapelle sur Erdre (où M. Orieux dans un mémoire couronné en 1864 par la Société académique de Nantes, dit l'avoir reconnue), par Chavagne, Nort, La Roberdière, et se dirigeait sur Châteaubriant par la Haie-Besnou. Nous ne l'avons pas suivie plus haut. Il serait cependant fort intéressant de savoir si elle ne continuait pas de remonter vers le nord par la Guerche, Vitré, Fougères.... en suivant les environs de la grand'route actuelle. Si on la retrouve dans les parages que nous indiquons, ce serait véritablement la grande voie de Nantes à Cherbourg en ligne directe, et nous ne cachons pas que nous en avons quelque soupçon. En l'absence de tout document, nous préférons ne pas nous avancer trop loin.

Route n° 21. — *De Rennes au Mont Saint-Michel.*

Cette voie presque parallèle à celle de Rennes à Avranches (section de Nantes à Cherbourg) et qui fait double emploi avec elle, a été cependant reconnue sans conteste. MM. Bizeul et Toulmouche l'ont décrite assez exactement pour qu'on n'ait aucun doute à son égard. Elle avait une origine commune avec sa voisine, s'en détachait à Saint-Grégoire, puis remontait au nord par Feins, Noyal-sur-Bazouges et Trans, pour aboutir à l'embouchure rive gauche du Couesnon, à Roz-sur-Couesnon, où elle rencontrait à angle aigu la grande voie du littoral nord, de Vorganium à Cherbourg.

Route n° 22. — *De Vannes à Port-Navalo.*

Cette voie sur laquelle on trouvera des renseignements assez précis dans Cayot-Delandre, était destinée à compléter la ceinture du golfe du Morbihan. Se détachant près de Noyalo de la grande voie n° 1 de Nantes à Gesocribate, elle passait par Bourgerel en Noyalo, par Kerfontaine en le Hézo, Sarzeau, Largueven et Tumiac, et venait aboutir à l'extrémité de la presqu'île de Rhuys en face de Locmariaker : en sorte qu'en passant le goulet du Morbihan avec une barque, on pouvait faire sans autre lacune tout le tour du golfe.

Route n° 23. — *De Vannes à Blabia (Port-Louis).*

Port-Louis, dont l'ancien nom est Blavet, comme celui de la rivière qui débouche dans l'Océan sous sa protection, et plus anciennement encore Locpéran et *Blabia*, était un point naturellement indiqué pour un établissement maritime. Une voie depuis longtemps reconnue le reliait à la grande voie de Nantes à Gesocribate. Cet embranchement décrit par Cayot-Delandre se détachait de la grande voie à Landévant et se dirigeait sur Port-Louis par Nostang, Merlevenez et Riantec.

Route n° 24. — *De Carhaix à Plougrescant.*

M. Gaultier du Mottay, dans son ouvrage sur les voies romaines des Côtes-du-Nord, a minutieusement décrit cette voie qui se détachait de celle de Perros à la Pointe du Raz, aux environs de Sainte-Catherine, et remontait presque parallèlement avec elle en passant près de Callac, Louargat, Montalot..., croisait à la Roche-Derrien la grande voie du littoral nord et se divisait, au-dessous de Tréguier, en deux petites branches aboutissant à la côte, l'une à Penvenan, l'autre à Plougrescant.

Route n° 25. — *De Roscoff à Quimper, avec embranchement sur Morlaix.*

Cette voie est indiquée en partie par MM. de Courcy et Halléguen, et M. Flagelle l'a parcourue sur toute sa longueur par Plouénan, l'ouest de Guiclan, l'est de Guimiliau, Loc Eguiner (nouvelle commune), Commana; puis elle venait se confondre à l'ouest de Botmeur avec la voie précédemment décrite de Quimper à Morlaix (n° 13). — L'embranchement de Saint-Pol à Morlaix se détache de la route actuelle en face de Bel-Air, passe à la Croix-Boutouiller, à Saint-Yves en Saint-Pol, franchit la rivière de Penzé au passage de la Corde, puis arrive par Henvic et Taulé à Saint-Martin de Morlaix.

Route n° 26. — *De Vorganium à Portus Saliocanus.*

Cette voie, qui complète la ceinture du littoral, n'a pas été décrite, du moins à notre connaissance, mais nous ne mettons pas en doute son existence : elle est nécessaire au réseau, et celui-ci a été trop bien tracé par les ingénieurs romains pour qu'ils aient laissé échapper une pareille lacune.

M. Flagelle a, en effet, confirmé nos prévisions, en la parcourant jadis à notre demande, et en la jalonnant ainsi qu'il suit : Brouennou en Landéda, Ploudalmézeau, Plourin, Brélès, Plouarzel, Ploumoguer, et l'anse du Conquet, avec de nombreux embranchements sur les points importants de la côte : Portsal, Argenton, Porspoder, Laber-Ildut, etc[1].

Route n° 27. — *De Carhaix à la pointe de Dinant.*

Cette route a été décrite par M. Halléguen avec quelque détail, jusqu'au passage de l'Aulne près de Landévennec. Elle empruntait la grande voie du centre Bretagne depuis Carhaix jusqu'à Kernevez en Landeleau, puis elle se dirigeait sur Le Faou par Collorec, Lannédern, Braspart, le sud de la chapelle St-Sébastien et Quimerc'h, et s'avançait vers la pointe ou presqu'île située entre l'Aulne et la rivière du Faou, en passant

---

[1] Nous citons pour mémoire deux autres voies que M. Flagelle nous indique dans ces directions, l'une de Plouguerneau à Coatmeal, par Tréglonou, l'autre de Plouguin à Saint-Renan.

par Rosnoën jusqu'à Tévenez, presque en face de Landévennec, où elle traversait l'Aulne. De ce point, M. Flagelle nous la signale se dirigeant sur Port-Salut, par le sud de la chapelle du Folgoat en Landévennec, les moulins à vent de Cornily et de Sénéchal, le nord d'Argol et Tal-ar-Groas. A Port-Salut, elle empruntait la route n° 4 de première classe, jusqu'à Crozon, doù elle se dirigeait directement sur Dinant.

Route n° 28. — *De Kéris (Douarnenez) à Landévennec.*

Route décrite par M. Halléguen dans ses études intitulées, comme les nôtres, *Armorique et Bretagne*. Elle traversait le fond de la baie de Douarnenez, aujourd'hui submergée, et reparaissait à *la lieue de grève* pour se diriger sur Landévennec par Saint-Nic et le pied du Menez-C'hom.

Route n° 29. — *De Douarnenez à Camaret, Le Fret et Keromen.*

Cette voie, décrite encore par M. Halléguen, contourne toute la baie de Douarnenez en jetant des embranchements vers les petits ports de la côte, et se confond dans sa dernière partie avec la grande voie du centre Bretagne. Elle se séparait, au-dessus du Riz, de la voie de Douarnenez à Carhaix (section de celle d'Alet à la pointe du Raz), et suivait le littoral par Plonevez-Porsay, Plomodiern et Telgruc.

Route n° 30. — *De Châteaulin à Audierne (Vindana Portus?)*

Une des nombreuses voies décrites par M. Halléguen. Se détachant de la route n° 3 un peu au-dessous de Cast, elle se dirigeait sur Douarnenez par Bodennec et

Plonévez-Porzay, descendait au-dessous du Riz et traversait le fond de la baie de Douarnenez, aujourd'hui submergé.

De Douarnenez, elle se dirigeait à peu près en ligne droite sur Audierne en passant par Pont-Croix.

Route n° 31. — *De Pont-l'Abbé à la pointe du Raz.*

Il semble probable que la première section, d'Audierne à la pointe du Raz (voy. le n° 32), n'est qu'un tronçon d'une voie littorale qui devait longer toute la baie d'Audierne et rejoindre la voie de Coz-Yaudet à Penmarc'h. — M. du Châtellier a trouvé des débris gallo-romains dans cette direction ; et M. Flagelle nous signale une voie partant de Pont-l'Abbé, pour rejoindre à la Trinité, en passant par Plounéour, Tréogat, Pouldreuzic et Plozévet, la voie de *Civitas aquilonia* à la pointe du Raz (n° 32 ci-dessous).

Route n° 32. — *De la pointe du Raz à Sulim par Civitas Aquilonia* (Quimper).

La première section, de la pointe du Raz à Quimper, suit d'abord le littoral jusqu'à Audierne, en passant à Lescoff, au sud de Plogoff, au Loch, à Primelin, à 200ᵐ au N. de la chapelle Saint-Tugeau et au bourg d'Esquibien. — D'Audierne à Quimper, le tracé se présente en ligne presque droite et passe à Lesvoualc'h, à la Trinité, au nord de Plozévet (où se fait le raccordement de la voie précédente n° 31), à Landudec qui est entouré de débris romains, camps et tumulus, au nord du Porz en Pluguffan, et se raccorde avec la route de Douarnenez à Quimper, près du château de Prat-an-Raz, en Penhars (notes de M. Flagelle).

De Quimper à Quimperlé, la voie que nous suivons

était, autrefois, supposée faire partie de la grande ligne de Nantes à Gesocribate par les auteurs qui plaçaient *Vorgium* à Quimper ; et la Commission de topographie des Gaules avait adopté cette opinion dans la 1re édition de sa carte ; mais nous avons dit ailleurs (route n° 1) comment il faut reporter cette grande voie au nord et placer *Vorgium* à Carhaix. La voie directe de Quimper à Quimperlé se tenait au sud de la route actuelle qui passe par Bannalec et Rosporden. En voici une description fort détaillée que nous devons à M. Flagelle :

« Partant du sud de la Tourelle près Quimper, où M. Grenot a trouvé, vers 1870, un grand nombre de statuettes, elle passe à Saint-Laurent et à la chapelle en ruine de Notre-Dame, se confond un moment avec la route de Rosporden qu'elle laisse ensuite au Nord, passe à Bellevue, à Kervellec en Saint-Yvy, au nord du bois de Pleuven (camp romain), au nord de Keraunnec (substructions), au midi de Creac'h-Miquel (fortification ovale sur la montagne au Nord), à Locmaria-an-*Hent*, à Parc-en-Broc'h, en Melgven (monnaies et débris), à l'Hôpital, à la chapelle de Coat-an-Poudou, à la chapelle de la Trinité, au sud du Bouden (motte), presque en face, au midi du manoir de Kergoat (camps et substructions), au Moustoir en Kernevel, à l'Église blanche en Bannalec, à Pont-Glaérès (où elle croise une voie allant de Riec à Carhaix par Scaër), au bourg de Trévoux, au nord de la belle motte de Reunial, et vient se fondre avec la grande voie du littoral à la Madeleine en Mellac pour arriver à Quimperlé par la route départementale actuelle. »

Route n° 33. — *De Civitas Aquilonia* (Locmaria de Quimper) *à Benodet*.

Cette voie indiquée comme très probable par M. de Blois nous semble en effet réunir toutes les conditions nécessaires pour être admise dans le réseau. Elle commande la rive gauche de l'Odet; et l'on sait que d'importantes découvertes de débris gallo-romains ont été faites dans ces parages ; les bains du Poulquer et le retranchement fortifié (restes de vitrifications) de la pointe de Lanros indiquent une possession active de cette rive. La voie ne devait guère s'éloigner de la route actuelle de Quimper à Benodet.

Route n° 34. — *De Carhaix à Quimperlé.*

Route indiquée par M. Halléguen et qui nous paraît en effet fort plausible. M. Flagelle nous en donne la description suivante : « Laissant à droite la route de Gourin, elle passait à la Maison-Neuve en Plouguer-Carhaix, traversait le canal, atteignait Treveller en Motreff, suivait pendant près de 200™ la limite actuelle du département du Finistère et des Côtes-du-Nord, passait à Motreff près de la motte de Guergorlay, près de Buzit en Tréogan, traversait la forêt de Conveau en Gourin, passait à l'ouest de la chapelle Saint-Nicolas, à la chapelle de Boutihery, au Saint, à Pontpriant, à Lanvénéguen, à Querrien, au Guelvez en Querrien, à Trémeven, et arrivait à Quimperlé. »

Route n° 35. — *De Carhaix à Douarnenez par Saint-Gouazec.*

C'est la voie de rive gauche de l'Aulne déjà indiquée au n° 11 et faisant double emploi de direction, ce qui prouve l'importance de la circulation.

Route n° 36. — *De Carhaix à Riec.*

Cette voie nous est indiquée par M. Flagelle. Elle partait du château de la Porte-neuve en Riec, passait par Riec, Bannalec, Scaër, Roudouallec, et venait se fondre dans la précédente à Spezet.

Route n° 37. — *Du Faou à Tréfflez par Landerneau et Kerilien, avec embranchement sur la Roche-Maurice.*

La première section de cette voie, du Faou à Landerneau par l'Hôpital-Comfront et Dirinou, est la seconde partie de la double voie que nous avons signalée lors de notre parcours de la voie stratégique n° 1 (voir cette route).

De Landerneau à Kerilien et à Tréfflez, les deux éléments de section avaient été signalés par M. de Kerdanet lors de sa découverte à Kerilien des innombrables substructions qu'il décorait du titre d'*Occismor* : il avait compté autour de ce centre romain des voies étoilées dans sept directions : Morlaix, Carhaix, la Roche-Maurice, Landerneau, Porsliogan, l'Abervrac'h et Tréflez. La voie qui nous occupe et son embranchement sur Roche-Maurice forment 3 de ces rayons.

Route n° 38. — *De Landerneau à Portus Saliocanus, avec embranchement sur Porzmoguer et Saint-Pabu.*

Cette voie que nous décrit M. Flagelle se détachait près de Landerneau de la grande voie n° 1, au Roudous, (briques romaines), longeait l'Elorn et passait au vieux château de la Joyeuse Garde en La Forêt, au Cloistre en Guipavas (briques et substructions), au bout de l'anse de Kerhuon (monnaies romaines), à Keromen, et traversait la route actuelle de Guipavas à Brest et à Ty-Raz. Un peu au delà de ce point elle se divisait en deux branches, l'une à peu près directe allant à *Portus Saliocanus*, par Lambezellec, avec un embranchement sur Porzmoguer en la commune de Ploumoguer ; l'autre remontant vers le nord et se dirigeant par Coat-Meal sur St-Pabu, où elle venait rejoindre la voie du littoral près de l'embouchure de l'Aber-Benoist, rivière qui la séparait de la presqu'île de Vorganium.

Route n° 39. — *Jonction des routes de 1re catégorie n° 3 et 6 entre Le Moustoir et Sérent.*

C'est un tronçon central, depuis longtemps connu, de la voie classique appelée tout à fait à tort, selon nous, « voie de Rennes à Carhaix » : ce ne peut être qu'une jonction assez naturelle dans le réseau entre la grande ligne de Tours à Vorganium par Carhaix, et celle de Lizieux à Locmariaker (ou de Rennes à Vannes). On en trouve la description détaillée dans Cayot-Delandre.

Route n° 40. — *De Quintin à Morlaix.*

Cette route est indiquée comme probable par M. Gaultier du Mottay dans son ouvrage sur les *Voies romaines des Côtes-du-Nord*, et cette seule indication est pour nous une autorité. Passant par Saint Gildas et Pestivien, elle suit à peu près le versant nord du faîte des montagnes d'Arrhée, et donne entre Corseul et Vorganium une communication plus directe que la voie du littoral nord.

Route n° 41. — *De Morlaix à Iffiniac.*

Le même auteur indique vaguement une route probable de Morlaix à Guingamp, mais elle n'aurait de raison d'être que si elle était prolongée jusqu'à Iffiniac, parce qu'on aurait une ligne directe entre Vorganium et Corseul. C'est possible, et cela concorde avec un tronçon que M. Bizeul avait jadis indiqué d'Iffiniac à Châtelaudren, mais cette voie est encore à reconnaître.

Route n° 42. — *De Coz-Yaudet à Erquy par le bord de la côte.*

Cette voie dont MM. Geslin de Bourgogne et de Barthélemy ont affirmé nettement l'existence dans leur rapports sur les fouilles de Port-Aurèle, au tome I des *Mémoires de la Société archéologique des Côtes-du-Nord*, a disparu presque en totalité par suite de l'envahissement de la mer dans la baie de Saint-Brieuc, mais la tradition lui a conservé le nom de *Chemin des romains*, et ses traces positives ont été retrouvées près de Port-Aurèle en Plérin. Elle se détachait probablement, vers Lanvollon, de la grande voie nord du littoral, atteignait la côte à Binic où l'on a retrouvé des substructions gallo-romaines, et la longeait jusqu'à *Reginea* (Erquy) en desservant les nombreuses villas et les ports de la côte, et en contournant le fond de la baie de Saint-Brieuc, qui n'était pas alors aussi reculé qu'il l'est aujourd'hui. — Sans se prononcer aussi catégoriquement que MM. Geslin de Bourgogne et de Barthélemy, M. Gaultier du Mottay considère cette voie comme très probable. C'est aussi notre avis.

Route n° 43. — *D'Alet à Avranches.*

Cette voie est absolument nécessaire au réseau; elle devait se souder dans les environs de Dol à la grande voie du littoral nord de Cherbourg à Vorganium.

Route n° 44. — *De Reginea à Vannes, avec embranchement sur Carhaix.*

MM. Geslin de Bourgogne et Gaultier du Mottay considèrent comme très probable une voie fort bien repérée par ce dernier et qui, partant du Chemin Chaussée, point de croisement des grandes voies n° 2 et 5 (du littoral nord et de Tours à Reginea), passerait par Lamballe, Moncontour, Plémy, Uzel, Saint-Léon en Merléac, Saint-Gilles-du-Vieux-Marché, Laniscat, et se fondrait, entre Mur et Goarec, dans la grande voie du centre Bretagne. Plusieurs de ses tronçons seraient même considérés comme des chemins celtiques ou gaulois. Nous croyons en effet cette voie très plausible, mais à la condition de ne considérer la partie de Moncontour à Goarec que comme un embranchement; on doit trouver, de Moncontour à la Trinité, une jonction avec la voie d'Alet à Vannes et donnant une communication directe entre Vannes et Reginea.

Route n° 45. — *De Pont-Aven à Pontscorff par Vindilis* (Guidel).

Cette voie a été signalée par M. Augustin dans ses « Études sur Guidel ». Elle partait de *Kerconstance* en Moëllan, passait au *Léty* en Clohars-Carnoët, traversait la Laita à *Saint-Maurice* et se dirigeait vers la grande voie n° 3 par Brangolo en Guidel. On sait que l'ancien nom de Guidel est *Vindilis*, nom dans lequel on retrouve le radical vénète *Vind*.

Route n° 46. — *De Durétie à Brivates Portus.*

Cette voie empruntait, jusqu'à Saint-Lyphard, celle que j'ai citée ci-dessus au n° 9, d'Alet à Grannona; mais à Saint-Lyphard, après avoir traversé les Grands-Fossés, elle se bifurquait avec la direction de Guérande, pour prendre celle de *Brivates* par Sandun et Saint-André-des-Eaux. Je l'ai suivie dans toute sa longueur, et M. Léon Maître l'adopte après moi. De Saint-André, il devait y avoir un embranchement sur la Brière.

Route n° 47. — *De Grannona* (Clis-Guérande) à *Brivates Portus par le littoral.*

Cette voie que j'ai signalée en 1877 et parcourue avec M. le lieutenant de vaisseau Martin, passait à mi-coteau sous Guérande et se dirigeait sur Carheil et Beslon, puis elle disparaît sous les dunes accumulées depuis plusieurs siècles, et reparaît à la Ville-Halgan en Escoublac, pour se diriger vers Saint-Nazaire en passant par Cuy et La Vesquerie. Elle porte dans les anciens titres le nom de *Grand chemin de Saint-Nazaire au Croisic*. Un embranchement était jeté sur Portnichet et un autre de Portnichet sur Saint-Marc. Les noms de lieu : la *Basse Voie*, le *Grand Chemin*, la *Ville Chaussée*, se rencontrent sur ce parcours.

Route n° 48. — *De Grannona* (Clis-Guérande) *à Pontchâteau*.

Cette voie, que j'ai signalée en 1877, se dirigeait sur Saint-Molf par Saint-Nom, Kerné, le Bois de la Cour et les Forges, traversait le trait de Mesquer à Pont-d'Os, passait à Assérac et à Herbignac, puis allait se fondre près de la Bretesche dans la voie de Blain à Vannes.

Route n° 49. — *De Saint-Lyphard à Piriac*.

Cette voie que j'ai indiquée en 1877 longeait la rive gauche du trait de Mesquer, bordant le nord de la presqu'île guérandaise en passant par Trébrézan et Saint-Molf.

Route n° 50. — *De Savenay à Nantes par le haut du sillon de Bretagne*.

Cette voie fait double emploi avec le tronçon de la grande voie de Nantes à Pontchâteau cité au n° 1 ; mais elle a dû exister puisque M. de Robien s'en porte garant, et correspondait à très peu près avec la route nationale actuelle par le Temple.

Je terminerai cette longue nomenclature en avouant qu'elle ne peut se flatter d'être complète. Elle donne le réseau de toutes les voies les mieux reconnues jusqu'ici ; mais j'ai la conviction qu'une foule de *voies vicinales* a existé latéralement aux grandes voies, soit dans l'intérêt de l'agriculture, soit pour accéder à une villa, soit pour desservir un camp ou un portillon : telles que celles que j'ai citées pour mémoire au n° 26 et celles que M. Fouquet indique aux environs d'Arradon, de Pleugriffet, etc... Mais le réseau principal est désormais établi et fixé : il ne reste plus qu'à lui coudre quelques raccords.

Que si l'on s'étonnait du petit nombre de centres gallo-romains importants retrouvés sur nos côtes, qu'on veuille bien remarquer que de nos jours la mer ronge incessamment nos rivages, et que de mémoire d'homme on les voit terriblement reculer. Or, cela se passe depuis 1500 ans sans relâche. D'où il suit que les villes cherchées sont certainement aujourd'hui sous l'eau : et cela explique pourquoi l'on rencontre tout autour de la Bretagne les légendes de tant de cités détruites par des cataclysmes de mer et submergées par les flots.

FIN DU PREMIER VOLUME.

ERRATA

P. 15, ligne 16, — pour *faire* un manche ; *lisez :* pour fixer un manche.

P. 22, ligne 24, — *aucun trait* de stratification ; *lisez :* aucune trace de stratification.

P. 36, lignes 23 et 24, — de 0m30 ou de 0m55 ; *lisez :* de 0m30 ou de 0m35.

P. 67, ligne 3, — de la région de l'est ; *supprimez :* de l'est.

P. 95, ligne 14, — le commandant Morwat ; *lisez :* le commandant Mowat.

P. 154, ligne 14, — *la route*, dite des Grands Fossés ; *lisez :* la redoute dite des Grands Fossés.

P. 171, ligne 27, — d'un *rapport* central ; *lisez :* d'un support central.

P. 183, ligne 6, — La *Brouse* au Bodin ; *lisez :* La Brousse au Bodin.

P. 223, ligne 10, — *faisant* face ; *lisez :* faisait face.

P. 225, ligne 19, — Coz-Guéodet ; *ajoutez en note :* on écrit aujourd'hui : Coz-Yaudet.

P. 251, ligne 24, — La Madeleine en Hellac ; *lisez :* La Madeleine en Mellac.

P. 254, ligne 24, — Pontrieuc, *lisez :* Pontrieux.

P. 255, ligne 7, — (n° 4), *lisez :* (n° 1).

TABLE DES MATIÈRES

                PAGES

I. — Le chronomètre préhistorique de Saint-Nazaire ... 5

II. — La grande ligne des mardelles gauloises de la Loire-Inférieure... 43

III. — Des projectiles cylindro-coniques ou en olive depuis les temps les plus reculés jusqu'à nos jours. 69

IV. — Les alignements de Carnac... 99

V. — Les Vénètes, César et *Brivates Portus*... 101

VI. — Statistique des monuments dits préhistoriques, celtiques, gaulois et gallo-romains de la presqu'île Guérandaise... 161

VII. — De quelques points controversés de l'ancienne géographie Armoricaine... 205

VIII. — Réseau des voies romaines en Armorique.. 233

Errata... 287

PLANCHES

N° 1. — Hache en pierre polie emmanchée... 16
N° 2. — Les projectiles cylindro-coniques... 91
N° 3. — Carte de la presqu'île armoricaine au moment de la conquête romaine... 109
N° 4. — Réseau des voies romaines en Armorique.. 236

Vannes. — Imprimerie LAFOLYE, 2, place des Lices.

www.ingramcontent.com/pod-product-compliance
Lightning Source LLC
Chambersburg PA
CBHW071530160426
43196CB00010B/1722